Zivilisation als Fortsetzung der Evolution

Die Entwicklung der Erdbevölkerung zum System Menschheit

von

Rudi Zimmerman

Verlag Philosophie des dritten Jahrtausends

Ich danke Charles Darwin für die Entwicklung der Evolutionstheorie, Sigmund Freud für die Strukturtheorie der Psyche, Wilhelm Ostwald für seine Energetik, Norbert Wiener für die Kybernetik und Hans Hass für seine Energontheorie.

Rudi Zimmerman: Zivilisation als Fortsetzung der Evolution.
Die Entwicklung der Erdbevölkerung zum System Menschheit.
3. Auflage

Deckblatt: Wolfgang Buschenhagen:
Der Messias blickt auf die Menschheit (1966, Ausschnitt)

Herstellung und Vertrieb: Books on Demand GmbH, Norderstedt

Die Deutsche Nationalbibliothek verzeichnet diese Publikation in der Deutschen Nationalbibliografie; detaillierte bibliografische Daten sind im Internet über http://dnb.d-nb.de abrufbar.

ISBN 978-3-00-024701-9

Vorwort

Die Entwicklung der Philosophie lebender Systeme

Ausgangspunkt meiner Philosophie war eine Untersuchung in den 80er Jahren. Ich untersuchte, ob der Mensch einen Aggressionstrieb hat, wie von Freud und anderen behauptet wird.

Das Ergebnis war, dass selbst bei den aggressivsten Menschen kein triebartiges aggressives Verhalten zu finden war. Aggressives Verhalten stand einerseits im Dienst der Selbsterhaltung, andererseits im Dienst des Sexualtriebes und vor allem im Dienst von Verhaltensweisen, die ich als Selbstentfaltung zusammenfasste. Hier spielte die Reaktion auf narzisstische Kränkungserlebnisse eine entscheidende Rolle als Tatanlass.

Ich kam zu dem Ergebnis, das zur Erklärung aggressiven menschlichen Verhaltens zwei individuelle Grundantriebe postuliert werden können, die ich Selbsterhaltung und Selbstentfaltung nannte. In den nächsten Jahren reifte in mir die Überzeugung, dass die Grundkräfte „Selbsterhaltung" und „Selbstentfaltung" nicht nur aggressives Verhalten von Gewalttätern erklärte, sondern allgemein zur Erklärung menschlichen Verhaltens herangezogen werden konnte, ja sogar zur Erklärung des Verhaltens aller tierischer Lebewesen. Selbst in der unbelebten Natur fand ich Parallelen, beispielsweise im Verhalten von Gasen, die sich gleichmäßig in einem ihnen zur Verfügung stehenden Raum verteilen.

Dass die Selbsterhaltung eine Antriebskraft des Verhaltens von Lebewesen ist, ist quasi eine Selbstverständlichkeit und als „Lebenswille" oder Überlebenswunsch auch weithin akzeptiert, so dass ich diesbezüglich nur etwas, was selbstverständlich bei Lebewesen vorausgesetzt wird, als solches benannte. Probleme bereitete hingegen die Beobachtung von menschlichen Verhaltensweisen, die der Selbstentfaltung offensichtlich zu widersprechen schienen. Der Mensch zeigt Verhaltensweisen, die für ihn persönlich keinen Nutzen bringen, sondern anderen Menschen, er zeigt das, was man als soziales Verhalten oder als ethisches Handeln bezeichnet, er zieht Kinder groß und verzichtet dadurch auf seine persönliche Entfaltung, er opfert sich sogar für seine Mitmenschen, im Krieg gibt er sein Leben für die Gemeinschaft. Offensichtlich widersprechen diese Verhaltensbeobachtungen also der Hypothese, dass ein lebendes System neben der Selbsterhaltung nur noch durch eine „Selbstentfaltung“ angetrieben wird.

Der offensichtliche Widerspruch meiner theoretischen Grundhypothesen mit der Realität, die unübersehbar zeigt, dass Menschen sich auch selbstschädigend verhalten, zwang mich zu einer neuen Erkenntnis, nämlich zu der Annahme, dass auch lebende Systeme höherer Ordnung als eigenständig handelnde lebende Systeme angesehen werden müssen, die den Verhaltensregeln von Selbsterhaltung und Selbstentfaltung gehorchen. Ich betrachtete zunächst den Staat als ein derartiges lebendes System (höherer Ordnung) und konnte somit die Sexualität und die selbstschädigenden Verhaltensweisen des Individuums dadurch erklären, dass in derartigen Fällen die Selbsterhaltung oder die Selbstentfaltung des Staates mit Hilfe der Individuen befriedigt wird.

Offensichtlich handelt das Individuum nicht nur im Sinne seiner eigenen Interessen, zu überleben (Selbsterhaltung) oder sich zu vergrößern, mehr Raum (materiellen und geistigen) einzunehmen (Selbstentfaltung), sondern betrachtet die Interessen der Gemeinschaft als noch höherwertig. Ich musste also anerkennen, dass der Mensch sich in besonderen Situationen, zum Beispiel im Krieg, als kleines Rädchen einer Gemeinschaft verhält, sich mit dieser Gemeinschaft (dem lebenden System höherer Ordnung) identifiziert und sogar bereit ist, sein Leben für die Gemeinschaft zu opfern. Ich erkannte dann, dass sich dieses Verhalten nicht nur im Krieg zeigt, sondern auch im Frieden als Pflichterfüllung, ja selbst im Arbeitsverhalten. Im Berufsleben stellt das Individuum seine Arbeitskraft der Allgemeinheit zur Verfügung. Schließlich sah ich, dass auch der Sexualtrieb und die Aufzucht der Kinder (bei Tieren die Brutpflege) ein Verhalten ist, das natürlicherweise der Selbsterhaltung und der Selbstentfaltung des Staates (bei Tieren der „Art“) diente und nicht der Selbstentfaltung des Individuums.

Kurz gesagt: ich trennte strikt das Individuum als lebendes System Mensch vom Staat als lebendes System höherer Ordnung ab und erreichte damit, dass meine Theorie, dass Selbsterhaltung und Selbstentfaltung als zwei Grundantriebe zur Erklärung des Verhaltens lebender Systeme ausreichend sind, wieder in sich stimmig war. Das beobachtete selbstschädigende Verhalten der Individuen diente also der Selbsterhaltung und Selbstentfaltung der Systems höherer Ordnung, des Staates, des Volkes oder der Religionsgemeinschaft.

Dies veröffentlichte ich in meinem ersten Buch "Philosophie lebender Systeme". Insgesamt waren – nebenbei bemerkt - von der Verfassung meiner Arbeit über Täter mit rezidivierend auftretenden Tötungsimpulsen bis zur eben beschriebenen Erkenntnis etwa 10 Jahre vergangen.

In der Folgezeit beschäftigte mich ein weiterer Widerspruch zwischen meiner Theorie und der Wirklichkeit:

Als „Selbstentfaltung“ verstehe ich einen ständig wirkenden Antrieb in Richtung Vergrößerung des lebenden Systems, eine Wachstumstendenz. Die Frage war, wie ich die offensichtlich meiner Theorie widersprechende Beobachtung, dass das Wachstum des Individuums irgendwann aufhört und der Mensch dann „erwachsen“ ist, und dass auch der Staat irgendwann aufhört, die Zahl seiner Individuen zu vermehren, mit meiner Hypothese einer ständigen Wachstumskraft in Einklang zu bringen war.

Dies war beim System Staat relativ einfach: es wächst ja nicht nur ein Staat, sondern auch die anderen Staaten, die Nachbarstaaten. Dies führt ab und zu zu Kriegen. Im Frieden führt diese Wachstumskraft dazu, dass die Technik ständig verbessert wird und durch ein Ansteigen der Wirtschaftskraft mehr Menschen auf gleichem Raum ernährt werden und leben können.

Das eigentliche Problem war diesbezüglich das menschliche Individuum.

Der Wunsch, meine Theorie aufrecht zu erhalten, zwang mich nun, die Definition des Menschen zu ändern.

Dabei fiel mir auf, dass bisher wie selbstverständlich stets vom Menschen gesprochen wurde, ohne dass der "Mensch" eigentlich definiert war. Niemand hatte sich die Mühe gemacht, den Menschen zu definieren, wie es eigentlich in der Wissenschaft üblich gewesen wäre.

Ich betrat also wiederum Neuland und definierte den Menschen. Ich sah nun, dass das körperliche Größenwachstum nach seiner Beendigung vom geistigen Wachstum und vom materiellen Wachstum des

Eigentums und Geldes abgelöst wurde. Ich wurde sozusagen gezwungen, das materielle Eigentum des Menschen als Teil seines Körpers anzusehen und nannte diese Teile die körperexternen Organe des Menschen. Das Auto war ein körperexternes Fortbewegungsorgan als Ergänzung der Beine. Ich erkannte, dass es aus der Sicht der Individuums sogar vorteilhaft war, dass es seinen lebenden Körper nicht weiter vergrößerte, sondern seine Körperorgane und Extremitäten um körperexterne Effektoren erweiterte.

Dieses neue Menschenbild veröffentlichte ich dann in meinem Buch "Das System Mensch". Später entdeckte ich im Internet, dass Hans Hass bereits in den 60er Jahren die gleiche Idee körperexterner Organe hatte und seine Veröffentlichungen von der Wissenschaft ignoriert worden waren, obwohl er überzeugende Beweise dafür anführen kann, dass diese bereits im Tierreich vorhanden sind (z.B. http://www.hans-hass.de/Energontheorie.html).

Insgesamt zeigt sich in dieser Entwicklung, dass ich stets vor der Alternative stand, entweder meine Theorie von den beiden einfachen Grundantrieben zur Erklärung menschlichen Verhaltens aufzugeben, oder die "Realität" umzudeuten, anders zu interpretieren oder umzudefinieren.

Ich habe immer den letzteren Weg beschritten, weil mir meine Theorie wichtiger war als die sogenannte "Realität". Man muss diesbezüglich immer 2 Erkenntnisebenen auseinanderhalten, nämlich die Tatsachenebene und die Interpretationsebene.

Tatsachen sind meine Beobachtungen. Wenn diese meiner Theorie widersprechen, ist entweder diese falsifiziert oder aber die Begriffe und Modelle, mit denen bisher die Tatsachen beschrieben wurden, sind änderungsbedürftig. Denn das, was gemeinhin als "Realität" bezeichnet wird, ist eine Beschreibung des Tatsächlichen mittels Begriffen. Diese Begriffe trennen die mich umgebende Umwelt in einzelne Dinge. Wir sind es gewohnt, den einzelnen Dingen eine "Identität" zuzugestehen und übersehen dabei, dass einzelne Dinge, wie der Stuhl, der Baum, der Handwerker usw. tatsächlich nicht ein Dasein für sich haben, sondern sie werden lediglich begrifflich von anderen Dingen getrennt, obwohl das gesamte Universum tatsächlich eine Einheit darstellt, und sie werden zu einem Teil ihres Nutzers. Hier half mir der juristische Eigentumsbegriff.

Andererseits nutzte ich den Begriff des Regelkreises zur Beschreibung von Verhalten und erkannte, dass meine Begriffe Selbsterhaltung und Selbstentfaltung als Phänomene der Regelkreise mit negativer Rückkopplung (Selbsterhaltung) und positiver Rückkopplung, positivem „Feedback“ (Selbstentfaltung) beschreibbar waren. Die Kybernetik (Norbert Wiener) hatte es allerdings versäumt, einen Begriff für die Instanz zu finden, die in Regelkreisen den Sollwert festlegt.

Für diese Instanz wählte ich den Begriff des Dominators. Der Effektor als Bezeichnung für das ausführende Organ war bereits ein feststehender Begriff, den ich übernahm.

Nebenbei fand ich eine Lösung für die in der Philosophie stets diskutierte Frage der "Freiheit" oder „Determiniertheit“ des Handelns. Die Tierverhaltensforschung u.a. Wissenschaften (Evolutionstheorie) haben festgestellt, dass alle menschlichen Verhaltensweisen auch im Tierreich als Instinktverhalten oder Reaktion auf angeborene Auslöser (AAM) zu finden sind und genetisch festgelegt sind (Determiniertheit). Nach meiner Theorie hat sich auch die Evolution entwickelt, und zwar von einer Handlungsprogrammierung von Ritualen zu einer zielorientierten Programmierung, die es dem Individuum überlässt, den „besten“ Weg zum Ziel, nämlich der Aufrechterhaltung oder Wiederherstellung eines Sollwerts, zu finden. Hierfür wurde das Hirn entwickelt, das den Menschen inzwischen befähigt hat, die von ihm entwickelten Theorien extrazellulär außerhalb seines sterblichen Körpers zu speichern. Damit wurde ein neuer Erbweg erschaffen, so dass das Menschenreich neben das Pflanzen- und Tierreich gestellt werden kann.

Rudi Zimmerman

Inhalt

1.
Handlungstheorie

1.1. Sein und Tun

Das materielle Universum ist ein geschlossenes System, in das von außen nichts eindringt. Es besteht aus Subsystemen, die in nicht-lebende und lebende Systeme unterschieden werden können.
Alle nicht-lebenden Systeme sind in Bewegung, alle lebenden Systeme sind im Tun, sie handeln. Stillstand existiert nicht. Sein ohne Tun oder Bewegung gibt es in der materiellen Wirklichkeit nicht.
Alles, was materiell existiert, ist in Bewegung. Ruhe ist immer nur relativ, nie absolut. Ruhe gibt es im Bereich der leblosen Dinge nur in Bezug auf ein anderes Ding. Im subatomaren Bereich gibt es keine Ruhe (wegen der Bewegung der subatomaren Teilchen und des Atomzerfalls) und im kosmischen Bereich existiert auch keine Ruhe, kein Gestirn ruht.
Im Bereich lebender Systeme ist äußere Bewegungslosigkeit (Ruhe) ein Zustand, in dem innere lebenserhaltende Prozesse weiterlaufen. Bei Ruhe aller Organe und des gesamten lebenden Systems der Ordnungshöhe Individuum muss dennoch ein Erhaltungsstoffwechsel stattfinden, der die Struktur des lebenden Systems sichert (sogenannter Grundumsatz). Es muss geatmet werden, es finden weiterhin Stoffwechselprozesse statt.

Materielles Sein im Zustand der inneren und äußeren Ruhe existiert nicht.

Ein Ruhezustand ist lediglich im Reich des Geistigen denkbar. „Sein“ im Sinn von Relationen (Verhältnissen, Beziehungen) finden wir bereits im Materiellen als Verhältnis von Elektronen, Protonen und Neutronen im atomaren Bereich, aber auch im Bereich lebender Systeme, die stets bestrebt sind, eine innere Homöostase aufrecht zu erhalten und ihre Konstruktions- und Bewegungsdaten über Generationen genetisch speichern. Derartige Unveränderlichkeiten über einen sehr langen Zeitraum sind geistiger Art, und mit diesem Seinsbegriff beschäftigt sich traditionelle Philosophie. Die Naturwissenschaften, die aus ihr hervorgegangen sind, haben in-

zwischen jedoch die Bewegungsgesetze der materiellen Natur nichtlebender Systeme weitgehend erforscht. Die Philosophie lebender Systeme (abgekürzt PhilS) hat nun seit einigen Jahren den Versuch unternommen, auch die Bewegungsgesetze lebender Systeme zu erforschen.
„Sein“ im Sinn von „Tatsächlichem“ wird hier als Aussage dahingehend für wahr genommen, dass „Sein“ Bewegung ist. Ohne Tun kein Sein. Und insofern Tun (Handlung, Verhalten) „Sein“ ist, kann „Sein“ auch quantifiziert werden.
Bewegung findet jedoch immer nur in der Beziehung zweier lebender oder nichtlebender Objekte statt.
In der makroskopischen Welt der Dinge (=unbelebte oder nichtlebende Objekte) gibt es nur gleichförmige Bewegung. Ein derartiges Objekt ändert seine Bewegung nur, wenn äußere Kräfte auf es einwirken. In der Welt lebender Systeme der Größenordnung Individuum sprechen wir von Handlung, weil die Änderung des Aufenthaltsorts im Raum auch ohne sichtbare äußere Einwirkung stattfinden kann, so dass Berechnungen nicht möglich zu sein scheinen. Mit derartigen Objekten befasst sich die Philosophie lebender Systeme, weil auch der Mensch zu ihnen gehört.

Das System Mensch verfügt über Sensoren, die ihm innere und äußere Bewegungen vermitteln. Voraussetzung dafür ist die Trennung des einheitlichen Universums in getrennte Objekte, die Trennung in Ich und Nicht-Ich und die Trennung unterschiedlicher äußerer Objekte des Nicht-Ich.
So ist auch die Entwicklung Lebender Systeme aus den Nichtlebenden Systemen damit verbunden, dass eine Trennung von Innen und Außen erfolgt. Dieses wichtige Trennorgan ist die Zellwand. Die Zellwand wird bereits in der „Genesis“ als „Scheide zwischen den Wassern“ erwähnt.
Alle „Schöpfungen“ bis zur Entwicklung der Menschen sind im eigentlichen Wortsinn keine Schöpfungen, sondern Entwicklungen, die sich in der Evolution der Pflanzen- und Tierwelt fortsetzen. Erst in Bezug auf den Menschen wäre der Begriff „Schöpfer“ gerechtfertigt. Nur der Mensch, der sich eine eigene künstliche (= vom Menschen geschaffene) Umwelt schafft, kann als Schöpfer im eigentlichen Wortsinn bezeichnet werden.
Mit diesem schöpferischen Tun, der Zivilisation, befasse ich mich in diesem Buch.

1.2. Evolutionstheoretische Grundlagen

1.2.1. Die Grundfrage

Bisherige Philosophie stellte gern die Frage, ob es die wahrgenommene Außenwelt tatsächlich gäbe oder noch etwas präziser, was wir von der Außenwelt wahrnähmen. Dieses wurde dann als empirische Realität (Kant 1781) bezeichnet und als Ausgangspunkt unserer Erkenntnis identifiziert.

Die Philosophie lebender Systeme wendet die evolutionäre Erkenntnistheorie an und fragt, was ein Lebewesen können **muss**, um in seiner Außenwelt zu überleben.

Ein lebendes System hat eine Begrenzung zu seiner Umwelt, bei der es sich um eine offene Grenze handelt. Ein lebendes System kann nur leben, wenn es – und so lange es – sogenannten Stoffwechsel betreibt. In diesem Sinn verwendet die Evolutionstheorie das Verb „überleben“. Denn lebende Systeme sind im eigentlichen Sinn sterbliche Systeme, sie leben nur so lange, wie ihr Stoffwechsel den Zustand der Homöostase aufrecht erhält. Diesen Vorgang bezeichnet die PhilS auch „Selbsterhaltung“.

Das lebende System der Größenordnung Individuum nimmt Energieträger auf und nutzt diese Energie, um sie nach eigenen Entschlüssen zu verbrauchen. Das Ziel des Energieverbrauchs ist zunächst einmal die Erhaltung des Lebens (Selbsterhaltung). Darüber hinaus wird weitere Energie verbraucht. Das Ziel dieses zusätzlichen Energieverbrauchs ist die Selbstentfaltung. Die aufgenommene Energie wird also einerseits zur Selbsterhaltung verausgabt, andererseits zur Selbstentfaltung. Basis der Existenz lebender Systeme ist also eine Stoff- und Energieaufnahme und in der Summe eine positive Energiebilanz.

Die Selbsterhaltung des Individuums ist immer nur von begrenzter Zeitdauer, die Lebenszeit genannt wird. Die Selbsterhaltung der in jeder seiner Zelle vorhandenen genetisch gespeicherten Daten ist von längerer Dauer, wobei diese Daten einer Entwicklung unterworfen sind, sie werden also nicht rein erhalten, sondern weiterentwickelt. Diese Entwicklung genetisch gespeicherter Daten wird Evolution genannt.

Ich gehe bei den folgenden Überlegungen von einem lebenden

System des Typs Tier aus und beschränke mich zunächst auf seine fleischfressenden Verhaltensweisen.

Die erste Frage ist daher: **was muss ein** fleischfressendes **Tier erkennen, um sich zu erhalten**?

Die Frage ist also nicht, was es erkennen kann, sondern, was es erkennen können muss, um zu überleben. Es handelt sich also um eine einfach zu beantwortende Frage.

Bei der Beantwortung gehe ich von mir aus. Ich muss zunächst meinen eigenen lebenden Körper und seine materielle Grenze erkennen, Innen und Außen unterscheiden. Weiterhin muss ich gewisse materielle Dinge in meiner langsam (im Vergleich zur Lichtgeschwindigkeit) beweglichen Umwelt erkennen und davon Objekte abgrenzen können, die als Nahrung (Beute) in Betracht kommen. Bis hierhin geht die PhilS konform mit der evolutionären Erkenntnistheorie (u.a. Riedl 1979, Wuketits, Vollmer 1983, Lorenz). Allerdings vernachlässigt diese die Grundlage der Erkenntnis, die Trennung von Innen und Außen, und sie endet mit dem Beginn des begrifflichen Denkens des Menschen. Zur Erkenntnisfähigkeit gehört jedoch nicht nur die Identifikation eines Objekts anhand bestimmter Merkmale, sondern insbesondere auch das Erkennen seiner Bedeutung. Vormenschliches tierisches (affenartiges) „Denken“ ist vorzugsweise das Erkennen beweglicher Bilder („Filme“) und das (unbewusste) Berechnen von Abständen und Verhältnissen zwischen räumlicher Entfernung und erforderlichem Kraftaufwand zu seiner Überwindung.

Umgekehrt stellt sich die Frage: über welche Fähigkeiten muss das Tier verfügen, um Objekte zu erkennen und als Beute bzw. Fressfeind zu identifizieren?

Die simple Antwort: es muss über Sensoren verfügen, die diese Aufgabe erledigen.

Die letzte Frage ist jedoch: **was muss es können, um sich die Beute einzuverleiben oder dem Feind zu entfliehen**?

Die Antwort: es muss die Beute fangen und in seinen Körper hineinbekommen, genauer gesagt: es muss deren Energieträger irgendwie in seine Körperzellen transportieren.

Das ist nun alles leichter gesagt als getan.

Zunächst kann man die 3 Fragen auf 2 Fragen reduzieren, die da lauten:

1. was muss ich erkennen.

2. was muss ich können.

An sich reicht auch eine Frage, nämlich die, was ich können muss. Denn auch des erkennen können ist ein Können.

Diese Frage, was ein lebendes System können muss, um seine Homöostase aufrecht zu erhalten, kann man bei jedem lebenden System stellen. Bevor ich die Frage differenzierter beantworte, möchte ich an die Ergebnisse der Evolutionstheorie erinnern. Diese erklärt die Entwicklung des Pflanzen- und Tierreichs mit Hilfe von 2 Mechanismen, nämlich erstens der Überproduktion von Nachkommen und zweitens der Selektion. Letzteres besagt, dass diejenigen lebenden Systeme überleben und sich weiterentwickeln (also selektiert werden), die sich der Umwelt besser angepasst haben. Eine Neuentwicklung muss einen Überlebensvorteil haben. Wenn ich nun danach frage, was ein lebendes System können muss, um zu überleben, gibt mir das Ergebnis der Evolution eine Antwort. Dies wären nämlich die Fähigkeiten, die von der Evolution selektiert worden sind.

Mich interessiert jetzt nicht der Datenträger (z.B. die Gene, das Papier und die Buchstaben, die Festplatte), mit dessen Hilfe die Daten gespeichert sind, sondern das, was als geistiger Inhalt auf diesem Datenspeicher steht. Das Speichermedium ist materiell, der gespeicherte Inhalt auf diesem Datenträger ist jedoch etwas Geistiges. Es handelt sich um Ideen, um Anweisungen oder Vorschriften darüber, wie sich etwas verhalten soll, wie also das Lebende System es anstellen soll, Zellen, Organe und ein Individuum zu bilden und Energieträger aus seiner Umwelt in seine Zellen hineinzubekommen.

Mit anderen Worten: ich befasse mich mit den Verhaltens-, Handlungs- oder Bewegungsvorschriften dazu, was das Lebende System vom Typ Individuum tun muss, um über einen gewissen Zeitraum mehr Energie aus seiner Umwelt zu entnehmen, als es für diesen Vorgang verbraucht. Diese genetisch gespeicherten Anweisungen zum Können der Zellen, Organe und Individuen sind wie gesagt etwas Geistiges. Das Geistige befindet sich nicht irgendwo im Jenseits, sondern ist hier der Inhalt des genetisch Gespeicherten.

Leben ist Problemlösen, wie Popper (Popper 1994) sagt. Und das Grundproblem, das Leben lösen muss, ist die Frage der Aufrechterhaltung von Homöostase. Und die Lösung des Problems wird intrazellulär in Form eines genetischen Codes niedergelegt. Bereits hierbei handelt es sich um eine Speicherung von Wissen (Riedl 1979).

Da ich nun kein Einzeller bin, sondern ein Mensch, beantworte ich die Frage jedoch aus der Sicht eines sprechenden Menschen, dem zur Lösung von Aufgaben oder Problemen verschiedene Organe und Organsysteme zur Verfügung stehen.

1.2.2. Die Einheit von Erkennen, Verarbeiten und Handeln

Ich beginne mit dem Erkennen. Ich muss zunächst mein Innen von Außen unterscheiden und Objekte in meiner Außenwelt identifizieren können, also von der übrigen Umwelt abgrenzen können. Als unter anderem auch fleischfressendes Tier muss ich auch Beutetiere erkennen können. Zum Überleben ist es natürlich auch sehr nützlich, solche Tiere zu erkennen, für die ich selbst eine Beute darstelle. Ich muss also verschiede Arten von Objekten differenzieren können, weil meine Überlebensreaktion ganz unterschiedlich zu sein hat – es kommen verschiedene Reaktionen zwischen Flucht oder Angriff oder verstecken, Tarnung usw. – in Betracht. Zu dem Zweck des Erkennens hat die Evolution Sinnesorgane, Nerven und ein Gehirn entwickelt (selektiert). So enthält meine Haut verschiedene Sinnesorgane zum Erkennen von Berührung, leichter Verletzung (durch spitze Gegenstände) oder Hitze und Kälte; meine Nase enthält Sinnesorgane zur Identifizierung von Gerüchen, die von Objekten ausgehen; mein Auge ist ein Sinnesorgan zur Erkennung von elektromagnetischen Wellen, die aus größerer Entfernung von Gegenständen reflektiert werden; mein Ohr identifiziert Schallwellen, die von Objekten erzeugt werden usw. usw.. Die Sinnesorgane messen nun keine Wahrheiten erkennen, sondern Differenzen (und Relationen), Unterschiede von Wellenlängen, von chemischen Konzentrationen usw.. Das „Bewusstsein“ erzeugt daraus Wahrnehmungen.

Nebenbei bemerkt geht es selbstverständlich bei dieser Identifizierung von Objekten nicht nur um Beutetiere und Fressfeinde, sondern auch um das Identifizieren von Sexualpartnern.

Ich stehe also als lebendes System der Größenordnung Individuum vor dem Problem, verschiedene Objekte identifizieren zu müssen und zu erkennen, welchem Zweck diese dienen oder ob ich Zweck oder Mittel für diese sein könnte (für deren Überleben oder deren Fortpflanzung). Zur Erfüllung dieser Aufgabe stehen mir meine Sinnesorgane zur Verfügung, die auf bestimmte Reize sensibel reagieren und die gewonnenen Daten in Form elektrischer Reize über sogenannte sensible Nerven an mein Gehirn weiterleiten. So weit handelt es sich um den **rezeptorischen Teil eines Regelkreises**.

Nun zur Reizantwort. Das Erkennen eines Objekts und seiner Bedeutung ist lediglich „Zwischenspiel", auf das ich später eingehe. Das Entscheidende ist die resultierende Tat. Dieser Vorgang vom Erkennen zur Tat ist eine Einheit.

Die Reizantwort wird in erster Linie von der Muskulatur ausgeführt. **Die Muskulatur ist der Effektor**, der die dem Leben zuträgliche Reaktion ausführt. Ihm werden die Entscheidungen, die vom Zentralnervensystem getroffen werden, durch effektorische oder motorische Nerven übermittelt.

Die Zellen, die Reize als solche registrieren, die diese weiterleiten und verarbeiten, benötigen zu ihrer Funktion natürlich auch Energie, der hauptsächliche Energieverbrauch findet jedoch im Effektor, also in der Muskulatur, statt. Daher ist sinnvoller Weise auch dort ein Energieträger vorhanden, der die Energie zur Ausführung von Bewegungen liefert.

Das lebende System vom Typ Mensch oder der Größenordnung Individuum benötigt also zum Erkennen von Objekten in der Außenwelt Sinnesorgane, zum Erkennen der Innenwelt Rezeptoren, ein Nervensystem zur Datenverarbeitung und Datenübermittlung und Muskeln zur Ausführung von Bewegungen. Um diese auch gezielt einsetzen zu können, benötigt es zusätzlich Knochen, ein Bewegungs- und Stützsystem.

Konzentrieren wir uns einmal auf das Erreichen eines entfernten lebenden Beutetieres, so finden wir noch andere Fähigkeiten, die das Tier beherrschen muss.

Es muss rechnen können.

Rechnen können ist für ein Tier zur Sicherung der Selbsterhaltung von größerer Bedeutung als das Sprechen können, deshalb erwähne ich dies in dieser Reihenfolge.

An sich muss bereits der Einzeller das Rechnen beherrschen. Mathematiker, die sich einbilden, ein Fach zu beherrschen, das menschentypisch und von ihnen erfunden ist, muss ich enttäuschen. Jedes Tier muss bereits das Rechnen beherrschen. Menschentypisch sind lediglich die Zahlen. Tiere rechnen wahrscheinlich mit Hilfe ihrer körperlichen Veränderungen und vergleichen diese mit äußeren Veränderungen. Hier hat die evolutionäre Erkenntnistheorie noch ein weites Betätigungsfeld.

Aus der Sicht der Philosophie lebender Systeme haben die Wahrnehmung und die Mathematik die gleiche Grundlage. Beides beruht lediglich darauf, dass Unterschiede definiert und registriert werden. Optische Wahrnehmung beruht auf der Unterscheidung verschiedener Wellenlängen elektromagnetischer Wellen, unabhängig davon, ob etwas darüber gewusst wird, was eine elektromagnetische Welle ist. Akustische Wahrnehmung registriert Unterschiede in der Luftdichte, Geruchswahrnehmung beruht auf dem Erkennen von Unterschieden der Konzentration chemischer Substanzen. Die innere Wahrnehmung registriert Unterschiede von Istwerten und Sollwerten im Blut und vermeldet diese als Gefühle. Was das jedoch eigentlich alles ist, ist für diese Wahrnehmung und das Erkennen von Unterschieden gleichgültig. Unsere Handlungsfähigkeit basiert nicht auf absolutem Wissen über das Wesen dessen, was wahrgenommen und gefühlt wird, sondern lediglich auf dem Erkennen von Unterschieden und Verhältnissen.

In der Mathematik ist es ebenso. Nehmen wir ein rechtswinkliges Dreieck. Unabhängig von der Größe des Dreiecks, die von unseren Maßeinheiten, unserer Festsetzung, abhängt und objektiv gar nicht bestimmbar ist, ist das Verhältnis der Seiten zueinander eine Konstante, was wir im Sinus usw. ausdrücken. Ohne also die Größe des Dings an sich erkennen zu können, wissen wir etwas Sicheres über die Relationen, über die Größenverhältnisse. Ebenso wissen wir das Verhältnis des Umfangs zum Durchmesser eines Kreises, obwohl wir keine sichere Kenntnis von seiner Größe haben.

Wir können also ohne Wissen um das Absolute wahrnehmen, denken, rechnen, erkennen und wissen.

Grundlage unseres gesamten Wissens ist keine Gewissheit über das Absolute, sondern lediglich das Erkennen von Unterschieden, die aus dem Vergleich zu dem ergeben, was wir selbst als Orientierungspunkt, als Koordinatenkreuz oder als Nullpunkt gesetzt haben. Und dies beherrscht jedes lebende System der Größenordnung Individuum.

Grundlage unsers Wissens sind Definitionen, oder umgekehrt: unser Wissen lässt sich lediglich auf Definitionen zurückführen, nicht auf Wissen. Wir definieren zwei Winkel, einen rechten und einen beliebigen anderen und stellen fest, dass das Verhältnis von Ankathete zu Hypotenuse eine Konstante Größe hat usw.. Dieser Cosinus ist Wissen über ein Verhältnis. Oder wir wissen, dass der Umfang jedes Kreises stets ein bestimmtes Verhältnis zu seinem Durchmesser hat. Derartiges Wissen über Verhältnisse, Zuordnungen, Beziehungen, ist offensichtlich bereits jagenden Tieren und Beutetieren bekannt.

Zum Überleben des Tieres ist nicht nur das Erkennen von Objekten erforderlich, also das Unterscheidungsvermögen, sondern auch die Gedächtnisfunktion des Hirns und eine Rechenfähigkeit. Das jagende Tier muss berechnen können, wie schnell sich das Objekt bewegt, es muss seine eigene Bewegungsschnelligkeit kennen und muss auch in der Lage sein, aus der Bewegungsrichtung des Beutetieres (oder gegebenenfalls des Fressfeindes) und seiner eigenen Position den Energieaufwand zu berechnen, der wahrscheinlich zur Erreichung des Beutetieres erforderlich ist. Die Katze muss die Entfernung zur Maus in Beziehung zur Kraft setzen können, mit der sie zum letzten Sprung ansetzt. Kann sie dies nicht, wird sie eliminiert, sie verhungert. Das Tier muss Beziehungen kennen, Entfernungen und Geschwindigkeiten in Beziehung setzen können. Der Löwe muss, bevor er eine Jagd beginnt, abschätzen können, ob der Energiegewinn den Energieaufwand, der zum Erreichen und Vereinnahmen des Beutetieres erforderlich ist, übersteigt, ob sich also die Jagd lohnt. Diese Berechnung stellt er wahrscheinlich mit Hilfe von Erfahrungswerten an. Er muss aber Erfahrungen auf einen Einheitswert zurückrechen und mit den Erkenntnissen der aktuellen Situation vervielfachen können. Anderenfalls überlebt er nicht. Die Geschwindigkeit dieser Rechenvorgänge muss äußerst schnell sein. Derartige Rechenvorgänge erfolgen unbewusst, die zugrunde liegende Rechenfähigkeit hat sich evolutionär entwickelt.

Nun wissen wir bereits, welches Organ dem Menschen und anderen fleischfressenden Tieren dafür zur Verfügung steht, nämlich das Zentralnervensystem, das Hirn. Aber nach meiner Kenntnis ist bis heute nicht geklärt, mit welchen mathematischen Methoden das Tierhirn derartige Berechnung ausführt, die nicht bewusst erfolgen. Ich vermute, es handelt sich um statistische oder wahrscheinlichkeitstheoretische Berechnungen. Eine Wenn-Dann-Verknüpfung und bestimmte Voraussetzungen (Beziehungen) müssen ihm bekannt sein. Es handelt sich um die Voraussetzungen der Erkenntnis, die der „untertäniggehorsamste Diener“ Immanuel Kant (Kant 1781) als a priori bezeichnet (Raum, Zeit, Kausalität) und die auch die evolutionäre Erkenntnistheorie als Ergebnis der Phylogenese bezeichnet (z.B. Riedl 1979). Geklärt ist zwar die Physiologie des Sehens insoweit, als der Vorgang des Sehens mit Aktivität der Augen verbunden ist. Das Sehen ist nicht etwas Passives, sonders etwas Aktives, der Gegen-Stand wird mit den Augen abgetastet. Die Geschwindigkeit eines Objekts wird vermutlich durch die Geschwindigkeit der Augenbewegungen errechnet. Die Augen fixieren den vorbeifahrenden Zug für einen kleinen Moment, sie „kleben“ einen Moment an dem sich bewegenden Objekt und schnellen anschließend in die Ruheposition zurück. Diese unwillkürliche Augenbewegung bleibt auch nach plötzlichem Stillstand des Objekt als sogenannter „Nystagmus“ erhalten. Aus der Dauer des „Klebenbleibens“ und der in diesem Zeitraum vollzogenen Augenauslenkung könnte theoretisch die Geschwindigkeit des Objekts berechnet werden. Die Entfernung des Objekts kann aus den beiden unterschiedlichen Bildern der 2 Augen berechnet werden, wenn die „Originalgröße“ bekannt ist. Über diese Rechenfähigkeit und Erinnerungsfähigkeit, die zum Vergleich der aktuellen Größe, die von der Entfernung abhängt, erforderlich ist, verfügt auch der Mensch bereits vor dem Spracherwerb. Für dieses Rechnen sind vermutlich die Kategorien Raum (Abstand) und Zeit erforderlich, die von Kant als a priori vorhanden bezeichnet wurden. Heute würde man sagen, sie seinen bereits genetisch gespeichert. Das Hirn ist von der Natur, der Evolution, als Rechenorgan entwickelt worden. Es vergleicht Objektgrößen und Fortbewegungen in Richtung und Geschwindigkeit. Dies wäre mit Vektoren in der Mathematik vergleichbar, allerdings mit dem Unterschied, dass diese Hirnvektoren die Richtung und die Geschwindigkeit einer Bewegung darstellen (und nicht die Kraft, wie in der Physik). Über das Objekt muss jedes Tier Informationen haben und wissen, ob es sich um einen Feind (Fressfeind), einen Freund (Sexualpartner) oder ein Nahrungsobjekt handelt.

Wie jeder weiß, der mit einem Computer umgeht, benötigt die Speicherung von Bildern sehr viel Platz im Vergleich zur Speicherung von Schrift (Begriffen). Die optische, akustische usw. Vorstellungsfähigkeit des menschlichen Hirns benötigt relativ viel Speicherplatz. Primäres Denken in Bildern und Filmen benötigt einen enormen Speicherplatz. Die Bildung gemeinschaftlicher Begriffe in Form sprachlicher Symbole reduziert die Datenmenge ganz erheblich und vereinfacht die Verarbeitung dieser Daten. Sie ist damit verbunden, dass optische Wahrnehmungen und innere Bilder, durch einen Laut ersetzt werden, der nur einen Bruchteil des Speicherplatzes von Filmen in Anspruch nimmt. Während beim bildhaften „primären“ (Freud) Denken, das zwar sehr schnell abläuft (von Holst), viel Speicherplatz benötigt wird, läuft das sprachlich begriffliche Denken eher langsam ab, benötigt jedoch wenig Speicher. Damit wird Speicherkapazität für andere Zwecke frei. Dieses „Andere“ sind Daten, die zunächst nicht überlebenswichtig sind, die also nicht der Selbsterhaltung dienen. Sie betreffen wahrscheinlich das, was die PhilS mit dem Oberbegriff der „Selbstentfaltung“ beschreibt, nämlich die Lösung von Fragen der Verschönerung des Lebens, der Bequemlichkeit und vor allem der Steigerung der Lebensqualität, kurz: die Frage der körperexternen zusätzlichen Organe (Hass) des Menschen. Aus Sicht des Tierreichs sind die Überlegungen des Menschen wahrscheinlich zunächst nutzlose Spinnereien von Zweibeinern, die nicht wissen, was sie mit ihrer Zeit anfangen sollen. Vor allem kann die frei werdende Hirnkapazität zum Spielen, zum Amüsieren und zur Kunstproduktion verwendet werden

Meine Grundfrage ist – ich betone es erneut - nicht, was wir erkennen können, sondern was wir zum Überleben können müssen. Und die Antwort lautet demnach nicht nur, dass wir Objekte und unsere inneren Zustände (Bedürfnisse) erkennen müssen, also über sensorische Organe verfügen müssen, sondern dass wir auch rechnen können müssen, also über ein Rechenorgan verfügen müssen. Und wir müssen über effektorische Organe verfügen, also über Muskeln und Knochen. Unser Rechenorgan ist das Hirn, unser Bewegungsorgan (= Effektor) das Knochen-Muskelsystem.

Wenn wir in den Besitz von Nahrung gelangt sind, müssen wir die energietragenden Teile und die für uns nützlichen Teile dieser Beute auch in unsere Zellen transportieren können. Dazu haben wir ein Verdauungssystem, das zwischen Mund und After liegt, an das verschiedene Drüsen zur Produktion von Verdauungssäften angeschlossen sind, und ein Transportsystem, das Blutkreislaufsystem, das die verwertbaren Nahrungsteile zu den Zellen transportiert. Zur Nutzung der Energie benötigen wir noch das Abfallprodukt der Pflanzenwelt, den Sauerstoff, den wir uns mittels des Atmungssystems einverleiben. Der Vollständigkeit halber sei erwähnt, das wir nicht benötigte Teile auch ausscheiden können müssen, was wir ebenfalls über das Atemsystem (Kohlendioxidausscheidung), über die Nieren (materielle Giftstoffe) und über die Haut tun. Der Darm ist übrigens kein Ausscheidungsorgan, sondern ein Aufnahmeorgan von Stoffen, insbesondere von Wasser. Das, was sich nie innerhalb unserer Körpergrenze befand, sondern stets in der Außenwelt innerhalb des Darms, verlässt diesen wieder.

Diese Organsysteme will ich hier nicht durchgehen. Sie dienen dem, was von der Wissenschaft Stoffwechsel genannt wird, also der Selbsterhaltung.

Die natürlichen Organe des Menschen dienen in erster Linie der Selbsterhaltung des Systems Mensch. Sie funktionieren ohne bewusste Steuerung, ihre Funktion wird durch das sogenannte „autonome Nervensystem“ gesteuert, das auch die Abstimmung der Organtätigkeit durchführt. Philosophisch kann es daher vernachlässigt werden. Insoweit kann man den Menschen als Maschine betrachten (La Mettrie 1748).

Der lebende Körper des Systems Mensch kann sich nach außen nur einheitlich bewegen, zum Beispiel bei der Nahrungssuche oder Partnersuche.

Nur über diese Endhandlung des lebenden Systems entscheidet das menschliche Individuum bewusst.

Die Tätigkeiten, die zur Nahrungsaufnahme und zur Fortpflanzung dienen, werden durch Regelkreise mit negativer Rückkopplung in Gang gesetzt. Chemische Veränderungen innerhalb des Körpers werden durch innere Rezeptoren registriert und dem Zentralnervensystem übermittelt. Werden dort Abweichung der Istwerte von bestimmten Sollwerten (Glucosekonzentration oder Sauerstoffkonzentration) festgestellt, werden die notwendigen Aktionen zur Nahrungsbeschaffung eingeleitet. Aus diesen inneren Differenzen (Abweichung der Istwerte von Sollwerten) erzeugt das „Bewusstsein“ Gefühle. Nebenbei bemerkt zeichnet sich der Mensch durch seine Gefühlskälte aus: diese Gefühle sind der Überlebenskompass der Tiere. Der Mensch ist jedoch das Tier, das von allen am besten in der Lage ist, diese Gefühle zu missachten. Auch so kann man die Wurzel der Zivilisation beschreiben.

Philosophisch interessant sind die Aufgaben dieses Zentralnervensystems, soweit sie die Identifizierung von Nahrungsobjekten oder Sexualpartnern und die Steuerung von Handlungen betreffen.

Dazu nun.

Der Mensch erlebt Vorgänge im Körperinneren als Gefühle, Vorgänge außerhalb des lebenden Körpers als Wahrnehmungen. Die Speicherung dieser Erlebnisse im Hirn bilden seine Erfahrung.

Grundlage dieser Gefühle und Wahrnehmungen sind objektive Veränderungen. Die inneren Veränderungen finden selbstverständlich nur so lange statt, wie der Mensch lebt, Veränderungen der Umwelt setzen sich auch nach seinem Tod weiter fort, können jedoch nicht mehr erlebt werden.

Die Gefühle und Wahrnehmungen sind an sind jedoch nicht Materielles, sie haben zwar eine materielle Grundlage, aus diesen erzeugt das „Bewusstsein“ diese geistigen Erlebnisse. Objektiv existieren Objekte, die elektromagnetische Wellen reflektieren, die meine Sinnesorgane registrieren und mein Nervensystem weiterleitet. Daraus stellt mein Gehirn eine bildliche Wahrnehmung mit Farben und Formen her. Dies ist eine Konstruktion des Hirns, die ich als Bild wahrnehme. Die zugrunde liegenden Hirndaten sind für mich Informationen (im Sinne von Bedeutung, nicht im Sinne der Informationsmenge Bit der Informationstheorie). Sie sind als solche keine Materie/Energie. Meine Mitmenschen, die über ein gleich aufgebautes Gehirn verfügen, haben bei gleichen Objekten die gleiche Wahrnehmung. Ähnlich ist es mit objektiv vorhandenen Schallwellen, die ich als Ton wahrnehme usw. usw.. Dies ist die logische Folge der evolutionären Entwicklung Lebender Systeme.

Die zweite Seite der Fähigkeiten des Hirns, die Rechenfähigkeit (die Datenverarbeitung), zeigt sich darin, dass das Individuum gezielt und sinnvoll handelt und überlebt. Dies zeigt sich auch bei Fischen und Vögeln, die längere Wege berechnen. Voraussetzung für diese Rechenfähigkeit ist eine Speicherung von Daten im Rechenorgan, dem Hirn. Ohne die Speicherung von Daten kann auch nicht gerechnet werden. Und ohne richtiges Rechnen stirbt das Lebende System.

Das Beherrschen der Selbsterhaltung lebender Systeme der Größenordnung Individuum ist der Beweis dafür, das dieses System bestimmte Objekte seiner Umwelt adäquat erkannt hat, also äußere real vorhandene Objekte mit im Hirn geistig gespeicherten Vorstellungen korrekt verglichen hat und das Verhalten dieser realen Objekte richtig berechnet hat. Nur unter diesen Voraussetzungen kann Selbsterhaltung gesichert werden.

Dies ist im Grunde nur eine andere Formulierung der Evolutionstheorie.

Die Individuen, die heute leben, sind die Nachfahren der Vorfahren, die richtig erkannt, richtig gerechnet und richtig gehandelt haben. Bezogen auf die Lebewesen mit zweigeschlechtlicher Vermehrung muss man einschränkend sagen, dass dieses richtige Erkennen und Reagieren immer nur bis zur Aufzucht der nächsten Generation erforderlich ist. Anschließend sind diese Fähigkeiten überflüssig, so dass der natürliche Tod eintreten kann. Im Grunde nutzt also das genannte Können der Individuen lediglich den Genen zu deren Fortbestand.

Mit dem Auftreten des Menschen auf dem Planeten Erde ändert sich dies jedoch.
Festzuhalten ist, dass der Mensch in seiner Urform, als Urmensch, bereits mit einigem Können ausgestattet ist. Er kann Objekte erkennen, kann diese geistig als Bilder usw. darstellen und im Hirn konservieren, er kann deren Verhalten berechnen und je nach Situation sinnvoll handeln, angreifen, sich entfernen, Nahrung identifizieren und in sich aufnehmen, Sexualpartner, Konkurrenten erkennen und Kinder als schutzbedürftige Wesen erkennen. Er verfügt über angeborene, also genetisch gespeicherte, Verhaltensvorgaben, wie Balzrituale, Imponierverhalten und Brutpflegeinstinkte und auch bereits über sozial sinnvolle Verhaltensweisen, wie die Unterordnung unter den körperlich Stärkeren innerhalb einer Gruppe. Letzteres lässt sich an der Beobachtung von Primatengruppen zeigen.

1.2.3. Das Modell und seine Umsetzung in Handlung

In allen Lebensbereichen können wir die beiden Erkenntnisschritte finden: zunächst Rezeption von Reizen, anschließend die Bildung eines Modells. Unser Hirn liefert uns aus dem Empfang von Reizen aus der Umwelt Wahrnehmungen, aus den Reizen der Innenwelt Gefühle bzw. Emotionen. Bereits dies sind Modelle, an deren Herstellung wir allerdings nicht bewusst beteiligt sind. Gefühle und Wahrnehmungen stellen Konstruktionen unseres Hirns dar, die von unbewusst arbeitenden Hirnteilen ohne unser bewusstes Zutun vorgenommen werden. Sinnesreize werden in Bilder, Töne, Gefühle usw. umgewandelt. Unsere Wahrnehmungen sind geistige Konstrukte, Modelle im Bereich des Anschaulichen. Die Bilder „im Kopf“ haben mit der Realität nichts gemein. Real existieren elektromagnetische Wellen, unser Hirn macht daraus optische Wahrnehmung. Dieses Bild hat keine räumliche Ausdehnung, wir nehmen es so wahr, als wäre es außerhalb. Auf diese Weise passt der Erdball in unseren Kopf, der von unserem „Bewusstsein“ erzeugt wird, wie die Philosophie lebender Systeme formuliert. Allerdings ist dieser Begriff in der Medizin und der Psychoanalyse bereits auf zweierlei Weise gebräuchlich, deshalb verwende ich ihn spärlich. Vom „Bewusstsein“ erzeugte Bilder, Töne, Gefühle und Begriffe bilden neben den Ideen und Hypothesen das Geistige des Menschen.

Der Mensch fasst nun in allen Lebensbereichen seine Wahrnehmungen, die empirische Realität, in Denkmodellen zusammen. Er bildet Hypothesen, formuliert Theorien. Diese stellen die dritte Stufe der Erkenntnis dar. Die erste Stufe ist die unbewusst gebildete empirische Realität, die dritte Stufe ist die der theoretischen Modelle. Dazwischen liegt die Begriffsbildung, die ich später behandle.

Der Mediziner bittet seinen Patienten, seine Beschwerden zu berichten. Die sinnlichen Erfahrungen bzw. Wahrnehmungen des Patienten, seine Schmerzen usw. sind für ihn, obgleich „subjektiv“, die Grundlage seiner Erkenntnis. Diese fasst der Arzt zu einer Hypothese, der sogenannten „Diagnose“ zusammen. Der Richter erkundigt sich nach den Wahrnehmungen der Zeugen. Diese sind für ihn als sinnliche Erfahrung die Grundlage seiner Erkenntnis, und daraus konstruiert der Richter einen Tatablauf. Dieser ist ein

Modell, eine Hypothese.

Die Wahrheit, nach der Philosophie immer noch sucht, besteht im Funktionieren des „Überlebensmodells“.

Nun ist der Begriff des Überlebensmodells sehr hoch gefasst. In der Praxis geht es darum, ob eine Theorie, eine Hypothese, ein geistiges Modell eben, sich in der Praxis bewährt. Es muss nicht immer um das Überleben gehen, es kann um eine Erleichterung für das menschliche Leben gehen oder um eine Einsparung von Energie. Im Grunde geht es darum, ob sich das geistige Modell in der Lebenspraxis bewährt. Diese Lebenspraxis besteht zunächst in der Aufrechterhaltung der Homöostase. Die Bewährung in der Praxis ist das Wahrheitskriterium der Evolution und der Philosophie lebender Systeme.

So ist es auch in den Naturwissenschaften, in denen es auf das Überleben einer Idee, einer Hypothese oder einer Theorie im wissenschaftlichen Versuch ankommt, so ist es in der technischen Anwendung, so ist es aber auch im täglichen Leben des Individuums: bewährt sich die Theorie in der praktischen Anwendung, in der Tat, bewährt sich mein Lebensentwurf, mein Lebensmodell in der täglichen Anwendung? Das ist hier die wesentliche Frage, die von der Praxis entschieden wird.

Ist dies nicht der Fall, ist das Überleben natürlich nicht bedroht, sondern lediglich das Überleben des (geistigen) Modells. Dieses sollte dann verändert, verbessert werden.

Der Richter über die Güte eines Modells ist das Tatergebnis, die Realität, die Wirklichkeit.

Wissenschaftliche Modelle sind quasi die höchste Stufe dieser Modellbildung, die jedoch bereits in der Kleinkindheit beginnt. Diese Erkenntnis verdanken wir Sigmund Freud. Ursprünglich hielt Freud die Kastrationsdrohung des Vaters („wenn Du es mit der Mutter treibst, werde ich Dich kastrieren“) für empirische Realität, die zur Kastrationsangst führt. Dies betrachtete er zunächst als die Ursache neurotischer Entwicklungen. Aufgrund seiner therapeutischen Erfahrungen verwarf er diese Theorie später und ersetzte sie durch den sogenannten „Ödipuskomplex“, der nicht auf einer realen Erfahrung, sondern auf einer Theorie des Kindes (Sohnes) beruht, auf einem Modell, wie man sagen könnte. Die Beobachtung der Penislosigkeit anderer Kinder (der Mädchen) veranlasst das männliche Kind zur Bildung der Theorie, dass diese Penislosigkeit Folge einer Kastration sein müsse. Die Kastrationsangst war somit Folge einer Hypothesenbildung, die Freund dann als „psychische Realität" bezeichnete. Im Grunde, so meint die PhilS (= Philosophie lebender Systeme), ist diese psychische Realität, wenn man unter diesen Begriff auch die Wahrnehmungen und Gefühle subsummiert, die einzige Realität, die sicher ist, selbst wenn man sie umgangssprachlich auch als subjektiv bezeichnet, während alle Modelle über „wahre Realität", wie Theorien über Elementarteilchen, Felder oder sonstiges, ihren Modellcharakter behalten. Das von Freud entdeckte Kastrationsmodell des sich neurotisch entwickelnden Jungen als Erklärung der Penislosigkeit von Mädchen wäre somit das frühe (kindliche) Beispiel eines Erklärungsmodells „wissenschaftlichen" Charakters, einer Hypothesenbildung.

Nun folgt ein Urteil. Der Richter fällt ein Urteil, das als Strafe vollstreckt wird, der Mediziner fällt ein Urteil, das in therapeutische Maßnahmen umgesetzt wird, jeder Mensch beurteilt eine Situation und handelt entsprechend. Der Wissenschaftler handelt, indem er ein Experiment durchführt.

Erst die aus dem Urteil resultierende Handlung, das Tun, das Ergebnis, beendet den Regelkreis. Der Regelkreis wird durch die Tat geschlossen. Daher die Bedeutung der Kybernetik für die Erklärung menschlichen Verhaltens, auf die später eingegangen wird (siehe aber auch Zimmerman 2004).

Das Urteil des Richters, des Mediziners oder allgemein des Menschen, also die aus seinem Modell resultierende Entscheidung, ist zunächst „gar nichts", bleibt Geistiges, „Modell", wenn nicht eine Handlung, eine Tat, erfolgt. Das Tatergebnis ist die Instanz, die entscheidet, ob eine Hypothese richtig oder falsch ist. Diese Instanz ist - wie bei der Evolution genetisch gespeicherter Modelle zur Aufrechterhaltung der Homöostase – die Realität, die Wirklichkeit.

Die Realität, die Ausgangpunkt der Wahrnehmung (Rezeption) war und deren Veränderung durch die Tat zum Endpunkt (Aktion) wird, entscheidet darüber, ob das geistige Modell, bzw. die der Aktion zugrunde liegende Theorie, „richtig" ist oder nicht. Die Wissenschaft nennt dies Verifizierung bzw. Falsifizierung.

Die Natur reagiert unerbittlich. Eine genetisch gespeicherte Handlungstheorie wird gelöscht, wenn der Datenträger, der falsch handelt oder zu langsam reagiert, nämlich das Individuum, vor einer Zeugung von Nachkommen gefressen wird oder verhungert.

Die Philosophie lebender Systeme betrachtet lebende Systeme der Größenordnung Individuum als Träger genetisch gespeicherter Überlebensmodelle und kommt zu dem Ergebnis, dass deren Umwelt die Instanz ist, die darüber entscheidet, welches Modell jeweils das erfolgreichere ist.

Die Gene „wissen“, wie die Materie ihrer Umwelt (der Zelle) zusammengesetzt werden muss, damit ein Individuum entsteht, genau gesagt ein lebendes System der Ordnungshöhe Individuum, das sich bewegen und vermehren kann. Dieses Wissen ist etwas Geistiges, das in materieller Form gespeichert ist. Dieses Wissen ist für das Gen überlebensnotwendig. Nach Dawkins ist die Einheit, die sich in der Evolution entwickelt das Gen (Dawkins 1996). Der Transporteur des Gens, das Individuum, lebt nur vorübergehend. Es wird vom Gen zur Sicherung seines Überlebens benötigt. Sobald das Gen diesen gebaut hat, teilt dieses Individuum sich und legt damit eine Kopie des Gens an. Oder es sucht sich bei zweigeschlechtlicher Vermehrung einen Partner zur Vermehrung seiner genetisch gespeicherten Daten. Da der Ort dieses Wissensspeichers die Zelle ist, spreche ich auch von intrazellulärer Wissensspeicherung, wenn ich genetisch gespeicherte Daten meine.

Das Wissen der Gene umfasst nicht nur den Bauplan für das Individuum, sondern auch Verhaltenstrategien, Handlungsregeln für dieses Individuum und vor allem: Handlungsziele.

Dies ist ein Wissen, das dem des Menschen weit überlegen ist. Der Mensch ist noch nicht einmal in der Lage, ein Chlorophyllmolekül, also die Grundlage für die Energielieferung des Lebens, zu bauen. In den Zellen der Pflanzen ist dieses Wissen jedoch gespeichert. Für die Lösung des Zukunftsproblems der Menschheit wäre es von großer Bedeutung, über dieses Wissen darüber zu verfügen, wie die in den Photonen steckende Energie zur Bildung von Zucker genutzt werden kann.

Ich habe bisher gern von den Daten gesprochen, die genetisch ge-

speichert sind. Die bessere Formulierung wäre wohl, den Terminus "Daten" durch den Begriff "Wissen" zu ersetzen. Man könnte dann sagen, der Chromosomensatz eines Individuums hat in seinen Genen das Wissen über den Aufbau, die Konstruktion, das Verhalten und die Handlungsziele eines Individuums gespeichert.
Allgemein ist das Chromosom ein Wissensspeicher. Dieses Wissen resultiert aus einer Auseinandersetzung mit der nichtlebenden und lebenden Umwelt. Die Evolution wäre damit als ein Voranschreiten des Wissens, als ständiger Wissenszuwachs, als Lernprozess definiert. Wer lernt, überlebt, wer nicht lernt, wird aussortiert.

Die Wissenschaften stellen eine Fortsetzung der Evolution dar. Sie benutzen die gleiche Erkenntnismethode wie die Evolution. Die Erkenntnismethode ist: Überproduktion von Individuen (in der Evolution) bzw. Überproduktion von Hypothesen (Ideen) in den Wissenschaften und Selektion: in der Biologie durch den Tod der weniger überlebensfähigen Individuen, in der Wissenschaft durch das wissenschaftliche Experiment, das die Hypothese verifiziert oder falsifiziert.

Diese gleiche Methodik führt zum gleichen Resultat, nämlich zu einem Voranschreiten des Wissens. Evolution und Wissenschaft sind Wissensgewinn.

Wenn man beides vergleicht, könnte man sagen, dass eine unserer Wissenschaften (z.B. die Physik) sozusagen einem Chromosom entspricht. Seine Bestandteile, die Gene, würden erfolgreichen Ideen entsprechen, oder:

Die Daten, die ein Gen enthält, entsprechen einer erfolgreichen Idee.

Ein stabiles Gen ist eine erfolgreiche Idee. Oder: das Gen ist eine materiell gespeicherte Idee.

Eine Idee, die in einem Gen steckt, ist etwas, das dem lebenden System nützlich ist, und eine Idee in den Wissenschaften kann eben auch verschiedenen Wissenschaften nützen.

Das Grundprinzip besteht darin, dass die Methodik des Wissensgewinns, die in der Evolution genetisch gespeicherter Daten oder genetisch gespeicherter Ideen vorgezeichnet ist, sich im wissenschaftlichen Denken und Handeln des Menschen fortsetzt.

1.3. Das kybernetische Handlungsmodell

1.3.1. Die Regelkreise

Das Modell der PhilS zur Erklärung menschlichen Handelns verwendet auch die von Wiener so benannte Kybernetik (Wiener 1992), hier besonders die Regelkreisvorstellungen. Jede Wissenschaft hat ihre Denkmodelle, so auch die PhilS, die damit den Wissenschaften näher steht als die traditionelle Philosophie.

Zunächst zum physikalischen Kräftemodell. Der Flug eines vom Menschen geworfenen Steins lässt sich berechnen aus der Energie, die der Mensch hincin gcsteckt hat (dem Impuls, der geradeaus wirkt, der Trägheit), und der Gravitationskraft, die den Stein zur Erde zieht. Daneben herrschen Reibungskräfte, die vernachlässigt werden können. Das Antriebsmodell der PhilS zur Beschreibung menschlicher Handlungen geht ebenfalls zunächst von 2 Antrieben aus, nämlich der Selbsterhaltung und der Selbstentfaltung (Zimmerman 2004). **Diese beiden systemimmanenten Ziele setzen jedoch keine bestimmte lineare eindimensionale Richtungsvorgabe.** Hinzu kommt eine „Gegenkraft“ – ähnlich der Gravitationskraft beim Modell der Mechanik -, die die Umwelt den systemimmanenten Zielen des lebenden Systems entgegensetzt. Dies sind einerseits Kräfte der nichtlebenden Natur, wie beispielsweise die Temperatur und deren kurzfristige und langfristige Schwankungen, andererseits die Selbsterhaltung- und Selbstentfaltungskräfte der lebenden Systeme der Umgebung. So dezimiert die Selbsterhaltung von Fressfeinden (mit gewissen Ausnahmen) die Selbsterhaltung und Selbstentfaltung der Tiere und Pflanzen, von denen sie sich ernähren.

Will man menschliches Verhalten und Handeln verstehen, reicht es nicht aus, nur einen inneren Antrieb mit dem Ziel der Selbsterhaltung anzunehmen. Dieser „erste“, besser „eine“ (in späterer Ergänzung durch den „anderen“) Antrieb sorgt für die Aufrechterhaltung des inneren chemischen Milieus des lebenden System, hier des Menschen. Um den Stoffwechsel des Menschen aufrecht zu erhalten, ist eine bestimmte Körpertemperatur sowie eine definierte Zusammensetzung der Körperflüssigkeit in bestimmten Grenzen notwendig. Diese Parameter werden durch körperinterne Sensoren (Fühler) gemessen und bei Abweichungen des Istwerts vom Sollwert werden Handlungen in Gang gesetzt, die in ihrem Ergebnis zur Zufuhr von so viel „Nährstoffen" aus der Umgebung führen, dass die Homöostase wieder hergestellt wird. Es handelt sich also um Regelkreise, deren Sollwertbereich genetisch determiniert ist. Weiter ist von Bedeutung, dass dieses Modell eine Trennung von Sollwert (in der PhilS auch die Instanz des „Dominators" genannt) und Effektor, also Muskelaktion, vornimmt, was impliziert, dass die erforderliche Energie nicht im Sollwert (oder im Dominator) gespeichert ist, sondern im Effektor. Die Instanz, die über den Einsatz der Energie und die Richtung, in die die Kraft wirkt, entscheidet, muss selbst also nicht über Energie verfügen. Die Energie hat ihren Sitz im Effektor.

Aus diesem Modell ergibt sich weiterhin, dass die Richtung der Kraftentfaltung eben nicht genetisch determiniert ist, sondern ad hoc bestimmt werden kann (Entscheidungsfreiheit).

Konkret gesagt: es ist genetisch vorgegeben, dass der Mensch atmen, trinken und essen muss, die genetische Verhaltensdeterminierung lässt jedoch offen, in welche Richtung die Nahrungssuche geht, welche Nahrung als erstes aufgenommen wird und wann die Nahrungssuche erfolgt.

Den Regelkreis, der den Sollwert für die Glucosekonzentration herstellt, möchte ich dazu aus der Perspektive des zivilisierten Menschen betrachten, weil sich die menschliche Handlungspraxis seit den steinzeitlichen Verhältnissen gewaltig verändert hat.

Praktisch gesehen, öffnet der zivilisierte Mensch, wenn er Hunger hat, seinen Kühlschrank, nimmt sich einen Joghurt heraus und isst diesen. Die Jagd ist aus dem Regelkreis verschwunden. An ihre Stelle ist jedoch etwas anderes, sehr kompliziertes getreten. Der Nahrungsaufnahme-Regelkreis hat sich gewaltig verändert, wobei die erforderlichen Grundfähigkeiten, z.B. die Voraussicht, bereits im Tierreich vorhanden sind.

Der Mensch wird aufgrund der Vergesellschaftung seiner Lebensform gezwungen, etwa folgenden Ablauf an die Stelle der Jagd zu setzen:

Anstatt zur Jagd zu gehen oder zu sammeln, geht er zur Arbeit und verdient Geld, mietet (oder kauft) sich eine Wohnung und einen Kühlschrank, muss sich im Supermarkt mit Nahrungsmitteln versorgen, die er in seinem Kühlschrank deponiert. Erst dann kann er sich bei Bedarf aus dem Kühlschrank mit Nahrung bedienen.

Am entscheidenden Punkt, der das Überleben betrifft, hat sich jedoch überhaupt nichts geändert, und um diesen zu identifizieren, müssen wir uns **in** den lebenden Körper des Individuums begeben:

Dort ist nach wie vor die Glucosekonzentration im Blut abgesunken, woraufhin dem Körper Nahrung zugeführt wurde, was die Glucosekonzentration wieder in den Sollwertbereich gebracht hat.

Das ganze Drumherum, sei es die Jagd, das Sammeln, oder das Arbeitengehen und Einkaufen, interessiert die biologischen Vorgänge im Körper quasi nicht „die Bohne“. Dem Organismus bleibt es überlassen, wie er es anstellt, Nachschub in den Körper zu transportieren. Das einzig entscheidende ist die Wiederherstellung des Sollwerts im Blut. Alle Aktionen, die dazwischengeschaltet sind, sind grundsätzlich der Entscheidung des Individuums überlassen. Diese Entscheidungsfreiheit beginnt mit der Wahl des Arbeitsplatzes und geht über die Wahl des Wohnorts, des Kühlschranks, des Supermarkts und der Nahrungsmittel. Wir haben also auf der einen Seite einen biologisch verprogrammierten Sollwert und auf der anderen Seite eine unbegrenzte Freiheit verschiedener Maßnahmen, kultureller Aktionen und individueller Wahlmöglichkeiten bei der Lösung des Problems, wie wir diesen Sollwert einhalten.

Es hat also eine Entwicklung, eine Ausgestaltung des Nahrungsaufnahme-Regelkreises in unterschiedlichen kulturellen Färbungen stattgefunden, die jedoch am letzten biologischen Vorgang, nämlich allgemein der Aufrechterhaltung der Homöostase, nichts geändert hat. Alle Modifikationen, die der Mensch in seiner zivilisatorischen Entwicklung am Nahrungsaufnahme-Regelkreis vorgenommen hat, hat am Prinzip dieses Regelkreises nichts geändert, lediglich der Weg von der Registrierung des Istwerts bis zur Wiederherstellung des Sollwerts ist komplizierter geworden.

Zivilisation kann also als Modifikation von Regelkreisen beschrieben werden. Dies ist ein Punkt, den ich anhand dieses einfachen Regelkreises mit negativer Rückkopplung zeigen wollte. Der zweite Punkt ist die Definition von menschlicher Handlungsfreiheit.

Menschliche Handlungsfreiheit besteht darin, biologisch vorgegebene Regelkreise, die der Einhaltung von Sollwerten dienen, zu modifizieren. Der Mensch kann nur eines nicht verändern: die Sollwerte.

Auf einen dritten wichtigen Punkt möchte ich jedoch noch an dieser Stelle hinweisen: auf die Bedeutung des Geldes.

Ich habe oben ganz locker formuliert: der zivilisierte Mensch muss arbeiten gehen. Usw.

Der aufmerksame Leser hat sich wahrscheinlich gefragt: warum muss er?

Das liegt an der Erfindung eines universellen Tauschmittels, des Geldes, und der Verwendung dieses Geldes als Belohnung für eine gesellschaftlich nützliche Tätigkeit, also als Tauschmittel zwischen Fähigkeiten, die das Individuum über einen bestimmten Zeitraum für andere Menschen ausübt und Waren (oder Dienstleistungen), die es dafür erwerben kann. Arbeit ist die Verwendung von Fähigkeiten und Energie im Dienst von Mitmenschen. Mit Hilfe des Geldes wird Arbeit in Warenwert umgerechnet. Arbeitstätigkeit ist Effektorentätigkeit (der Effektor führt etwas aus, was einem Mitmenschen nutzt). Für diese Effektorentätigkeit erhält das Individuum Geld und kann dies gegen Waren oder Dienstleistungen tauschen, die das Ergebnis von Effektorentätigkeiten seiner Mitmenschen für ihn sind. Einerseits betätigt sich das Individuum als Effektor für seine Mitmenschen, andererseits betätigen sich diese als Effektor für ihn. Das Individuum geht nicht mehr zum Jagen in den Wald, sondern bezahlt mit seinem Geld den Bauern, der Vieh gezüchtet und geschlachtet hat, den Lastwagenfahrer, der das Fleisch in den Supermarkt transportiert hat, den Verkäufer usw., alle seine Effektoren. In dem Moment allerdings, in dem er sich für den Kauf eines Produkts entscheidet, ist er der Dominator, der die Entscheidung trifft, wer was nachproduzieren sollte. Er wirkt bei seinen Kaufentscheidungen bei der Festsetzung eines Sollwerts darüber mit, welche Produkte in welche Menge von der produzierenden Wirtschaft hergestellt werden müssen.

Es hat sich also im Lauf der Zivilisation nicht der Sollwert eines Blutparameters geändert. Während der Mensch jedoch in der Steinzeit passiver Teilnehmer innerhalb eines Regelkreises mit negativer Rückkopplung von Jägern und Beutetieren war, in dem seine eigene Population von der Population der Beutetiere gesteuert wurde, setzt er nun einen Sollwert fest.

(In einem geschlossenen System von Jägerpopulation und Population des Beutetieres müssen sich beide auf Dauer die Waage halten. Sinkt nämlich die Population des Beutetieres, so verhungert ein Teil der Population des Jägertiers. Dadurch kann sich die Population des Beutetiers erholen usw.)

Während also in der Steinzeit die Natur äußere Grenzen gesetzt hat, sind diese im Verlauf der Zivilisation durch Sollwerte ersetzt worden, die der Mensch festsetzt.

Praktisch gibt es für den Menschen viele Beutetiere, so dass es kein Problem wäre, sich nach Ausrottung der Wale von anderen Tieren zu ernähren. Insgesamt muss jedoch die Fleischmenge, die konsumiert wird (der Sollwert) auch produziert werden, so dass die Gesamtmenge des tierischen Fleisches durch die Sollwertfestsetzung des Menschen global definiert ist. Bei weiter steigender Weltbevölkerung und gleichbleibendem individuellem Fleischbedarf muss also auch die Fleischmenge (also die Tiermenge, der Fleisch-Sollwert) steigen und natürlich auch die Pflanzenmenge (der Sollwert für Pflanzen), weil diese, neben ihrer Funktion als Nahrung, als Sauerstofflieferant für die Tierwelt benötigt wird.

Da die Erde nicht wächst, kann sich jeder ausrechnen, wie lange eine derartige Zivilisation noch möglich sein wird.

Das fleischliche Nahrungsmittel war hier allerdings nur ein Beispiel dafür, dass der Mensch im Rahmen der Zivilisation durch seine Kaufentscheidungen Sollwerte festsetzt, die von der Wirtschaft erfüllt werden müssen. Die Nahrungsmittelindustrie ist nur eine von vielen Industrien, die irgendwelche Waren produziert, deren Mengensollwerte („Bedarf“) der Mensch und die Menschheit als Ganzes festlegt.

Ich wiederhole noch einmal kurz den Grundgedanken:

Ausgangspunkt ist ein System, das ich Erde nenne (System Erde), obwohl auch die Sonne zu diesem System gehört. Auf diesem leben Pflanzen und Tiere, zu letzteren gehört der Mensch - zunächst. Dieses System kann man übrigens als geschlossen betrachten.

Das Pflanzenreich nimmt seine Energie aus dem Sonnenlicht und produziert Sauerstoff und Zucker. Diese Stoffe dienen dem Tierreich als Nahrung (Energielieferanten). Innerhalb des Tierreichs gibt es erstens Konkurrenz um die pflanzliche Nahrung und zweitens fleischfressende Tiere. Denken wir uns hier ein idealisiertes System zweier Tiersysteme, nämlich Pflanzenfresser und Tierfresser, dann stehen die Tierfresser und Pflanzenfresser in einer Wechselwirkung: Würden die Tierfresser alle Pflanzenfresser verspeisen, müssten sie verhungern, weil sie keine Nahrung mehr hätten. So weit kommt es jedoch nicht, weil bereits vorher bei einer Abnahme der Pflanzenfresser eine Nahrungsknappheit für Tierfresser dafür sorgen würde, dass ein Teil der Tierfresser verhungert. Die Biologen nennen diesen Vorgang „Selektion", weil die geschicktesten Tierfresser überleben. Durch die Abnahme der Tierfresser können sich die Pflanzenfresser wieder vermehren und damit mehr Nahrung liefern. Das nennt Darwin „Übervermehrung". Nunmehr können sich die Tierfresser aufgrund des großen Nahrungsangebots wieder vermehren, fressen so viele Pflanzenfresser, bis Nahrungsverknappung eintritt und die Geschichte, die von den Biologen „Evolution" genannt wird, beginnt von neuen, allerdings auf einem erschwerten Niveau, weil die Pflanzenfresser inzwischen aufgrund der Selektion geschickter geworden sind. Über einen längeren Zeitraum bleibt die Summe der Tierfresser und der Pflanzenfresser etwa auf dem gleichen Niveau, es stellt sich sozusagen ein Gleichgewicht zwischen Pflanzenfressern und Tierfressern ein, ein Mittelwert, um den die tatsächlichen Werte schwanken. Diesen Mittelwert nenne ich den Sollwert des Systems Pflanzenfresser-Tierfresser. Verändert sich der Istwert in Richtung Pflanzenfresser (mehr Pflanzenfresser vorhanden), haben die Tierfresser mehr Nahrung und vermehren sich, dadurch werden die Tierfresser wieder reduziert. Es handelt sich um ein stabiles System mit gegenseitiger negativer Rückkopplung.

Innerhalb dieser – hier stilisierten - evolutionären Verhältnisse, in denen sich die Fähigkeiten der Pflanzen- und Tierfresser durch Überproduktion von Nachkommen und Selektion immer weiter verbessern, hat sich der Mensch, ein Pflanzen- und Tierfresser, etabliert.

Der Mensch, hier: das System Menschheit als Summe der Menschen, ist jedoch inzwischen aus diesem stabilen geschlossenen System ausgebrochen, indem er sich nicht mehr in sein Schicksal, „Verringerung der Menschenzahl durch Nahrungsverknappung" fügt, sondern seine Bedürfnisse als Sollwert festgelegt hat. Durch diese Setzung, also die Festsetzung seiner Bedürfnisse als Sollwert, die er selbst dann auch durch seine Aktivität einhält, hat sich die Menschheit als solche selbst geschaffen. Die Menschheit benötigt zum Überleben pro Tag eine bestimmte Menge pflanzlicher und tierischer Nahrung und diese Nahrungsmenge produziert sie selbst, indem sie Pflanzen und Tiere in dieser Menge züchtet. Die energieaufwändige Jagd und das Sammeln fallen dann weg, dafür müssen gefangene Tiere gezüchtet und der Acker bestellt werden. Der Energieaufwand mag zunächst der gleiche sein, aber die wesentliche Änderung des Verhaltens besteht darin, dass es nunmehr der Mensch ist, der einen Sollwert für seinen Bedarf festlegt. Er ist nicht mehr „Opfer“ in einem Kräftespiel der Natur. Der Mensch schafft eigene Spielregeln durch die Einführung von Ackerbau und Viehzucht, setzt die Sollwerte seiner Ernährungs-Regelkreise fest, wird zum Schöpfer seiner selbst.

Das „System Menschheit“ ist also sein eigener Schöpfer.

Es hat dies zwar nicht bewusst so getan, wie ich es hier klingt, aber es hat es dennoch getan, nämlich kollektiv unbewusst und durch die Tat.

Die Selbsterhaltung (das Überleben) wird durch Regelkreise mit negativer Rückkopplung gesteuert. Innere Rezeptoren messen die Konzentrationen bestimmter Blutparameter. Das Hirn, das diese Messergebnisse mit den Daten der Außenwelt (Wahrnehmungen) vergleicht, stellt Abweichungen dieser Istwerte von den genetisch vorgegebenen Sollwerten fest und veranlasst Aktionen mit dem Ziel, den Sollwert wieder herzustellen. Noch konkreter: die PhilS betrachtet die Arbeitstätigkeit des Menschen *einerseits* auch als Ausdruck dieser Selbsterhaltung, da in der heutigen Zeit die Nahrungssuche nicht im Wald, sondern im Supermarkt durch ein Zahlungsmittel erfolgt, das (normalerweise) durch Arbeit erworben wurde. Nun kann eine Tätigkeit, wie beispielsweise die Berufsausübung, nicht nur einem Ziel, nämlich der Selbsterhaltung (Aufrechterhaltung der Homöostase) dienen, sondern 2 Zielen. Das zweite Ziel menschlichen Verhaltens ist *andererseits* die Selbstentfaltung.

Dass das Handeln lebender Systeme auf die Selbsterhaltung (Homöostase) dieser Systeme abzielt, kann nicht ernsthaft in Zweifel gezogen werden. Zu welchem Zweck sollten sie sich bemühen,

Substanzen aufzunehmen, die sie für ihren Stoffwechsel benötigen? Warum sollten sie beispielsweise atmen und essen? Warum sollten sie danach trachten, Energieträger aufzunehmen?

Die PhilS betrachtet lebende Systeme der Größenordnung Individuum einerseits als Überlebensmaschinen oder Überlebensapparate, man kann auch sagen, jedes lebende System der Größenordnung Individuum enthalte einen Überlebensapparat. Dieser holt sich über seine Sinnesorgane Daten (Informationen) über seine Umwelt und das Geschehen in ihr, verarbeitet diese und handelt. Dieser Apparat muss also Sensoren haben, rechnen können und handeln können. Seine Rechenkünste müssen darin bestehen, Bewegungen, Geschwindigkeit lebender Systeme seiner Umwelt mit der eigenen Handlungsfähigkeit vergleichen zu können, weil er einerseits Gegenmaßnahmen gegen schädigende Ereignisse treffen muss und andererseits andere Objekte in sich aufnehmen muss (essen und trinken muss), um seine Homöostase zu erhalten. Sprache ist dazu, wie schon gesagt, nicht erforderlich und wird daher später behandelt. Andererseits ist das Individuum auch ein Datenträger mit einem Apparat zur Vermehrung dieser genetisch gespeicherten Daten mittels sexueller Betätigung.

Der Zustand des (vorübergehenden) Lebens von Individuen kann insgesamt als der Homöostasezustand lebender Systeme aufgefasst werden. Es wäre widersinnig, dem Leben zu unterstellen es trachte gar nicht danach, diesen Zustand aufrecht zu erhalten.

Dennoch gibt es auch diese Auffassung. Sie wurde von Sigmund Freud, dem Begründer der Psychoanalyse, vertreten. Er meinte im Menschen eine Kraft identifizieren zu können, die nach dem Tode strebe. Diese sei zerstörerisch und habe das Ziel, den Urzustand der Materie herzustellen, den leblosen Zustand, aus dem der Mensch gekommen sei.

Dies wäre eine Erklärung dafür, dass Jugendliche Menschen oft Gewalt anwenden, ihre Mitmenschen zu Tode prügeln, -treten, -stechen oder –schießen, sich zu diesem Zweck auch in Ländern höchster Kultur zu Horden zusammenschließen, sogar Armeen aufstellen und dann die Bevölkerung anderer Länder gemeinschaftlich ermorden. Täter dieser Gewaltaktionen im Kleinen und im Großen sind in der Regel männlichen Geschlechts, so dass für dieses Verhalten eine geschlechtsspezifische Erklärung gefunden werden musste und inzwischen auch von der Wissenschaft gefunden wurde: dieses Verhalten wird durch bestimmte Hormone initiiert, die männlichen Sexualhormone. Die Philosophie lebender Systeme findet sich mit dieser Erklärung jedoch nicht ab und fragt nach dem Sinn dieser Morde und Massenmorde und dem Sinn der Energieverschwendung durch Kriege. Einerseits betätigen sich die Menschen geistig, machen Erfindungen und produzieren immer bessere technische Geräte, die – wie gezeigt – die Fähigkeiten der Individuen immer mehr verbessern und ihren Energieaufwand durch Nutzung körperexterner Energie verringern, andererseits werden diese körperexternen individuellen und kollektiven Organe dann dazu verwendet, zu töten und Kriege zu führen. Dies wäre ein Widerspruch.

Die Philosophie lebender Systeme löst diesen Widerspruch auf.

Bereits in den Jahren 1988/89 habe ich zu diesem Zweck eine Untersuchung bei Mehrfachmördern durchgeführt, weil mir diese besonders geeignet erschienen, die Ursache und den Grund von Gewaltanwendung zu klären. Ich wollte wissen, ob es bestimmte Persönlichkeitsmerkmale gäbe, die eine Vorhersage zuließen, ob eine Person zum Mörder wird. Ich fand auch derartige Persönlichkeitsmerkmale, die mit denen gewaltbereiter Jugendlicher zusammentreffen, andererseits mussten jedoch zufällige Situationsmerkmale vorliegen, die dafür ausschlaggebend sind, ob derartige Persönlichkeitsmerkmale tatsächlich zu einem Mord führen. In den Folgejahren konnte ich durch Gespräche mit Mördern meine These bestätigen. Das Ergebnis meiner Beschäftigung mit Mehrfachmördern und den verschiedenen Aggressionstheorien war schließlich die Hypothese, dass für die Durchführung rücksichtloser individueller und kollektiver Gewalttaten, wobei letzteres nicht nur Kriege und den Einsatz von Atomwaffen einschließt, sondern auch die Ausrottung von Bevölkerungen und Bevölkerungsteilen, wie dem jüdischen Bevölkerungsanteil in Europa (Absicht Hitlers), nicht Folge eines Todestriebes oder der Absicht ist, das Opfer zu töten, sondern Folge der Absicht, sich selbst zu vergrößern bzw. auszubreiten. Ich postulierte bereist 1989 neben der Selbsterhaltung eine Selbstentfaltung als treibendes Ziel lebender Systeme.

Die individuelle und die kollektive Handlung mit dem Ergebnis, das oder die Opfer zu töten, dient dazu, sich selbst zu entfalten.

Die mit dem Mord verbundene Selbstentfaltung ist auch das, was zur Befriedigung des Täters führt.

Der Mord ist Mittel zum Zweck, Zweck ist die Selbstentfaltung und die damit verbundene Befriedigung.

Welche Vorteile bietet die Sichtweise, Tötung von Menschen nicht als eigentliches Ziel, sondern als Mittel zum Zweck anzusehen?

Der logische Vorteil dieser Sichtweise besteht darin, den scheinbaren Widerspruch zwischen den geistigen Leistungen der Menschen und ihren Tötungshandlungen aufzulösen. Beides, die Erfindung von Werkzeugen, Waffen usw. und die Kriegführung, sind danach Ausdruck eines einzigen Grundziels oder Antriebs (s.o.), der Selbstentfaltung. Selbstentfaltung kann einerseits darin bestehen, das Individuum und menschliche Gesellschaften zu effektiverem Handeln zu befähigen, indem lebenserleichternde körperexterne Organe erfunden und gebaut werden, andererseits dient es der Selbstentfaltung, konkurrierende lebende Systeme der Ordnungshöhe Individuum oder Staat (Konkurrenzgesellschaft) zu beseitigen oder zu unterwerfen. Es ist das gleiche Ausbreitungsziel, das einerseits zu geistigen Leistungen anregt und andererseits zur Beseitigung des Konkurrenten. Gelegentlich dient die Beseitigung der Konkurrenzgesellschaft tatsächlich auch der Selbsterhaltung, Morde und Kriege werden jedoch eindeutig auch ohne eine Bedrohung der Selbsterhaltung ausgeführt, so dass zur Erklärung ein weiteres Faktum erforderlich ist, und diesen Antrieb bezeichnet die Philosophie lebender Systeme als „Selbstentfaltung“.

Hinsichtlich der Selbstentfaltung hat die Natur ein individuuminternes Belohnungssystem installiert, das die Richtung der zum Erfolg führenden Handlung ebenfalls offen lässt. Genetisch vorgegeben ist lediglich ein durch Glückshormonausschüttung zu erzielendes narzisstisches Befriedigungsgefühl, das durch ein positives Feedback der Mitmenschen ausgelöst wird. Durch diese Kopplung an die Reaktion der Mitmenschen erhalten auch diese, oder allgemein gesagt „die Gesellschaft“, einen Einfluss über die Richtung, in die die Kraft wirken muss, um zum Ziel der narzisstischen Befriedigung zu gelangen. Es ist also auch bezüglich der Selbstentfaltung ein kybernetisch zu verstehender Regelkreis wirksam, hier durch eine positive Rückmeldung, eine Bestätigung, ein Lob, eine

Anerkennung. Das Antriebsmodell der Phils ist also sehr stark an das Regelkreismodell der Kybernetik angelehnt.
Dieses Modell erklärt einerseits den sogenannten „freien Willen“ als Entscheidungsfreiheit, andererseits macht es den Einfluss der Gesellschaft auf die Entwicklung des Individuums verständlich.

Der Vollständigkeit halber sei einerseits noch darauf hingewiesen, dass selbstverständlich auch durch eine negative Rückkopplung der Gesellschaft (z.B. strafrechtliche Sanktionierung von unerwünschtem Verhalten) solche Verhaltensweisen negativ rückgekoppelt werden, die gesellschaftlich unerwünscht sind.

Zusätzlich sei noch auf das Belohnungssystem durch Ausschüttung von Hormonen hingewiesen, die zum sexuellen Orgasmus führen. Die durch Geschlechtshormone ausgelösten Verhaltensweisen der Partnersuche (z.B. männliches Imponierverhalten) und der sexuelle Orgasmus als Belohnung für die Ejakulation, aber auch das Brutpflegeverhalten, sind keine Verhaltensweisen, die dem Individuum zur Selbsterhaltung oder Selbstentfaltung nützlich sind. Sie sind genetisch festgelegte Belohnungen dafür, dass das Individuum seine Eigeninteressen für die Interessen des lebenden Systems höherer Ordnung vernachlässigt. Diese lebenden Systeme höherer Ordnung sind im Tierreich die verschiedenen Tierarten und im Menschenreich die verschiedenen Staaten. Wie gezeigt, trennt die Sprachentwicklung die Menschen in unterschiedliche Sprachgemeinschaften, die an die Stelle der Arten im Tierreich treten.

Das kybernetische Verhaltensmodell menschlichen Verhaltens bietet somit auch eine Erklärung aggressiven Verhalten und des Krieges. Wie beispielsweise die Berufstätigkeit des Individuums einerseits der Selbsterhaltung und andererseits der Selbstentfaltung dient, so dient der Krieg ebenso der Selbsterhaltung (der Verteidigungskrieg) und der Selbstentfaltung (der Angriffskrieg) der menschlichen Systeme höherer Ordnung, der Staaten. Das Sexualverhalten der Individuen dient in diesem Modell der Selbstentfaltung des Systems Staat (ursprünglich der Sprachgemeinschaft), also dem Wachstum dieses lebenden Systems höherer Ordnung.

Während die Handlungen, die der Selbsterhaltung dienen, durch Regelkreise mit negativer Rückkopplung geregelt werden, die das Ziel der Aufrechterhaltung bestimmter Sollwerte haben, werden die Aktionen, die der Selbstentfaltung dienen, durch Regelkreise mit

positiver Rückkopplung angeregt. Eigentlich handelt es sich hier nicht um Regelkreise, sondern um ein positives Feedback. Das erwünschte Verhalten wird positiv rückgekoppelt und dadurch verstärkt. Durch negatives Feedback kann unerwünschtes Verhalten sanktioniert werden.
Eine gelungene Selbstentfaltung wird durch Ausschüttung von Glückshormonen belohnt. Der Inhalt dessen, worin die Selbstentfaltung besteht, bleibt dabei offen. Das lebende System Individuum verfügt offensichtlich über einen Sensor, der eine Vergrößerung des Systems oder eine äußere Belohnung registriert und die Ausschüttung von Glückshormonen veranlasst. Derartige Glücksgefühle sind in der Psychoanalyse bekannt und werden dort narzisstische Befriedigung genannt.

Diese narzisstische Befriedigung kann ausgelöst werden durch Bestätigung oder Lob oder finanzielle Zuwendung durch die Umwelt oder Personen der Umwelt. In diesem Zusammenhang führt das Verlangen nach narzisstischer Befriedigung zur Einordnung in die Gemeinschaft, in das lebende System höherer Ordnung. Das Individuum sucht sich hierdurch den Platz in der Gesellschaft, auf dem es ein Maximum an Befriedigung erhält, das es entsprechend seinen angeborenen und erlernten Fähigkeit erhalten kann. Es meidet also Arbeiten, für die es ungeeignet ist und keine Bestätigung erhält und sucht sich einen Arbeitsplatz, auf dem es gemessen an seinen Fähigkeit das größte Einkommen hat.

An diesem Beispiel wird sichtbar, dass der gleiche körperinnere Mechanismus, nämlich die Ausschüttung von Glückshormonen, einerseits durch Erfüllung von Wünschen des Individuums ausgelöst werden kann, andererseits auch durch Vorgaben der Gesellschaft und das positive Feedback, das das Individuum dann erhält, wenn es die Vorgaben der Gesellschaft erfüllt.

Desweiteren belohnt dieser Mechanismus lediglich Erfolg, gemessen an der persönlichen Vorstellung. Das Individuum kann sich zwar das Ziel selbst setzen, jedoch nicht dauerhaft auf Belohnung verzichten.

Man könnte auf die Idee kommen, derartige Ziele möglichst klein und realistisch zu setzen, um sie auch erreichen zu können. Dadurch läge die Belohnungsmenge sozusagen in der Hand des Individuums. Dies wird bei verhaltenstherapeutischen Interventionen auch getan, hat jedoch Grenzen. Das Belohnungssystem ist jedoch fähig, sich zu adaptieren. Dies zeigt die Entwicklung sogenannter Süchte. Wird die Ausschüttung der Glückshormone durch ein Mittel hervorgerufen (z.B. Heroin) oder auch durch eine Aktion erreicht (z.B. Glücksspiel), so kommt es je nach Suchtmittel zu einer mehr oder weniger schnellen Anpassung des Organismus. Dieser setzt quasi selbständig das notwenige Quantum an Mittelzufuhr höher, so dass immer stärkere Auslöser zur Ausschüttung der Glückshormone erforderlich werden. Beim Glücksspiel immer höhere Gewinne oder immer mehr Heroin zur Erreichung einer Glückshormonausschüttung. Dies ist ein Gewöhnungseffekt, der das Individuum zu immer höherer Leistung antreibt. Abgesehen von den erwähnten künstlichen Möglichkeiten, sich narzisstische Befriedigung durch Suchtmittel zu verschaffen, besteht die natürliche Methode darin, Glück (Hormonausschüttung) durch das Erreichen eines Leistungsziels zu erleben. Dabei benutzt das Individuum seinen Körper als Mittel zur Leistungserbringung. Das Ich wird zu der Instanz, die über das Leistungsziel entscheidet. Der Leistungssport zeigt beispielhaft, dass das Ich seinen lebenden Körper auch rücksichtslos überlastet oder mit Doping versucht, seinen Körper zu höherer Leistung zu befähigen. Nicht nur die Sucht, sondern auch der Leistungssport beweist, dass dem Individuum seine narzisstische Befriedigung, die Glückshormonausschüttung, wichtiger ist, als die Gesundheit des Körpers. Es handelt sich also um einen Antrieb, der stärker sein kann als der Antrieb zur Selbsterhaltung.

Diese Glückshormonausschüttung ist der Motor, der die Selbstentfaltung antreibt.

Der Begriff „Motor“ wird hier im eigentlichen Wortsinn verwendet. „Motor“ ist der Beweger (Antrieb) und nicht der Energielieferant (das Antriebsmittel). Oder: so wie beim Automotor die Energie nicht aus dem Motor selbst kommt, sondern aus dem Benzin oder sonstigem Treibstoff, so kommt die Energie hier nicht aus der Hormonausschüttung. Die Hormonausschüttung an sich benötigt sehr wenig Energie, die Entscheidung für ein Leistungsziel bedarf auch keines erheblichen Energieaufwandes. Der Speicherort der Energie ist der Muskel. Das zivilisierte Individuum kann sich von Fall zu Fall entscheiden, auf welche Energie es zurückgreift, ob es seine Muskeln betätigt, oder körperextern im Autotank gespeicherte Kräfte benutzt.

Das besondere ist jedoch, dass es hierbei auch geistige Leistungen sein können, also die Erreichung geistiger Leistungsziele, die durch Glückshormonausschüttung belohnt werden. So kann die theoretische Lösung eines Problems das Ziel sein oder auch die Lösung eines praktischen Problems. Insbesondere kann es sich um die Schöpfung neuer körperexterner Organe handeln, die durch Ausschüttung von Glückshormonen belohnt werden. Diese verbessern möglicherweise zusätzlich die Überlebenschancen oder auch die Durchsetzung gegenüber einem Konkurrenten bei der Partnerwahl. Beim Mann sind dies Waffen, bei der Frau Schmuck.

Wenn ich oben also sagte, dass die Energie für die geistige Betätigung des Individuums und die Schöpfung neuer körperexterner Organe und zivilisatorischer Errungenschaften durch die Hemmung von natürlichen Reflexen, zum Beispiel Angstreflexen, gewonnen wird (Hemmung der Angst vor dem Feuer und des reflektorischen Wegrennens), so kommt ein weiterer Aspekt hinzu. Die Verlagerung der Glückshormonausschüttung von der Erreichung körperlicher auf das Erreichen geistiger Leistungsziele bzw. auf selbstgesetzte Ziele, die außerhalb des bisher überhaupt Möglichen liegen. Der Forscher und der Erfinder setzen sich eben gerade nicht leicht erreichbare Ziele, sondern Ziele, die als völlig unerreichbar gelten. Das Glücksgefühl ist umso stärker, je unrealistischer das gesetzte Ziel war, das erreicht wurde.

Der Motor der Selbstentfaltung, die Ausschüttung von Glückshormonen, treibt also den Menschen nicht nur zu immer größeren körperlichen oder sportlichen Zielen, sondern auch zu immer größeren geistigen Leistungen (daher auch der Begriff des Antriebs). Die praktischen Resultate dieser geistigen Leistungen sind die individuell und die kollektiv nutzbaren körperexternen Organe der Menschen, die den Prozess der Zivilisation ausmachen.

Wir sehen hier also ein Zusammenwirken angeborener biologischer Vorgaben, wie der – überhaupt nicht zielgerichteten – Ausschüttung von Glückshormonen bei dem Erreichen eines Leistungsziels, der freien Entscheidung des Individuums, das sich selbst das Ziel vorgeben kann, und der Gesellschaft, bzw. dem Mitmenschen, die ebenfalls Ziele vorgeben und deren Erreichen belohnen kann.

Die konkreten Ziele und auch das allgemeine Ziel der Selbstentfaltung kann man auch Motive (Beweger) nennen. Sie selbst sind geistiger Natur und verfügen über keine Energie. Das Abwägen einer Entscheidung über eine Handlung ist ein Energie verbrauchender Vorgang. Das Ich selbst, das schließlich entscheidet, muss für diese Steuerungsfunktion über gar keine eigene Energie verfügen.

Es gibt jedoch ein Phänomen, das den Menschen in besonderer Weise auszeichnet, auch wenn es bereits im Tierreich zu beobachten ist, nämlich der Verzicht auf momentane Befriedigung. Genau genommen ist natürlich jede Wahlentscheidung damit verbunden, dass auf alternative Handlungsmöglichkeiten verzichtet wird. Es kann jedoch, wenn auch nur vorübergehend, auf jeglichen Schluss eines Ernährungsregelkreises verzichtet werden. Das gefangene Beutetier wird dann nicht gefressen und weiteres Hungergefühl wird aktiv ertragen. Eine derartige Verzichtsleistung ist mit Selbstbeherrschung verbunden. Und es sind diese Verzichtsleistungen, die Kraft kosten, die also mit einem Energieaufwand verbunden sind, der dem natürlichen Ablauf entgegengerichtet ist, die uns veranlassen, umgangssprachlich von einem Willen zu sprechen. Der Wille in diesem Sinn ist dadurch charakterisiert, das er mit einer Entscheidung gegen natürliche Regelkreisabläufe gerichtet ist. Das Unterlassen biologischer Abläufen, deren Hemmung, ist also das Kennzeichen menschlicher Entscheidungen. Diese Hemmung verschafft Freiheit von biologisch begründeten Regelkreisabläufen und begründet das Freiheitsgefühl und den Freiheitswunsch des Menschen.

Der Selbstentfaltungsmechanismus wird biologisch durch Belohnungsmechanismen gesteuert. In bestimmten Situationen wird das lebende System der Größenordnung Individuum durch Ausschüttung von Glückshormonen belohnt. Es empfindet Befriedigung, Glück, Selbstbestätigung. Ausgelöst wird diese Glückshormonausschüttung durch Lob und Anerkennung. Daher spielt die Gesellschaft, in der sich das Individuum aufhält, eine große Rolle. Die Mitmenschen verteilen nämlich dieses Lob, diese Anerkennung. Dies nicht nur ideell, nach irgendwelchen frei wählbaren kulturspezifischen Prinzipien oder Vergabe von Orden für gesellschaftlich definierte Leistungen, sondern auch in materieller Form durch Geldzuwendung.
Diese Anerkennungen führen durch Glückshormonausschüttung zu

dem, was die Psychoanalyse „narzisstische Befriedigung" nennt. Dadurch, dass die Gesellschaft definiert, für welche Handlungen und für welche Glaubensinhalte narzisstische Befriedigung verteilt wird, definiert die Gesellschaft „gut" und „böse" und steuert die Entwicklung und das Denken der Individuen.

Für gute „Leistungen", in der Kindheit für das Sprechen, das Laufen usw., später für schulische und berufliche „Leistungen", werden von den Eltern Lob, von den Lehrern bestimmte Noten und von den Arbeitgebern Geld verteilt, was dazu führt, dass die belohnten Handlungen verstärkt werden. Individuelle Fertigkeiten, die das Individuum aus der Allgemeinheit hervorheben und für die es über angeborene individuelle Fähigkeiten besitzt, werden belohnt, und diese Belohnung führt zur verstärktem Bemühen, zum Trainieren dieser Fertigkeiten, die der Allgemeinheit nützen und ihr zur Verfügung gestellt werden. Durch Strafe kann die Gesellschaft selbstverständlich auch gegensteuern, da das Individuum auch über einen Schmerzvermeidungsmechanismus verfügt. Jedes lebende System vermeidet Schmerz, weil dieses Gefühl körperliche (und beim Menschen auch seelische) Beschädigung misst und anzeigt, die im Extremfall lebensbedrohlich sein kann, und sucht nach Glück. Diese Suche nach Glück hat bereits Aristoteles beschrieben.

Der entscheidende Punkt, auf den ich hinweisen möchte, ist der, dass hier einerseits ein innerer biologischer Mechanismus, nämlich die Glückshormonausschüttung und ein äußerer Mechanismus, nämlich die gesellschaftliche Festlegung, für welche Denk- (und Glaubens-) Inhalte und für welches Handeln das Individuum Belohnung erhält, bei der Steuerung individuellen Handelns zusammenwirken. Das Individuum selbst muss hier zunächst überhaupt nicht entscheiden. Die Gesellschaft entscheidet über das „richtige" Glauben, Denken und Handeln, die Biologie belohnt dann das Individuum durch Glückshormonausschüttung. Auf diese Weise wird die Entwicklung des Individuums durch die Gesellschaft mit Hilfe einer biologisch-genetisch verankerten Suche nach narzisstischer Befriedigung und Furcht vor Bestrafung gesteuert.

Die einzige Entscheidung, die das Individuum hier treffen kann, ist der Verzicht auf Belohnung und die Inkaufnahme von Schmerz.

Und diese beiden Entscheidungen, die das Individuum unabhängig von der inneren Steuerung durch Glücksgefühl und Schmerz machen, und damit auch unabhängig von der gesellschaftlichen Belohnung und Bestrafung machen, sind die Voraussetzungen für den Prozess der Zivilisation.

Der Verzicht auf momentane Befriedigung und momentanes Glück **und die Inkaufnahme von Schmerz sind die Wurzeln der Zivilisation.**

Das Tun der Materie ist passiv. Es ist einerseits der Zerfall, der nicht, wie bei lebenden Systemen, durch Neubildung kompensiert wird. Andererseits verharren makroskopische Objekte in ihrer gleichförmigen Bewegung, wenn nicht durch Krafteinwirkung von außen daran etwas geändert wird. Ansonsten wirken nach außen Kräfte, insbesondere die Gravitationskraft, aber auch elektrische Kräfte und magnetische Kräfte. Äußerungen zum Tun im subatomaren Bereich überlasse ich Physikern.

Das Tun lebender Systeme besteht zunächst einmal im Wachstum, also in einer nichtlinearen Bewegung, einer Bewegung in alle Richtungen. Das Leben auf dem System Erde basiert auf pflanzlichem Leben. Pflanzen entnehmen der Luft und der Erde das, was sie zur Selbsterhaltung benötigen, Fortbewegung haben sie daher nicht nötig.

Das Tun des Menschen ist soziales Tun. Das Individuum bewegt sich innerhalb einer Gemeinschaft. Der Mensch handelt als Teil einer Gemeinschaft. Und er handelt auch koordiniert mit seinen Mitmenschen, wenn es um die Erledigung von Gemeinschaftsaufgaben geht. In Zusammenhang mit diesem Handeln hat sich die Sprache entwickelt.

Das Wachstum als grundlegende Bewegungsform lebender Systeme benötigt keine Richtungsvorgabe, es findet in alle Richtungen statt, die Wachstum zulassen. Die Richtung der Wachstumsbewegung wird also von außen gesteuert. Wachstum findet immer in die Richtung statt, die Wachstum zulässt. So ist es bei den Wurzeln und Blättern (Ästen) der Pflanzen. Die Wurzeln wachsen dorthin, wo Wasser und Nahrung ist, die Blätter (Äste) wachsen zum Licht.

Nahrung und Wasser sowie Photonen wirken also als Magneten für das pflanzliche Wachstum. Womöglich bewirkt die Gravitation die Wachstumsrichtung der Wurzeln.

Was wirkt nun als Magnet oder Reiz für menschliches Wachstum?

(Die Beschäftigung mit Tieren möchte ich den Biologen überlassen.)

Die Wirkung des Magneten beruht darauf, dass gegensätzliche Pole sich anziehen. Beim Wachstum des Menschen (des menschlichen Individuums) ist es ähnlich. Anbei sei bemerkt: Wachstum des Menschen ist nicht nur körperliches Wachstum seines lebenden und nichtlebenden Körpers, sondern auch Wachstum seiner Fähigkeiten. Da der Mensch ein gesellschaftliches Wesen ist, findet sein Wachstum innerhalb einer menschlichen Gesellschaft statt. Der äußere Pol, der das Wachstum der Fähigkeiten des menschlichen Individuums steuert, ist die Gemeinschaft, die Personen seiner Umwelt und die sozialen gesellschaftlichen Bedingungen. So wie bei Pflanzen die Wachstumsbewegungen durch die natürliche Umwelt, den Lichteinfall und das Vorhandensein von Wasser und Nährstoffen gesteuert wird, wird beim Menschen das Wachstum seiner Fähigkeiten und das Wachstum seiner „zusätzlichen Organe“ (Hass) von den gesellschaftlichen Bedingungen gesteuert, sozusagen vom „Hyperzeller“ (Hass).

Der Mensch setzt seine Selbstentfaltung in der für ihn typischen Weise ständig fort. Er erweitert seine Fähigkeiten durch die Erfindung körperexterner Organe. Der Speer verbessert die Fähigkeit seines Arms, das Auto die Fortbewegungsfähigkeit seiner Beine usw.. Diese zusätzlichen Organe (Hass) sind zwar nicht spezifisch für den Menschen, auch das Netz der Spinne ist ein derartiges körperexternes Organ, der Mensch erfindet jedoch mit Hilfe seines Hirns neue Organe, die nicht genetisch determiniert sind. Diese Konstruktion neuer körperexterner Organe hebt ihn aus dem Tierreich heraus.

Nebenbei möchte ich noch auf eine Leistung der PhilS hinweisen. Sie interpretiert neu. Der beobachtende Mensch (und die Biologie) betrachtet die Fortbewegung als Kennzeichen der Tiere. Das zunächst Auffällige, die Fortbewegung, wird als das Wesentliche angesehen. Aus Sicht der PhilS ist jedoch die Fortbewegung nur Mittel zum Zweck. Der Zweck ist die Fortsetzung des Wachstums, die Selbstentfaltung. Natürlich auch die Selbsterhaltung, die Nahrungssuche. Es ist hier wie bei dem aggressivem Verhalten. Auch dieses ist nur Mittel zum Zweck. Zweck ist auch hier Selbstentfaltung und deren Grundlage, die Selbsterhaltung. Tierreich und Menschenreich (siehe unten) haben im Unterschied zum Pflanzenreich die gleiche Art des Stoffwechsels, der Energiegewinnung zur Aufrechterhaltung des lebenden Körpers. Das Menschenreich nutz in besonderer Weise Fremdenergie zur Betreibung körperexterner Organe. Das ist nicht neu, es existiert bereits im Pflanzenreich. Schon die Pflanzen nutzen bereits Fremdenergie zum Transport ihrer Samen, nämlich die Energie des Windes und die von Tieren.

Zum Verständnis der genetischen Verhaltensprogrammierung ist es wichtig, einmal auf den Unterschied zwischen innerem und äußerem Ziel hinzuweisen.

Der beobachtende Mensch sucht in der Regel nach äußeren Zielen, wenn er Bewegung beobachtet. Welches räumliche Ziel verfolgt der Wolf, welches Ziel hat die Maus usw.. Beobachtet er den Kampf zwischen einer Maus und einer Schlange, denkt er entsprechend seiner Wahrnehmung, die Schlange hat das Ziel, die Maus zu fressen und die Maus habe das Ziel, zu überleben.

Diesem naheliegendem Zieldenken könnte man zunächst entgegenhalten: beide Tiere haben das Ziel, zu überleben. Das Fressen der Maus ist für die Schlange ein Mittel zum Überleben, und das Wegrennen der Maus ebenso für die Maus. Beides wäre Ausdruck der Selbsterhaltung.

Die Schlange will die Maus fressen, weil ihre inneren Rezeptoren ihr ein Absinken des Glucosespiegels im Blut melden und sie im der Maus ein Mittel identifiziert hat, um das Ziel, nämlich die Einhaltung des Glucosesollwerts, durch das Fressen der Maus zu erreichen. Das eigentliche Ziel liegt also im Körperinneren der Schlange. Das lebende System Schlange ist auf die Einhaltung eines bestimmten Glucosewerts im Blut programmiert. Die Aktionen, die zur Erreichung dieses Ziels führen, sind hingegen nicht genetisch programmiert, sondern hierfür hat die Natur einen Rechner in das System Schlange eingebaut, den wir Hirn nennen, und hat die Schlange mit Effektoren, nämlich Muskeln u.a., ausgestattet. Wie das lebende System Schlange seine Muskeln gebraucht, bleibt der jeweiligen Situation überlassen, die dem Hirn durch Außenrezeptoren (z.B. Augen) vermittelt wird. Mit Hilfe dieses Apparates aus Augen und Muskeln muss die Schlange nämlich auf die Reaktionen des Opfers, der Maus, adäquat und flexibel reagieren. Die Schlange hat hier einen Freiheitsspielraum, der beim lebenden System Mensch in noch größerem Maß vorhanden ist. Sie kann die konkrete Maus auch entfliehen lassen, weil die Innenrezeptoren beispielsweise nur eine geringe Sollwertabweichung signalisieren, so dass Zeit bleibt, um auf eine weniger flinke Maus zu warten. Um diese Vergleiche anzustellen und eine Entscheidung zu treffen, muss die Schlange mittels ihres Hirns rechnen können und tut es auch. Das Ziel besteht also in einer Aufrechterhaltung eines inneren Milieus. Dies ist die zentrale Feststellung der PhilS, ihre Sichtweise. Die Maus ist in dieser Situation in einer anderen Position, nämlich in der des potenziellen Futters. Produziert ein Mäuseelternpaar beispielsweise 100 Kinder, so werden davon zur Erhaltung der Art nur 2 (also 2%) benötigt, der Rest (98%) wird als Futter für andere lebende Systeme benötigt. Jede Tierart sorgt also mit ihrer Überproduktion von Nachkommen (Darwin) für das Überleben anderer Tierarten, so dass diese Überproduktion von Nachkommen nicht sinnlos ist, sondern einen Beitrag zur Weiterentwicklung genetisch gespeicherter Daten leistet, also einen Beitrag zur Evolution. Wird die Maus von einer Schlange bedroht, so handelt sie zwar auch mit dem Ziel, zu überleben, allerdings wird bei ihr ein ganz anderer innerer Mechanismus in Gang gesetzt, nämlich ein Schutzmechanismus. Registriert ein lebendes System eine potenzielle Schädigung, wird automatisch eine Abwehrreaktion in Gang gesetzt. Dabei muss nicht das lebende System in Gänze reagieren, sondern auch Teile dieses System verfügen über Reaktionsautomatismen, und diese sind bereits intrazellulär gespeichert. Eine Hautzelle des Menschen reagiert bei zu starker Sonneneinstrahlung mit der Produktion von Melanin (Hautbräunung), wofür nicht einmal ein Nervensystem erforderlich ist. Hautzellen von Echsen verfügen über eine weitaus größere Reaktionsfähigkeit. Ein Arm reagiert bei Kontakt eines Fingers mit Feuer mit Beugung des Ellenbogengelenkes. Dafür ist lediglich ein Rückenmarkreflex erforderlich, das Hirn ist überflüssig. Die Schädigung der Haut wird dem Zentralnervensystem durch Schmerzempfindung angezeigt. Die Reaktion des Arms ist jedoch schneller. Tiere, die potenzielle Schädigungen oder Lebensbedrohung bereits in der Entfernung mittels Augen feststellen können, reagieren mit Flucht. Derartige Fluchtreflexe finden wir nicht nur bei der Maus, sondern auch der Mensch ist mit ihnen ausgestattet. Und an dieser Stelle stoßen wir bereits auf einen Ursprung menschlicher Zivilisation: dieser besteht darin, dass tierisches Reflexverhalten unterbrochen werden kann. Der Mensch flieht nicht nur vor dem Feuer, sondern er kann diesen Fluchtreflex hemmen und sich dem Feuer nähern, um es sich nutzbar zu machen. Dies selbstverständlich nur in dem Maß, das mit Überleben vereinbar ist. Das Überleben behält auch hier seine Priorität. Die Aufrechterhaltung eines von genetisch gespeicherten Daten definierten inneren Milieus, das das Überleben garantiert, hat stets die Priorität, bleibt auch bei einer derartigen typisch menschlichen Verhaltensweise oberstes Gebot. Das genetisch gespeicherte Ziel jeglichen Verhaltens bleibt stets die Aufrechterhaltung eines inneren Milieus. Alles andere, jegliche tierischen und auch menschlichen Verhaltensweisen, sind diesem Ziel untergeordnet. Deshalb definiert die PhilS die Einhaltung von genetisch gespeicherten Sollwerten im inneren Milieu lebender Systeme als das Antriebsziel, und die Verhaltensweisen, die zur Herstellung dieser Sollwerte führen, als Mittel zum Zweck.

Diese Aufrechterhaltung des inneren Milieus betrifft jedoch lediglich die lebenden Systeme der Größenordnung Individuum. Jedes Individuum ist jedoch eingebunden in ein lebendes System höherer Ordnung. Im Tierreich sind dies die Arten. Im Menschenreich sind dies die Sprachgemeinschaften, Gesellschaften, die als Staaten organisiert sind. Diese haben ebenfalls neben der Selbsterhaltung das Ziel ihrer Vergrößerung. Jedes lebende System der Größenordnung Art oder Staat hat die Tendenz, sich vollständig über den Raum auszubreiten, der ihm zur Verfügung steht, und das ist die Erde. Und diese Ausbreitung über die Erde ist das zweite Antriebsziel, das die PhilS Wachstum bzw. Selbstentfaltung bezeichnet. Auch dieses Ziel verfolgt die Natur durch eine Programmierung des Verhaltens der Individuen. Genetische Verhaltensprogrammierung ist immer intrazellulär und damit intraindividuell, im Individuum angelegt. Wir finden hier die andere Art des Regelkreises auch im lebenden System Mensch, das positive Feedback, das beschriebene narzisstische Belohnungssystem. Durch Ausschüttung von Hormonen, die Glücksgefühle vermitteln, werden solche Verhaltensweisen des Individuums belohnt, die der Gemeinschaft nutzen und deren Vergrößerung dienen, der Selbstentfaltung des lebenden Systems höherer Ordnung (Staat). Hierbei handelt es sich einerseits um die Sexualhormone, die die Vereinigung von Individuen unterschiedlichen Geschlechts belohnen und andererseits um

Glückshormone, die dann ausgeschüttet werden, wenn das Individuum von seinen Mitmenschen gelobt oder bestätigt wird. Die im Individuum vorhandenen Belohnungssysteme strukturieren also das lebende System höherer Ordnung. Die Bildung höherer Einheiten, der Zusammenschluss von Menschen zu Gruppen, Religionsgemeinschaften und Staaten ist also nicht Ergebnis rationaler Entscheidungen oder einer mysteriösen „Selbstorganisation", sondern das Ergebnis einer intrazellulär im Individuum gespeicherten Verhaltensprogrammierung. Die genetische Verhaltensprogrammierung durch Belohnungssysteme strukturiert also die lebenden Systeme höherer Ordnung, die Arten und deren Verhalten im Tierreich sowie die Bildung von Stämmen und Staaten. So, wie ein Molekül das Verhalten eines Metalls bestimmt, strukturiert die individuelle genetische Programmierung nicht nur das Individuum, sondern auch das lebende System höherer Ordnung.

Das Wesen des zivilisatorischen Prozesses besteht kybernetisch betrachtet darin, dass nicht mehr der körperinterne Sollwert, der genetisch festgelegt ist und das Handeln von innen steuert, sowie die Verfügbarkeit von Nahrung die Menschenzahl von außen begrenzt, sondern dass der Mensch selbst einen äußeren Sollwert definiert, den er zur Befriedigung seiner Bedürfnisse benötigt. Vorweg sei auch in diesem Zusammenhang gesagt, dass ich die Instanz, die einen Sollwert definiert, als „Dominator" bezeichne. Die Menschheit, das „System Menschheit", steuert seine kollektive Größe, die nicht mehr durch Nahrungsressourcen von außen begrenzt wird. Der Mensch tritt kollektiv aus den natürlichen Regelkreises aus und wird zum „Dominator". Dies hat auf lange Sicht die Folge, dass die Erde irgendwann relativ zu klein werden muss, da sie nicht wächst. An diesem Punkt sind wir möglicherweise angelangt.

1.3.2. Die Antriebe und der Dominator

Der Wille ist einerseits ein subjektiv zu beobachtendes Phänomen, also ein Gefühl, und andererseits ein bei Mitmenschen an seinen Wirkungen zu beobachtendes objektives Phänomen, das im Sprachgebrauch den Begriff „Wille" erhalten hat. Dies wohl deshalb, weil die aus ihm resultierenden Handlungen als Kraftäußerung imponieren. So spricht auch die Philosophie von der „Kraft namens Wille“ (John Dewey 1928).

Die Philosophie lebender Systeme meint, den Willen in **3 Komponenten** zerlegen zu können.
Diese sind:
der **Antrieb**,
die **Kraft** und
die **Entscheidung**.

Der Antrieb zu einer Verhaltensweise, die als Willensäußerung beschrieben werden kann, resultiert aus den **3 positiven Antrieben**, die im Individuum wirken (und den negativen).

Diese sind

die **Selbsterhaltung** und
die **Selbstentfaltung** sowie
der **Sexualtrieb**.

Die Selbsterhaltung strebt nach Homöostase. Homöostase ist (kybernetisch ausgedrückt) die Zielvorgabe, dass alle im Körper messbaren Istwerte sich in der Mitte ihrer Sollwertbereiche befinden. Stellen die körperinternen Fühler (Rezeptoren) Werte (Istwerte) fest, die sich an einen Rand des Sollwertbereichs bewegen, werden Gegenmaßnahmen eingeleitet, die durch zielgerichtete Aktionen des Körpers eine Korrektur herbeiführen. Dies können körperinterne Vorgänge sein, die unbewusst ablaufen, wie etwa die Bereitstellung von Kohlenhydraten (Glucose) durch Freisetzung aus den Zellen oder Abbau von Fetten, aber auch Aktionen des Gesamtkörpers, die der Nahrungszufuhr dienen, wie jagen, sammeln, einkaufen oder der Gang zum Kühlschrank, und die mit der Nahrungsaufnahme enden. Es handelt sich aber auch um Atmungsvorgänge zur Aufnahme von Sauerstoff usw.. Nach Ansicht der PhilS kann man von Willensäußerungen nur dann sprechen, wenn die Istwerte den Sollwertbereich verlassen und die automatisch ablaufenden Regulationsmaßnahmen nicht mehr zum Ziel führen. Das ist beispielsweise der Fall, wenn Erstickung (Verhungern) droht. Erst dann führen die Istwertabweichungen vom Sollwert zur Ausschüttung bestimmter Hormone (z.B. Adrenalin), die Angstgefühl auslösen, das in Panik enden kann und die Kraftreserven mobilisieren (z.B: Glucose aus den Zellen freisetzen). Die Nahrungs- und Flüssigkeitszufuhr, auch ein Bereich der Selbsterhaltung, wird heute bereits antizipatorisch bewusst vorbereitet und vorgenommen, also vor Auftreten eines Hungergefühls oder Durstgefühls, weil hierdurch unangenehme Hunger- und Durstgefühle vermieden werden. Hier wartet das Individuum also nicht erst darauf, dass der Istwert (von Glucose) den Sollwertbereich im Blut verlässt usw..

Der erste Faktor des Willens ist also bezüglich der Selbsterhaltung der Antrieb, der durch die Differenz von Istwert und Sollwert zustande kommt. Diese Abweichung des Istwerts vom Sollwert kann auch als Spannung beschrieben werden, die durch Aktionen ausgeglichen wird. Den zweiten Faktor des Willen habe ich bereits mehrfach erwähnt, nämlich die Energie, die im Körper gespeichert wird, einerseits als Energiereserve (Fett), andererseits als aktuell verwertbare Energie, nämlich der Glucose und der im Muskel zur Verfügung stehenden ATP (Adenosintriphosphat), die die Energie auf die Muskelfasern überträgt.

Jede Bewegung eines Körpers, auch die des lebenden Körpers, benötigt Energie, ist ein energieverbrauchender Prozess, wobei wir wissen, dass es sich lediglich um Energieumwandlungen von einer Form in eine oder mehrere andere Energieformen handelt. Der nichtlebende Körper, z.B. das Auto als Erweiterung des lebenden menschlichen Körpers, benötigt als Energieträger u.a. Benzin.

Die in einer Substanz oder einer Materie gespeicherte Energie ist unsichtbar und ungerichtet und wird im Falle ihrer Umsetzung in Bewegung als Kraftentfaltung sichtbar. Diese Kraft ist messbar und ihre Wirkung geht in jedem Moment nur in eine Richtung. Bei nichtlebenden Systemen zu jedem Zeitpunkt in die gleiche Richtung, wenn nicht andere Kräfte wirken, bei lebenden Systemen kann sich die Kraftrichtung jedoch in jedem Moment ändern. Da haben dann Mathematiker ein Rechenproblem. Da sie die Handlung eines lebenden Systems nicht vorausberechnen können, sprechen sie von dem freien Willen. Im Nachhinein betrachtet, kann selbstverständlich für jede Handlung auch ein Grund in Form eines Motivs oder mehrerer Motive gefunden werden, so dass einige Philosophen die Freiheit des Willens abstreiten.

Die anfangs angesprochen 3 Komponenten des Willens sind also erstens der Antrieb, zweitens die Kraft und drittens die Entscheidung. Die eben besprochene Energie, die sich in Kraftmanifestationen wie Bewegungen oder im menschlichen Verhalten äußert, wäre also hier die zweite Komponente. Den Teil des Körpers, der eine Bewegung ausführt, nennt die Kybernetik den Effektor. Diesen

Begriff übernimmt die PhilS und weist darauf hin, dass die Energie im Effektor selbst gespeichert ist. Es ist also nicht so, dass der Antrieb die Energie zur Verfügung stellt oder die dritte Komponente, die Entscheidung, sondern das Ausführungsorgan, der Effektor, ist auch das Organ, das die zu ihren Bewegungen erforderliche Energie speichert. Dies ist bei Bewegungen des lebenden Körpers der Fall, aber auch bei Bewegungen, die mittels körperexterner zusätzlicher Organe ausgeführt werden, beispielsweise dem Auto oder dem Flugzeug. Bei mit elektrischer Energie betriebenen Fahrzeugen (Bahnen) kann sich der Energiespeicher jedoch auch außerhalb des Effektors befinden.

Bevor ich zur Entscheidungsinstanz komme, möchte ich die beiden anderen schon besprochenen positiven Antriebe erwähnen. Diese sind die Selbstentfaltung und der Sexualtrieb.

Bei diesen Antrieben wird nicht durch festgelegte Sollwerte und gemessenen Istwerten eine Spannung erzeugt, sondern sie arbeiten nach dem Belohnungsprinzip. Gelungene Selbstentfaltung wird mit Ausschüttung von Glückshormonen (z.B. Endorphine) belohnt und gelungene sexuelle Betätigung mit einem sexuellem Glücksgefühl, dem Orgasmus. Bei diesen Antrieben baut sich im Vorab eine Spannung dadurch auf, dass das positive Glücksgefühl nach Wiederholung verlangt. Dies ist bei den narzisstischen Befriedigungsgefühlen in noch größerem Ausmaß der Fall als bei sexuellen Glücksgefühlen. Auf sexuelle Befriedigung kann in der Regel länger verzichtet werden als auf narzisstische Befriedigung. Ein Mangel an Befriedigung wird nicht nur durch Unlustgefühle registriert, sondern kann sich auch in verschiedenen Wunschgefühlen äußern, die bereits eine oder mehrere Zielrichtungen vorgeben.

Erwähnt sei noch ein übergeordneter weiterer Antrieb, der als **negativer Antrieb** beschrieben werden kann, nämlich die **Schmerzvermeidung** und **Unlustvermeidung**. Längere Nichtbefriedigung des sexuellen oder narzisstischen Antriebs führt zu steigender Unlust, der lebende Körper hat jedoch auch einen Schmerzvermeidungsantrieb, der dem Überleben dient, also der Selbsterhaltung zugerechnet werden muss. Verletzung des lebenden Körpers führt zu Schmerzgefühl, und da körperliche Verletzung auch lebensbedrohlich sein kann, führen derartige gefährliche Situationen auch mit Furchtgefühl und Angst. Da der Mensch ein Augentier ist und derartige Situationen im wahrsten Wortsinn vorhergesehen werden können, lösen Gefahrensituationen auch schon vor Eintritt der akuten Gefahr Furcht und Angstgefühl aus. Die Vermeidung von Verletzung und Lebensgefahr kann also auch als vierter Antrieb, wie gesagt als negativer Antrieb, betrachtet werden, sozusagen als Abstoßungsreaktion, wenn man physikalisch denkt.

So kann insgesamt von 4 Antrieben gesprochen werden, die innerhalb des lebenden Körpers des Systems Mensch wirken.

Alle diese Antriebe greifen, wenn sie zu Bewegungen führen, auf die gleiche Körperenergie zurück, die im Effektor des lebenden Körpers gespeichert ist.

Das Problem ist nun, dass der Körper sich jedem Moment nur in eine Richtung bewegen kann, er kann sich nicht zerreißen. Gedanken können in unterschiedliche Richtungen gehen, Handlung in jedem Moment nur in eine. Allerdings kann sich der Körper im nächsten Moment in eine andere Richtung bewegen. Menschliche Handlungen können daher ungerichtet erscheinen oder auch wechselhaft sein. In diesen Fällen erkennt der Beobachter keinen Willen. Dies kann übrigens für ein Beutetier sehr vorteilhaft sein. Das jagende Tier ist nämlich im Vorteil, wenn es im Verhalten des Beutetiers einen Willen erkennen kann. Das Verhalten des Beutetiers ist dann leicht berechenbar, was ihm zum Verhängnis werden kann. Der menschliche Fallensteller („Trapper“) macht sich dies zu nutze. Er spart Energie, indem er seinem Beutetier nicht hinterherrennt, sondern aus seinen Beobachtung auf einen Willen des Tieres schließt, das stets die gleichen Wege benutzt und vom gleichen Nahrungsreiz angezogen wird. Der Trapper muss nur noch eine Falle mit einem geeigneten Lockreiz aufstellen, um sich den gezielten Willen des Opfertiers zu nutze zu machen. Im Kampf ums Überleben kann es also sehr vorteilhaft sein, seinen „Willen“ zu verbergen. Andersherum betrachtet bemüht sich in der Gegenwart eine riesige Werbeindustrie, den „Willen“ der Konsumenten bzw. Käufer zu manipulieren, also in eine bestimmte Richtung zu lenken.

Den „Willen“ habe ich in 3 Komponenten geteilt, die Antriebe und den Effektor, der die Energie speichert und die Bewegung ausführt, die dritte Komponente ist nun die Entscheidungsfunktion.

Dadurch, dass in jedem Moment nicht nur ein Antrieb wirken kann, sondern sehr viele, nämlich einerseits die verschiedenen auf Homöostase ausgerichteten Selbsterhaltungsregelkreise mit negativer Rückkopplung (bereits die unterschiedlichen Spannungen der Selbsterhaltungsfunktionen könnten zu unterschiedlichen Handlungen Anlass geben), die Wünsche nach verschiedenen narzisstischen Befriedigungsmöglichkeiten, der Wunsch nach sexueller Befriedigung und dazu noch negative Antriebe in Form von Angstgefühlen oder Befürchtungen, und alle diese Antriebe nach unterschiedlichen Handlungen verlangen können, die jeweils zu Befriedigung führen, muss der lebende Organismus in jedem Moment eine Entscheidung darüber treffen, in welche Richtung er sich bewegt, welche Handlung er in diesem Moment ausführt, und muss damit auch Antriebe, die in diesem Moment nicht zur Ausführung zugelassen werden, hemmen.

Diese Entscheidungsinstanz bezeichnet die Philosophie lebender Systeme in Anlehnung an Freud als Ich. Sie verfügt über kein Energiepotential, sie entscheidet lediglich darüber, welche Handlung der lebende Körper in jedem Moment tatsächlich ausführt. Da die Handlungsmöglichkeiten sehr vielfältig sind und in jedem Moment wieder eine neue Entscheidung getroffen werden kann, die die vorherige revidiert, ist es eine Frage der Einsparung von Denkaufwand, wenn sich die Denkfunktion, die die verschiedenen Antriebe und Handlungsfolgen abwägt, was auch als Probehandeln beschrieben worden ist (Freud), Prinzipien bildet. Je vielfältiger die Handlungsmöglichkeiten sind, desto größer muss auch das Organ sein, das diese abwägt und Entscheidungen vorbereitet. Dieses Organ ist beim Menschen die Großhirnrinde. Diese kann jedoch nur Wahrnehmungen und Vorstellungen vermitteln, jedoch keine Entscheidung treffen. Sie ist ein Rechenorgan und kein Entscheidungsorgan. Eine Rechnung hat zwar in der Regel ein Ergebnis, und in den allermeisten Fällen führt dieses Rechenergebnis auch zu einer Handlung, die aus diesem Ergebnis resultiert. Diese Handlungen, die in jedem Moment und auch im Schlaf ausgeführt werden, werden unbewusst ausgeführt. Unser sogenanntes autonomes (vegetatives) Nervensystem arbeitet rund um die Uhr und es arbeitet bei allen Hirntieren auf die gleiche Weise. Das Ich ist als Entscheidungsorgan lediglich in Konfliktsituationen gefragt und entscheidet über längerfristige Handlungsstrategien. Die in jedem Moment erforderlichen Entscheidungen werden sozusagen automatisch getroffen, was das bewusste Ich entlastet.

Der umgangssprachliche Begriff des Willens beinhaltet sowohl die Komponente der Kraft, als auch die der Richtung. Deshalb wird bei der Bewegung nichtlebender Systeme allgemein nicht vom Willen gesprochen, Der geworfene Stein will also nicht zur Erde zurück, sondern seine Trägheit wird von der Gravitationskraft überlagert, wodurch ein bogenförmiger Flug zurück zur Erde resultiert. Seine Bahn ist berechenbar. Die Bewegungsrichtung des lebenden Systems kann jederzeit geändert werden, dies ist der Anlass, von einem Willen zu sprechen, der hier wirksam ist. Die Kraft liegt jedoch nicht im Willen, sondern im Effektor, die Bewegungsrichtung wird von einer Entscheidung bestimmt. Diese trifft das Ich nach Verrechnung der verschiedenen positiven und negativen Antriebe und seiner Wertungen. Die Bewertung eines Antriebs ergibt sich einerseits aus seiner Stärke, nämlich den Fragen, wie groß ist der Hunger (die Istwertabweichung vom Sollwert), wie groß ist die Sehnsucht nach einem Partner, wie stark das Verlangen nach Bestätigung, wie groß ist die Furcht vor Kränkung oder Schmerz im Falle einer Konkurrenzsituation usw.?, sondern auch aus der individuellen Bewertung der Bedeutung der jeweiligen Befriedigungsmöglichkeit. Im Außen existieren viele Anlässe zu unterschiedlichen Bewegungen, die im Hirn als Motive gemeldet werden, aus dem Körperinneren werden verschiedene Gefühle registriert, die Abweichungen von Sollwerten vermelden und ebenfalls zu Reaktionen Anlass geben, um den Antrieben (Selbsterhaltung, Selbstentfaltung, Sexualität, Schmerzvermeidung) Rechnung zu tragen. Schließlich ist das Ich grundsätzlich auch in der Lage, sich zu einem Verzicht zu entscheiden. Dies bezüglich der überlebenswichtigen Antriebe allerdings nur in einem bestimmten Zeitrahmen. Auch das Nein-Handeln und von außen betrachtet das Nichtstun, kann entschieden werden und ist eine Handlung. Dies ist sogar sehr typische für das System Mensch. Das System Mensch kann nicht Nicht-Handeln. Problematisch aber ebenfalls menschenmöglich ist der innere Verzicht bzw. der Versuch, jegliche Antriebe und Wünsche auszublenden, sogenannte Askese zu betreiben. Die Nichtbefriedigung von Antrieben, die insbesondere beim Sexualtrieb möglich ist, kann durch verschiedene Abwehrmechanismen erfolgen, die den Antrieb ins Unbewusste verdrängen. Die damit nicht verdrängten Kräfte können allerdings zu Funktionsstörungen und neurotischen Erkrankungen mit Ängsten, Zwängen und Depressionen führen.

Aus der Fülle der Anlässe, Motive, sowie der positiven und negativen Antriebe ergibt sich also die Notwendigkeit einer Entscheidung oder die Aufgabe, eine Entscheidung treffen zu müssen. Diese Entscheidung ist nun nicht einfach eine Summenbildung aus den verschiedenen Motiven usw., sondern die verschiedenen Antriebe, Motive usw. können unterschiedlich bewertet bzw. gewichtet werden. Diese Bewertungen können bei jedem Individuum anders ausfallen, und es sind letztlich diese persönlichen Bewertungen, die dazu führen, von einem „freien Willen" zu sprechen.

Innerhalb der menschlichen Psyche erfüllt das Ich diese Aufgabe, Entscheidungen zu treffen. Der Dominator ist die Instanz, die innerhalb eines Regelkreises einen Sollwert festlegt. In zwischenmenschlichen Beziehungen kann eine Person als Effektor einer anderen Person tätig werden. Zwischenmenschliche Beziehungen und Beziehungen zwischen Menschen innerhalb von Gesellschaften sind nämlich häufig nicht Beziehungen auf gleicher Ebene, also kooperative Beziehungen, sondern Dominator-Effektor-Beziehungen. In dieser sehr häufiger Beziehungsform hat also eine Person eine Dominatorfunktion, eine oder mehrere andere Effektorfunktion. Das betrifft in erster Linie Dienstleistungen, bei denen der Erbringer einer Dienstleistung die Effektorfunktion hat, aber auch grundsätzlich berufliche Beziehungen, in denen der Arbeiter oder Angestellte als Effektor eines Dominators tätig wird. Grundsätzlich wird Effektortätigkeit bezahlt und die Dominatorfunktion ist der Regel damit verbunden, das Geld bezahlt wird. Wenn das Individuum Geld ausgibt, also als Käufer auftritt, trifft es eine Entscheidung und bezahlt denjenigen, der als Effektor tätig ist oder war, für dessen Tätigkeit mit Geld. Geld fließt also immer vom Dominator in Richtung des Effektoren. Der Dominator trifft also eine Entscheidung über Effekte, die erzielt werden sollen. Innerhalb eines lebenden Körpers wird die Entscheidung über Nerven zum Effektororgan transportiert und mittels Effektor in energieverbrauchende Tat umgesetzt. Außerhalb des lebenden Körpers erfolgen Anweisungen oder Aufträge an maschinelle und menschliche Effektoren, wobei die Ausführung der Anweisung Geld kostet, sie muss bezahlt werden. Dem Ich, einer psychischen Instanz (Freud), fällt also eine Funktion zu, die Dominatorfunktion. Sie kann jedoch auch entscheiden, dass der lebende Körper, über den es bestimmt, eine Effektorfunktion für einen anderen Menschen übernimmt und dadurch dem eigenen System Mensch Geld zufließt.

Die Umsetzung eines „Willens“ (eigentlich allerdings nur die Realisierung einer Entscheidung) wird in gesellschaftlichen Beziehungen also mit Geldzahlung belohnt. Das Geld führt also zur Bewegung des Effektors, in Arbeitsbeziehungen zur Tätigkeit des Arbeiters (Angestellten/Beamten), wobei der Geldgeber (bzw. dessen Ich) als Dominator über die Richtung der Kraftentfaltung entscheidet. Der Dominator entscheidet, was der Effektor zu tun hat. Er ist der „Bestimmer“.

So wird in der Gesellschaftstheorie der PhilS das Individuum, das System Mensch, zu einem Zwitterwesen, das in seiner Berufsausübung als Effektor Geld verdient und dieses Geld in seiner Freizeit als Dominator ausgibt. Mit seinen Kaufentscheidungen bestimmt das Individuum also als Dominator, welches Produkt nachproduziert werden muss, so dass der Produzent (eventuell die Fabrik mit ihren Mitarbeitern und Leitern) die Effektorenrolle hat. Die Produzenten sind also die Effektoren des Verbrauchers, der bei seiner Kaufentscheidung der Dominator ist. Diese Konsequenz aus der kybernetischen Betrachtungsweise der PhilS, die sich aus der Trennung des Willens in seine 3 Komponenten ergibt, deren wichtigste die Entscheidungsfunktion (die Dominatortätigkeit) ist, wirft ein anderes Licht auf die gesellschaftlichen Produktionsprozesse als die marxistische Theorie mit ihrem moralischen Beigeschmack, der Produktionsmittelbesitzer zu Ausbeutern deklariert usw., und ist damit wertneutral oder anders gesagt, wissenschaftlich. Die Gesellschaftstheorie ist hier jedoch nur ein Nebengleis, der Schwerpunkt dieses Buches ist die Anthropologie der PhilS.

Die Bewegung nichtlebender Objekte wird von Kräften verursacht, und diese Kräfte wirken stets in eine lineare Richtung. Die Gravitationskraft wirkt in Richtung Schwerpunkt der Erde, die Trägheit geradeaus in Bewegungsrichtung, selbst die Kraft des magnetischen Feldes wirkt entlang berechenbarer Linien. Die Richtung der Selbstentfaltung lebender Systeme ist nichtlinear; sie wirkt in alle Richtungen, die der Raum zulässt. Weil die Physiker meinen, rechnen zu können (und sie können es natürlich auch), ist in der Physik alles berechenbar, nur nicht die Bewegung lebender Systeme. Aber wie gezeigt, ist das Rechnen die zum Überleben erforderliche Grundfähigkeit jedes lebenden Systems, die Selektion belohnt immer das lebende System, das besser gerechnet hat, mit Leben. So lässt sich die Evolution sozusagen physikalisch definieren. Und so ist es keine Wunder, dass auch Physiker rechnen können. Sie haben viel für die Herstellung körperexterner Organe getan. Da diese auch im Krieg Einsatz finden und ihre Evolution durch zu erwartende Kriege gefördert wurde, sagt man, dass der Krieg „der Vater" aller Dinge sei.

Zunächst aber zurück zum natürlichen Regelkreis von Nahrungsdefizit und dessen Ausgleich durch Fressen. Die Aktivität des lebenden Systems wird ausgelöst durch das Abweichen des Istwerts vom Sollwert (der Glucosekonzentration im Blut). Voraussetzung dafür ist eine Messung innerhalb des Körpers. Die Messung des Istwerts ist ein energieverbrauchender rezeptiver Vorgang. Auch der Vergleich mit dem Sollwert könnte mit Energieaufwand verbunden sein, schließlich müssen dabei 2 Werte miteinander verglichen werden. Der Sollwert muss irgendwo gespeichert sein und liegt fest. Da alles in der Natur in Bewegung ist, stellt die Speicherung eines bestimmten Wertes einen Vorgang dar, der dieser ständigen Veränderung entgegengesetzt sein muss, also energieaufwändig ist. Die nach dem Vergleich des Istwertes mit dem Sollwert einsetzende Aktivität ist sogar ein sehr energieaufwändiger Vorgang. Allerdings wird die Energie vom Effektor des Regelkreises aufgewendet. Im Menschen ist sie im Muskel gespeichert. Wir sehen also auf der einen Seite eine rezeptorische Arbeit, die verrichtet werden muss, anschließend eine zentrale Rechenarbeit, und auf der anderen Seite eine effektorische Arbeit. Das Ziel dieser Arbeiten ist vorgegeben: die Herstellung eines Sollwerts. Die Differenz zwischen Istwert und Sollwert legt die Antriebsstärke fest. Je größer die Differenz, desto stärker der Antrieb. Aber zur Vorgabe des Zieles bedarf es keiner Entscheidung.

Zur Erreichung dieses Ziels (der Herstellung eines Sollwerts) führt das lebende System ständig Messungen aus, diesmal meine ich die Messungen, bei denen Veränderungen des äußeren Mediums festgestellt werden. Diese Messungen übernehmen beim Menschen vor allem Lichtrezeptoren, bzw. Rezeptoren, die elektromagnetische Wellenlängen messen, nämlich die Augen. Die Augen wandeln in

Zusammenarbeit mit dem Hirn elektromagnetische Wellenlängen in optische Wahrnehmungen um, die Ohren wandeln mit Hilfe des Hirns Luftverdichtungen in akustische Wahrnehmungen um. Diese Umwandlungsvorgänge verbrauchen ebenfalls Energie. Der Körper misst also innen chemische Konzentrationen und außen verschiedene physikalische Erscheinungen. Die innen gemessenen chemischen Konzentrationen werden mit Hilfe des Hirns in Gefühle umgewandelt, die äußeren Veränderungen in Wahrnehmungen der verschiedenen Sinnesgebiete. Man könnte auch formulieren, dass das „Bewusstsein" Materielles in Geistiges umwandelt bzw. das Geistige aus dem Materiellen erzeugt.

Die innere Messung des Abweichens des Glucose-Istwerts vom Sollwert führt zum Gefühl „Hunger", die äußere Messung führt zur Wahrnehmung „Futter", die anschließende Aktivität hat die Einverleibung des Futters und damit die Herstellung des Sollwerts zur Folge.

Es handelt sich um einen Regelkreis mit negativer Rückkopplung, der die Herstellung eines Sollwerts zum Ziel hat. Bei diesem Vorgang wird einerseits Energie aufgewendet (verbraucht) und andererseits durch die Aufnahme der im Futter vorhandenen Nährstoffe dem lebenden System Energie zugeführt.

Wenn ich innerhalb dieses Regelkreise von einem Antrieb spreche, dann meine ich den Antrieb zur Aufrechterhaltung des Sollwerts. Dieser Antrieb ist nichts Mystisches, sondern etwas Biologisches. Dieser biologisch vorhandene Antrieb hat ein Ziel, nämlich die Aufrechterhaltung des Sollwerts. Die rezeptorischen Messvorgänge nach innen und außen verbrauchen Energie, der Einverleibungsvorgang von Nährstoffen verbraucht ebenfalls Energie. Wenn diese energieverbrauchenden Vorgänge auf Dauer mehr Energie verbrauchen als dem lebenden System zugeführt wird, stirbt es. An sich ist bisher alles ein natürlicher Vorgang, der gar keinen Willen voraussetzt. Wir sehen zwar Kräfte walten, wenn wir die Jagdaktivitäten von Tieren beobachten, Ausgangspunkt dieser Kraftentfaltung ist jedoch lediglich ein Vergleich: der Vergleich von inneren Istwerten, die Abweichungen von Sollwerten als Gefühle vermitteln und äußeren Istwerten (Wahrnehmungen). Dass dieser Vergleich zu Energieverbrauch durch Jagdverhalten führt, ist gesetzmäßig und bedarf keiner Entscheidung. Wie gezeigt, ist die Kraft jedoch keine

Eigenschaft des Willens, sondern eine Eigenschaft der Bewegungssysteme.
Da diese in der Lage sind, Bewegungen in alle Richtungen auszuführen, muss nun eine Entscheidung über die Bewegungsrichtung getroffen werden. Bislang war keine Entscheidung erforderlich.

Nun kommen wir zu dem in der Natur immer wieder zufällig vorkommenden Fall, dass die äußeren Messsysteme nicht nur 1 Futterobjekt, sondern 2 Futterobjekte registrieren, die sich möglicherweise in verschiedene Richtungen bewegen oder über unterschiedliche Bewegungsfähigkeiten verfügen.

Dadurch hat das lebende System ein Problem.

Dieser im Leben ständig eintretende Fall, dass verschiedene Nahrungsobjekte zur Auswahl stehen, ist zum Glück der Normalfall und wird noch dadurch verkompliziert, dass zusätzlich auch noch Sexualobjekte zur Verfügung stehen, die Aktivitäten des lebenden Systems auslösen. Außerdem können negative Antriebe, wie Schmerzvermeidung und Ängste, die Situation verkomplizieren.

Innerhalb dieser Vielfalt von Möglichkeiten, sich Nahrung zu verschaffen, oder vielleicht zunächst den Sexualtrieb zu befriedigen, besteht die Notwendigkeit des lebenden Systems „Mensch" (menschliches Individuum), eine Entscheidung darüber zu treffen, was es als nächstes tut, was auch das Nichtstun einschließt.

Diese Freiheit ist ein Muss, mit dem beispielweise der „Zwangsneurotiker" Probleme hat, aber es zeigt sich zweierlei deutlich:

1. Das Individuum hat in jedem Moment viele Entscheidungsfreiheiten.
2. Die inneren Antriebe und die erforderliche Handlungsenergie sind bereits vorhanden, bevor eine Entscheidung getroffen wird. Es fehlt lediglich noch eine Entscheidungsinstanz, die selbst über keine Energie verfügen muss. Diese ist das Ich.

Der umgangssprachliche „Wille" ist lediglich eine andere Formulierung des biologischen Prinzips der „Homöostase" oder der „Selbsterhaltung" der PhilS. Was bis hierher beschrieben wurde, ist lediglich eine Wahlentscheidung zwischen verschiedenen Möglichkeiten der Energiezufuhr, oder zwischen der Möglichkeit der Nahrungsaufnahme oder einen sexuellen Betätigung. Die Sollwerte sind jedoch biologisch vorgegeben.

1.4. Das begriffliche Denken

Bisher habe ich **individuelle** Leistungen beschrieben. Daher habe ich die menschliche Sprache noch nicht behandelt. Die Wahrnehmungen des Äußeren, also die Konstruktion von Bildern, Tönen usw., und des Inneren, das Rechnen und die daraus resultierende Tat, ist der grundsätzliche Regelkreis eines lebenden Systems, dessen Schließen durch ein erfolgreiches Handeln zur Annäherung an Wahrheit führt.

Im Zentrum jedes Regelkreises steht ein Sollwert, der hergestellt werden muss. Dieser Sollwert sichert das Überleben. Dieses ist gekoppelt an eine bestimmte wohldefinierte chemische Zusammensetzung des Inneren des lebenden Systems, beispielsweise die Sauerstoffkonzentration und die Glucosekonzentration. Daher ist dieser Sollwert („Überleben") in konkrete messbare Sollwerte aufgeteilt, die genetisch gespeichert sind und deren Abweichung mittels **körperinterner Rezeptoren** ständig gemessen und an die Regelungszentrale (das Gehirn) gemeldet werden. Dies ist, wie auch die Wahrnehmung der Umwelt durch die Sinnesorgane und die Konstruktion von Modellen, eine Leistung des Individuums. Sie ist eine Leistung jedes lebenden Systems der Ordnungshöhe Individuum. Beim Menschen kann man diese als Ich-Leistung beschreiben.

Bei meinen Ausführungen zu den körperexternen Organen des Menschen habe ich bereits die kollektive Herstellung jener erwähnt und den Begriff der Zivilisation definiert.

Körperexterne Organe sind zunächst lediglich Funktionserweiterungen der natürlichen Organe: die Funktion der Hand wird durch den Faustkeil verbessert, durch das Messer und den Speer, die Funktion der Beine/Füße durch Schuhe, die Schutz- und Wärme-Funktion der Haut durch Kleidung. Auch die könnte man sich noch durch eine individuelle Schöpfung vorstellen.

Es entwickelt sich jedoch aus dem gemeinsamen Überlebensbedürfnis der Urhorde auch etwas grundsätzlich Neues, das über den Fortschritt der Menschen und über ihr Heraustreten aus der Tierwelt entscheidet, nämlich die Sprache und vor allem deren Symbolisierung durch optische Zeichen, die Schrift. Der Schall (die Sprache) ist nur kurzfristig und über kurze Entfernung ein geeigneter Datenträger, die visuell festgehaltenen Schriftzeichen sind über größere Entfernungen und weitaus größere Zeiträume transportierbar.

Deshalb ersetzt die Schriftsprache den genetischen Datenträger und kennzeichnet den Übergang vom Tierreich zum Menschenreich.

Am Anfang steht jedoch wie immer eine Fähigkeit, die bereits im Tierreich vorhanden ist, nämlich die Sprache.

Sprache besteht aus akustischen Zeichen, die als Symbol für Begriffe fungieren. Akustische Zeichen werden bereits im Tierreich verwendet. Für den Menschen ist kennzeichnend, dass er diese Zeichen auch optisch darstellt (Schrift) und diese Daten extrazellulär in Büchern oder auf Festplatten usw. speichert. Die Schriftsprache mit ihren neuen Speichermöglichkeiten, die die genetische Vererbung ersetzen, kennzeichnet also den Übergang vom Tierreich zum Menschenreich.

Damit ist allerdings auch ein entscheidender Nachteil verbunden:

Sprachgemeinschaften entwickeln sich regional und teilen daher die Menschheit in verschiedene Sprachgemeinschaften. Diese Trennung führt zur Neubildung von Entitäten, nämlich von Staaten und Glaubensgemeinschaften. Diese handeln dann wie die Entitäten im Tierreich, die Arten. Sie konkurrieren gegeneinander und bekriegen sich.

Ein Begriff hat für das Individuum nur in der Gemeinschaft eine Bedeutung. Er dient der Verständigung mit dem Mitmenschen und ist eine Schöpfung des Kollektivs, nicht eines Individuums.

Der Begriff bildet sich nicht in meinem Hirn, sondern er wird in einem Prozess gebildet, der sich in der Gemeinschaft entwickelt. Seine Entstehung ist eine Art „Evolution“, vergleichbar mit eines Gens. So, wie sich ein erfolgreiches Gen in der Interaktion mit der Umwelt bildet, indem es die Überlebenschancen seines Trägers vergrößert, so wird ein Begriff dadurch gebildet, dass er kommuniziert wird. Nur durch die Übereinkunft mit dem Mitmenschen darüber, welcher Begriff in Zukunft zur Bezeichnung für einen Vorgang verwendet wird, wird der Begriff zu einem Symbol für etwas, das stattfindet.

Wie schon gesagt, ist nichts ohne Tun, ohne Handlung, ohne Bewegung. Der Satz definiert immer ein Ding und eine Handlung, trennt Subjekt/Objekt und Prädikat. Die Trennung in Subjekt/Objekt und Prädikat, in Ding und Handlung, findet im begrifflichen Denken statt, das das Ding und die Handlung deshalb trennt, weil ein lebendes System zu unterschiedlichen Handlungen fähig ist. Die Satzbildung ist also Folge der Existenz lebender Systeme.

Entscheidend ist hier, dass jeder Begriff ein Wir-Begriff ist, jeder Satz ein Satz der Gemeinschaft, Folge einer Einigung innerhalb einer Gruppe handelnder Menschen.

Daraus folgt an sich logisch eindeutig, dass **begriffliches Denken stets Wir-Denken ist, nie individuelles Denken**.

Da ein Begriff immer nur Resultat einer Einigung einer Gruppe über die Zuordnung eines Sprachsymbols zu einer Sache oder einem Tatbestand ist und sein kann, ist jede Kombination von Begriffen zu einer Sprache ein Gemeinschaftsphänomen. Und sofern der Mensch in Begriffen denkt, denkt er nicht privat individuell, sondern gemeinschaftlich.

Mit anderen Worten: **Sprache ist die Schöpfung eines lebenden Systems höherer Ordnung**. Sprache ist keine individuelle Leistung, sondern eine Leistung der Horde, des Clans, der Sprachgemeinschaft. Wenn in meinem Hirn begrifflich gedacht wird, denkt die Gemeinschaft, die Sprachgemeinschaft.

Wenn ich also in meine Umwelt blicke und eine optische Wahrnehmung mache, vergleiche ich ein individuelles Bild mit gemeinschaftlichen Begriffen, wie Straße, Haus, Auto, Bäume und Himmel, und ordne meine Wahrnehmung gemeinschaftlichen Festsetzungen unter.

Wahrnehmungen äußerer Objekte und Wahrnehmungen innerer Gefühle sind individuelle Schöpfungen im persönlichen Reich des Geistes. Auf ihrem „Weg" zum sprachlichen Begriff werden sie jedoch zu einem kollektiven Phänomen. Die Verwendung eines Begriffs ist bereits eine Unterordnung unter eine gemeinschaftliche Festlegung. Verwendung von begrifflicher Sprache stellt eine Unterordnung unter das Sprachkollektiv dar. Bereits dadurch ist das Individuum von seiner persönlichen Sichtweise entfremdet. Durch die Verwendung von sprachlichen Begriffen wird das Individuum zum Teil eines höheren Ganzen, wird zu einem Element eines lebenden Systems höherer Ordnung. Gemeinsam verwendete Begriffe gehören nicht dem - von Freud als Instanz definiertem – „Ich“ an, sondern dem „Über-Ich“. Schon durch die Verwendung eines Begriffs wird ein Über-Ich installiert. Rechnerisches Denken, also das Kombinieren von unterschiedlichen Inhalten, ist zwar eine Ich-Leistung; sofern diese Inhalte jedoch sprachliche Begriffe sind, wird mittels Inhalten der Sprachgemeinschaft gedacht. Freud nennt dieses Denken das sekundäre Denken. Das primäre Denken kennen wir aus dem Traum. Die wichtigsten Charakteristika dieses primären Denkens sind nach Freud erstens die Unkenntnis der Negation, zweitens die Gleichheit von Gegensätzen, besser gesagt, die Gleichgültigkeit der Blickrichtung, drittens die Beliebigkeit des Zeitablaufs und damit die mangelnde Kausalität. Auch der Verhaltensforscher Erich von Holst unterscheidet zwischen dem (primären) bildhaften Denken und weist auf dessen Denkgeschwindigkeit hin. "Es ist ... sichergestellt, dass Traumerlebnisse ungeheuer rapide sein können. Es kann geschehen, dass einer aus seinem Bett fällt und dabei eine lange Geschichte von einer Bergbesteigung träumt, die mit einem Absturz von einem Felsen endet; und in dem Moment, wo er abstürzt, landet er auf dem Fußboden und erwacht. ... Es kann in einer Sekunde eine ungeheure Mannigfaltigkeit ... von Erregungsprozessen in unserem Hirn geschehen." (Erich von Holst, 1969. S. 260/261)

Zum begrifflichen Denken sagt er: "Wenn ich aber etwas Sinnvolles sagen will, so muss ein Denkprozess mit der gleichen Geschwindigkeit ablaufen, der eben dieses motorische Sprechen dirigiert. In Anpassung an die menschliche Sprache hat sich ein langsames Denken in Sprachbegriffen ganz spät in der stammesgeschichtlichen Entwicklung herausgebildet; und das ist die Art, in der wir Kulturmenschen für gewöhnlich denken." (ebenda, S. 261) Das begriffliche Denken ist also eine Gemeinschaftsleistung, die mit einer Verlangsamung der primären natürlichen rechnerischen Denkweise verbunden ist.

Wenn der Philosoph den Versuch unternimmt, unabhängig zu denken, ist es unausweichlich, dass er im Falle einer Neuordnung des Wahrgenommenen auch neue Begriffe entwickeln muss, die auf den Widerstand seiner Mitmenschen stoßen, weil sie nicht verstanden werden können. Sie sind im eigentlichen Sinn noch kein „Begriff“, sondern Privatsprache eines Autisten. Wer individuell sieht und individuelle Begriffe benutzt, kann nicht verstanden werden und kann dies auch nicht erwarten. Der so handelnde Philosoph ist ein echtes Individuum, weil er nicht nur individuell wahrnimmt (das tut jeder), sondern auch individuelle Begriffe verwendet. Wer neu denkt, denkt allein. Selbst wenn die neuen Begriffe und das neue Denken die Realität adäquater darstellen, erfordert es einen langen Zeitraum, bis sich die neuen Begriffe durchsetzen und zu allgemeiner Übereinkunft, zum „Begriff" werden.

Begriffe können sich selbstverständlich auch nur in einer Gruppe durchsetzen und zu Begriffen werden, mit der kommuniziert werden kann. Deshalb ist Sprache regional begrenzt und deshalb gibt es auch sehr viele Sprachen. Und wie jeder Sprachwissenschaftler weiß, sind die Begriffe verschiedener Sprachen nicht identisch, so dass eine Übersetzung von einer Sprache in eine andere immer problematisch ist.

Jedes Individuum ist eingebunden in eine Sprachgemeinschaft, und da die Sprachgemeinschaften sehr groß sind, eine Masse darstellen, ist begriffliches Denken und Sprache praktisch in jedem Fall ein Massenphänomen, ein Vorgang, der nicht einem Individuum zuzuordnen ist, sondern einem lebenden System höherer Ordnung.

Wenn ich also Begriffe habe und mit Hilfe dieser Begriffe denke und spreche, so ist dieses Denken und Sprechen Massendenken und Massensprechen.

Wahrnehmen und Fühlen sind beim Menschen Ichleistungen, begriffliches Denken und Sprechen sind Wirleistungen.

Indem ich begrifflich denke und spreche, bin ich nicht mehr ich selbst, sondern ein Teil einer Masse.

Nicht Ich denke sprachlich, sondern die Masse spricht in mir. Ich könnte als Individuum aus logischen Gründen gar nicht sprachlich denken.

Indem ich mich sprachlich ausdrücke, versuche ich, individuelles Wahrnehmen und Fühlen in Symbole der Masse zu übersetzen. Ich bleibe nur so lange Ich, wie ich ohne Verwendung von Begriffen wahrnehme und fühle (= innere Wahrnehmung). Die nichtsprechende Pflanze und das nichtsprechende Tier sind also lebende Systeme der Ordnungshöhe Individuum, die mehr sie selbst sind als ich. Nur wenn ich nicht denke, bin ich ICH, beispielsweise im

Schlaf. Freud hat für die psychischen Vorgänge im Schlaf und für die auch gelegentlich im Wachen vorkommenden bildhaften Vorstellungsabfolgen - wie schon einmal erwähnt - den Begriff des „primärhaften“ Denkens geprägt und Sprache mir ihrer Logik, die im primärhaften Denken nicht gilt, als „sekundäres“ Denken bezeichnet.

Es liegt also nicht nur eine räumliche Grenze zwischen meinem lebenden Körper und seiner Umwelt außerhalb meiner Hautoberfläche, sondern es liegt eine weitere Grenze zwischen meinem geistigen Ich und meiner geistigen Umwelt, zwischen meiner individuellen Wahrnehmung (und innerer Wahrnehmung, dem Fühlen) und dem kollektivem Begriff.

Schon der Begriff ist ein Wir, das daraus resultierende Denken allemal.

Sprachlich denkt also nie eine Person, sondern immer ein Wir, eine Masse, eine Sprachgemeinschaft, eine Gruppe, ein Stamm, ein Volk (wenn es eine gemeinsame Sprache hat), ein Land, ein Staat.

Der Satz von Descartes: „Ich denke, also bin ich“, ist demnach streng genommen falsch. Er müsste lauten: „Ich denke, also sind wir.“ Oder aber: „Ich nehme war und fühle, also bin ich.“

Die Übersetzung vom Wahrnehmen und Fühlen (innerer Wahrnehmung) in das Denken ist eine Entfremdung vom ICH.

ICH ist nur, so lange es wahrnimmt oder fühlt. In dem Moment, in dem es begrifflich denkt, wird es bereits zu WIR.

Wenn ich zu denken meine, denkt also in Wahrheit der Staat (bzw. die Sprachgemeinschaft). Nur das lebende System höherer Ordnung denkt, nie jedoch ein Individuum. Ich führe das Denken lediglich aus. Das Individuum kann nur fühlen (oder primärhaft bildlich denken) und wird mit Beginn des begrifflichen Denkens zum Teil des Systems höherer Ordnung, zum Teil seiner Gruppe, seines Volkes, seines Staates, zum Teil der Menschheit, wenn es als Mensch denkt.

Die Menschheit hat allerdings noch keine gemeinsamen Begriffe. Sie denkt in unterschiedlichen Begriffen und Sprachen.

Die Menschheit hat jedoch begonnen, gemeinsame Begriffe zu finden, dies jedoch in unterschiedlichen Begriffssystemen, die untereinander nicht kommunizierbar sind.

Die gemeinsamen Begriffe der Menschheit sind die wissenschaftlich definierten Begriffe.

Die daraus gebildeten Sprachen sind die Sprache der Mathematik, der Physik, der Chemie, der Biologie usw,. also unsere naturwissenschaftlichen Sprachen.

Aus diesen naturwissenschaftlichen Sprachen – und ihren Vorläufern - sind die Produkte unserer Technik und andere Produkte, z.B. zum Konsum, hervorgegangen. Diese „wissenschaftlichen" (in Anführungsstrichelchen, weil ich auch die nicht eigentlich wissenschaftlichen Vorgänger darunter verstehe) Sprachen und die daraus hervorgehenden Produkte betrachte ich daher als Schöpfungen der gesamten Menschheit und damit als Indiz für das, was ich als „Zivilisation" bezeichne. Es gibt also nur eine Zivilisation. Diese drückt sich jedoch in verschiedenen Kulturen aus.

Wenn ich sage, Begriff und Sprache sind keine individuellen Phänomene, sondern eine Wirleistung, so muss ich erwähnen, dass es auch Begriffe gibt, die Ichleistungen bezeichnen.

Der erste dieser Begriffe ist die „Idee".

Eine Idee kann nur im Individuum entstehen. Oft im Anschluss an eine Diskussion, daher kann eine Idee auch in mehreren Individuen gleichzeitig entstehen, aber sie kann nicht ohne ein Individuum entstehen. Eine Idee ist eine Schöpfung, etwas Neues.

Sie ist vergleichbar mit einem neuen Gen. Eine Idee, wie auch ein Gen, breitet sich jedoch dann aus, wenn sie der Wahrheit näher kommt als bisherige Ideen (oder Gene).

So haben ein Gen und eine Idee eine gemeinsame Eigenschaft: sie breiten sich aus.

Diese Eigenschaft liegt allerdings eigentlich nicht in ihnen selbst, sondern in ihrer Umwelt: die Umwelt entscheidet über den Erfolg einer Idee und den Erfolg eines Gens, seine Ausbreitung.

Die Biologen nennen dies „Selektion".

Ich weiß also nicht genau, wo ein neues Gen herkommt oder wie es entsteht, man mag es Zufall nennen. Es ist jedoch eine Schöpfung, die Entstehung von etwas Neuem. Ob dieses Neue „gut" ist, „lebenstüchtig" ist, oder ob es Unsinn ist, entscheidet die Umwelt.

Schwierig ist dieser Prozess allemal: wie ich anfangs erwähnte, muss auch eine Idee in Begriffe umgesetzt werden, damit sie als Idee überhaupt erkannt werden kann. Da dieses Denken jedoch Wirleistung ist, ist die Idee schon dadurch verfälscht.

Denken hat auch einen ursprünglichen Zweck. Die bisher beschriebenen Fähigkeiten des Individuums dienen dem Überleben des Individuums. Die menschliche Sprache erhöht hingegen die Überlebensaussichten der Gruppe. Die Mitglieder der Sprachgemeinschaft koordinieren mittels Sprache ihr Handeln bei der Jagd oder beim Kampf mit dem Nachbarstamm, und dieses durch Sprache koordinierte Handeln verbessert die Durchsetzungsfähigkeit der Sprachgemeinschaft. Sprache stellt somit einen Selektionsvorteil der Gruppe dar. Damit spaltet Sprache die - genetisch betrachtet – einheitliche Tierart Menschheit in unterschiedliche, gegeneinander konkurrierende Sprachgemeinschaften.

Wörter sind zunächst akustische Zeichen. Sie symbolisieren einen Begriff. Wie bereits ausgeführt, sind Begriffe Wir-Leistungen. Das Individuum muss rechnen können, um sich zu ernähren, um zu überleben; es muss vor Fressfeinden rechtzeitig fliehen und Beutetiere erjagen. Wer das nicht schafft, verhungert. Zu diesen Handlungen sind Rechenleistungen erforderlich, Begriffe von Raum und Zeit, Geschwindigkeit usw., das Individuum muss vergleichen können. Es muss einfache logische Verknüpfungen (wenn-dann-Funktion) beherrschen, Bewegungen verstehen und irgendwie ausdrücken können, Gleichungen und Ungleichungen beherrschen usw.. Aber es muss eines nicht können: sprechen.

Sprache ist für das Überleben des Individuums nicht erforderlich. Sprachwissenschaftler sollten sich, falls sie das noch nicht getan haben, mit der Frage befassen, wie man mit einem Rechenorgan (dem Hirn) lernt, in sprachlichen Begriffen zu denken, wie also aus Rechnen Denken wird.

In der Gemeinschaft müssen sich die Individuen verständigen, zum Beispiel ihr Verhalten bei der Jagd koordinieren, Aufgaben verteilen. Dazu muss eine Einigung über Begriffe erfolgen.

Am einfachsten ist eine Einigung über die Begriffe (Namen), die Objekten der Außenwelt zugeordnet werden. Individuum A zeigt auf sich und nennt einen Namen, zeigt auf einen Gegenstand und nennt einen Namen, der Mitmensch stimmt zu. Schon ist eine Zweiergemeinschaft entstanden. In der Fortsetzung dieses Verhaltens entsteht eine Sprachgemeinschaft, die sich über Nomen geeinigt hat. Wir sind hier bei dem, was Kant unter der empirischen Realität versteht und was das Gericht meint, wenn es einen Zeugen fragt: was haben sie gesehen? Auf diese Weise können auch Oberbegriffe entstehen: Bäume unterschiedlichen Aussehens werden als „der Baum“ zusammengefasst usw.. Relativ leicht ist es ebenso mit Eigenschaftswörtern, mit Verben wird es etwas schwieriger. Die Definition eines Objekts und einer Richtung ist einfach im Vergleich zur sprachlichen Definition von Geschwindigkeit. Deshalb sind Verben in den verschiedenen Sprachen sicherlich äußerst differenziert und dennoch ungenau. Damit mögen sich Sprachwissenschaftler befassen.

Die Sprache ist bereits gesellschaftlich koordiniertes Handeln der Sprechwerkzeuge, sie koordiniert aber auch das Handeln der Individuen des Kollektivs und begünstigt damit das Überleben der Gemeinschaft.

Das hier ins Auge gefasste logische Problem beginnt an der Stelle, an der ein Begriff mittels Sprache erklärt wird. So lange ich mit dem Finger auf etwas zeigen kann und dabei ein Wort sage, ist eine Zuordnung von akustischem Zeichen und dem, was gemeint ist, möglich. Ist der gemeinte Begriff jedoch nicht mehr anschaulich (nicht mehr anschaubar) oder begreifbar (nicht anfassbar, wie der Ball oder der Stein), dann ist eine eindeutige Zuordnung von akustischem Zeichen und gemeintem Begriff nicht mehr möglich.

Es ist zwar mit mehr oder weniger Worten möglich, den gemeinten Begriff zu erklären, aber es gibt keine Möglichkeit mehr, zu überprüfen, ob der Mitmensch den Begriff auch so verstanden hat, wie er gemeint war. Der Kommunikationspartner kann zwar die Erklärung nachplappern, aber ich weiß nie, ob er nun damit auch das identische gemeint hat. Das betrifft besonders Bezeichnungen für Empfindungen, Gefühle. Aus dieser Schwierigkeit heraus hat sich eine umfangreiche Philosophie entwickelt, die auf Sprache basiert. Grundsätzlich ist es jedoch so, dass über die Bedeutung eines abstrakten Begriffs ewig gestritten werden kann. Es bleibt dabei, dass sprachliche abstrakte Begriffe aus logischen Gründen nicht mit Sprache erklärbar sind. Alle Begriffe, auf die ich zur Erklärung zurückgreife, sind wiederum sprachlicher Art und können ebenso hinterfragt werden.

Durch Sprache ist eine Einigung über Sprache logisch nicht möglich. Durch Worte ist ein verbaler abstrakter Begriff nicht eindeutig zu erläutern. Auf diese Weise kann über „die Wahrheit“ ewig gestritten werden.

Die Naturwissenschaften gehen einen anderen Weg.

Sie erfinden zunächst Begriffe und definieren diese. Dies ist ein Willkürakt, der völlig offen lässt, ob die Definition „richtig“ oder „falsch“, „wahr“ oder „unwahr“ ist. Es handelt sich bei einer derartigen Definition um eine Festlegung. Es wird etwas Neues festgelegt (selbst wenn der Begriff als solcher umgangssprachlich bereits für irgendetwas Schwammiges benutzt und allgemein verstanden wurde). Dies betrifft vor allem Dimensionen und Bezugspunkte, die für Messungen festgelegt werden müssen. Ob diese Definition sich in der Praxis bewährt, wird durch das Experiment entschieden. Das Experiment ist die „unabhängige“ Institution, die als Richter darüber entscheidet, ob die zugrunde liegenden Begriffe „richtig“ oder „falsch“ sind. Der Wissenschaftler nimmt aufgrund seiner Festlegungen (Definitionen) eine Befragung vor, er befragt die Außenwelt, die ja keine Sprache beherrscht oder spricht. Die Umwelt oder Außenwelt des Wissenschaftlers ist nichtsprachlicher Natur. Sie kann praktisch nur Ja oder Nein sagen, sie kann die Theorie, die sich aus den Definitionen ableitet, nur verifizieren oder falsifizieren. Nichts anderes macht die Natur übrigens ständig mit ihren lebenden Systemen der Größenordnung Individuum, die ihre genetisch gespeicherten Daten tragen: haben diese genetischen Daten eine „falsche“ Theorie gespeichert, wird der Datenträger gelöscht, das Tier oder die Pflanze stirbt. Die Biologen nennen das Ergebnis dieses Löschvorgangs genetisch gespeicherter Daten „Selektion“.

Der Wissenschaftler nennt das Falsifizierung einer Theorie. Eine Theorie oder ein Datenträger genetisch gespeicherter Theorien (= ein Individuum) wird gelöscht oder vom Besseren gefressen, die bessere Theorie frisst die schlechtere im Tierreich wie im Reich der Wissenschaften. Die Wissenschaften arbeiten also mit den gleichen Mitteln (Überproduktion und Selektion) wie die Evolution und sind deren Fortsetzung.

Nun geht es nicht immer gleich ums Fressen oder Löschen, um das Richtig oder Falsch, sondern es geht auch um Konkurrenz, nämlich um den Nachweis, welche Theorie besser ist. Diese Konkurrenz sehen wir in den Wissenschaften ebenso wie bei der Partnersuche, die der Vermehrung, der räumlichen und zeitlichen Ausbreitung von genetisch gespeicherten Theorien, dient. (Räumliche Ausbreitung = Zeugung eines Überschusses an Nachkommen, die ja mehr Raum benötigen; zeitliche Ausbreitung = Weitertransport in die Zukunft). Wissenschaftliche und auch genetisch gespeicherte Theorien, deren Träger die Individuen sind, stellen im Wettbewerb fest, welche Theorie sich besser ausbreitet.

Die Gegenwart ist - das sei bereits an dieser Stelle vorweggenommen -, dadurch gekennzeichnet, dass sich die Ausbreitungsmethoden der Theorien vermischen und kulturell überlagern. Die Ausbreitungsmethoden sind nämlich unterschiedlich: genetisch gespeicherte Theorien breiten sich durch Vermehrung der Individuen aus, der Ausbreitungsweg der wissenschaftlichen Theorien geht über hirnexterne Datenspeicher außerhalb der Individuen (Bücher, Disketten usw.). Auf diesem Weg breiten sich jedoch nicht nur wissenschaftlich bewiesene Theorien aus, sondern auch unbewiesene Glaubenstheorien, die Religionen. Letztere benutzen allerdings beide Ausbreitungswege: indem bereits Säuglinge als Zwangsmitglieder rekrutiert und später ausgebildet werden, werden diese Individuen, die dann nicht nur genetische gespeicherte Theorien tragen, sondern auch Glaubenstheorien, zur Verbreitung der unbewiesenen Theorien benutzt. Die Ausbreitung unbewiesener Theorien („Glaube“) wird an die Ausbreitung bewiesener (genetisch gespeicherter) Theorien gekoppelt.

So weit ein kleiner Ausflug in den „Kampf der Kulturen“, wie Samuel Huntington diese Vorgänge bezeichnet, die ich hier kürzer und vermutlich besser beschreibe.

Die Wissenschaften handeln ehrlich, indem sie zunächst Definitionen erschaffen, daraus eine Theorie bilden und formulieren, und diese anschließend anhand eines wissenschaftlichen Experiments überprüfen. (verifizieren/falsifizieren).

Aus logischer Sicht haben wir hier allerdings ein Dilemma: nämlich dass die Versuchsanordnung des Wissenschaftlers auch bereits etwas Künstliches ist, nämlich ein Kunstprodukt der Theorie des Wissenschaftlers. Der Experimentator ist Teil des Experiments.
Die Philosophie lebender Systeme macht nun aus der Not eine

Tugend:

Sie befasst sich mit lebenden Systemen und hat ihr Forschungsgebiet auf den Menschen beschränkt. Mit dem Menschen können und sollten aus ethischen Gründen keine Experimente gemacht werden. Daran hält sich auch die PhilS. Sie macht keine Experimente, aber sie betrachtet das Verhalten der Menschen und der Menschengruppen (u.a. Staaten) so, als ob deren Verhalten ein Experiment wäre. Die PhilS konstruiert keine Experimente mit den Menschen, sondern sie unterlegt die Beobachtung der Menschen mit ihren theoretischen Vorstellungen und modifiziert diese anhand der Ergebnisse, die wie die Ergebnisse eines wissenschaftlichen Experiments zur Verifizierung oder Falsifizierung theoretischer Vorstellungen benutzt werden. Insofern hat die Philosophie lebender Systeme (PhilS) mehr Beziehungen zu den Naturwissenschaften als zu den Geisteswissenschaften.

1.5. Die Neuerungen der Zivilisation

1.5.1. Die körperexternen Organe

Bezüglich der evolutionär gespeicherten Verhaltensprogramme ist in der Evolution eine Tendenz, eine Entwicklungsrichtung, erkennbar. Die Evolution schreitet von einer Verhaltensprogrammierung zu einer Zielprogrammierung voran.

Während das Verhalten niederer Tiere relativ genau programmiert wird, werden im Lauf der Entwicklung die Verhaltensprogramme immer offener, die Tiere erhalten immer mehr Freiheit, bis schließlich beim Menschen das Optimum der bisherigen Zielprogrammierung erreicht ist. Da bin ich dann wieder bei den beiden Verhaltenszielen, die ich bereits seit der Schaffung der Philosophie lebender Systeme postuliere: dem Ziel der Homöostase, genannt Selbsterhaltung, und dem Ziel der Ausbreitung, genannt Selbstentfaltung.

Hier möchte ich beispielhaft zeigen, wie sich die Offenheit dieser Programme beim Menschen praktisch zeigt. Vorher nur noch der Gedanke: im Prinzip enthalten derartige genetische Programme von Anfang an den Faktor Offenheit. Früher (in: Das System Mensch) habe ich diesen Faktor auch Ungenauigkeit genannt. Bereits die

Nachfahren einer Elterngeneration eines Einzellers sind nicht alle identisch, sondern es sind Mutationen unter den Nachfahren. Genauso ist es mit dem Verhalten.

Wachstum und Verhalten sind nebenbei bemerkt nur zwei Varianten von Bewegung. Wachstum ist Bewegung in Form einer Größenzunahme ohne Veränderung des Ausgangsorts. Die Ungenauigkeit ist die Reaktion des lebenden Systems auf das chaotische Verhalten der nichtlebenden Natur. Das Wetter und das Klima sind nicht vorhersehbar. Auch genetische Handlungsprogramme sind keine Wahrsager und können Veränderungen der Umweltverhältnisse nicht absehen. Deshalb ist die Ungenauigkeit eingeplant. Die Ungenauigkeit erlaubt ein Überleben auch bei Veränderung der Umweltverhältnisse in einem bestimmten Rahmen. Je größer dieser Rahmen, desto höher die Überlebenswahrscheinlichkeit.

Nun aber doch zum Sinn der Entwicklung von genetischen Handlungsprogrammen hin zum Denken und der Freiheit des Menschen.

Dem Affen wächst beispielsweise aufgrund seiner genetischen Programme ein Fell. Natürlich auch anderen Tieren. Dieses bietet Schutz bei Kälte. Das Fell hat aber Nachteile bei Hitze. Fellbehaftete Tiere können also nur in relativer Kälte leben. Besser wäre ein Fell, das nur bei Kälte wächst und bei Hitze verschwindet.

Eine derartige Hautoberfläche lässt sich jedoch nur schwer genetisch programmieren. Körperliche Wachstumsprozesse sind langsamer als Temperaturschwankungen der Umgebung. Benötigt wird Wachstum, das die gleiche Geschwindigkeit hat wie möglichen Temperaturschwankungen. Einfacher ist es daher, dem Individuum Freiheit zu lassen. Freiheit bedeutet hier: kein Fell zu programmieren und dem Individuum die Möglichkeit zu lassen, sich bei Kälte ein Fell zu bauen. Das Individuum muss also ein Organ bekommen, das ihm diese Möglichkeit eröffnet. Dieses Organ ist das Gehirn - und die Hand. Das Gehirn mit seiner Kombinationsfähigkeit gestattet es dem Individuum, sich Waffen zu bauen, Tiere zu erlegen und ihnen das Fell abzuziehen, um es selbst bei Bedarf zu benutzen (siehe auch Hass 1970).

Der Mensch ist ein Individuum mit möglichst wenig vorprogrammierten Fähigkeiten, dafür hat er ein besonders gut strukturiertes Gehirn und Hände als Werkzeug, als Effektoren, wie ich sage. Das Gehirn als Datenverarbeitungsorgan und seine Hände als Effektoren befähigen ihn, sich körperexterne Organe zu bauen, die seine natürlichen Mängel ausgleichen. Entscheidend ist, dass ein Organ eine Funktion für das Individuum ausüben kann, ob dieses Organ innerhalb des lebenden Körper liegt oder außerhalb, ist unwichtig. Aus Sicht der Entscheidungsinstanz, des Ichs, gehören diese Organe ebenso zu seinem materiellen Körper wie die inneren.

Diese Ersatzeffektoren sind Messer statt Krallen, Speer statt Hörner, Flugzeug statt Flügel.

Diese körperexternen Effektoren haben den Vorteil, nicht fest mit dem Körper verbunden zu sein und nur dann benutzt werden zu können, wenn sie benötigt werden. Das spart Energie. Anstatt ständig mit einem schweren Schuppenpanzer herumzulaufen wie bestimmte Dinosaurier, wofür man fast den ganzen Tag essen müsste, um den Energienachschub zu sichern, baut sich der Ritter eine Rüstung, die er im Frieden ablegen kann.

Es macht daher einen tieferen Sinn, den Menschen begrifflich nicht mit seinem lebenden Körper aufhören zu lassen, sondern ihn als System zu denken, zu dem auch seine Ideen, sein Eigentum und insbesondere sein Geld gehören. Letzteres macht ihn noch flexibler und gestattet ihm die Benutzung seiner Mitmenschen als Effektoren.

Dazu habe ich ja bereits in meinem Buch "Das System Mensch" genug gesagt. Andere mögen das ausbauen.

Das Wissen der Gene setzt sich also im Denken und Forschen des Menschen fort und befähigt ihn, über sein körperliches genetisch programmiertes Wachstum hinaus zu wachsen. Das Wachstum des Menschen setzt sich im Wachstum seines Eigentums und im Wachstum seiner Ideen fort.

Dieses Wachstum hat eine geradezu unheimliche Dynamik. Sie resultiert aus der Überlegenheit extrazellulär gespeicherter geistiger Daten gegenüber den genetisch gespeicherten. Ideen, geistige Daten, können im Gegensatz zu genetisch gespeicherten Ideen in der Zeit horizontal ausgetauscht werden. Diese Überlegenheit zeigt sich im rapiden Wachstum der Technik. Die Technik mit den aktuellen computergesteuerten Geräten und dem weiter beschleunigten Datenaustausch über Telefon- und Computernetze hat ein schwindelerregendes Tempo, das die Fähigkeiten des Menschen, die neuen Errungenschaften philosophisch zu verarbeiten, überschreitet.

Wie gezeigt, ist die Begriffsbildung keine individuelle Leistung des Menschen, sondern eine Gemeinschaftsleistung. Daher kann man sagen, dass begriffliche Sprache und begriffliches Denken ebenfalls keine individuelle Leistung ist. Nicht der einzelne Mensch denkt, wenn sein Gehirn begrifflich denkt, sondern die Gemeinschaft. Der Mensch nimmt die Außenwelt individuell wahr, dies ist seine empirische Realität. Wenn er beginnt, begrifflich zu denken, denkt sein Hirn jedoch als Gemeinschaftshirn. Wie auch bereits gezeigt, ist die Trennung von Gegenstand und Tätigkeit eine rein sprachlich-begriffliche, tatsächlich existiert kein Da-Sein ohne eine Bewegung (bei nichtlebenden Systemen), bzw. ohne eine Tätigkeit (bei lebenden Systemen).

Der Eigentumsbegriff beginnt nach Überzeugung der PhilS mit der Bildung körperexterner Effektoren. Hans Hass würde sagen, mit der Geburt des Hyperzellers, des Homo Proteus.
Ich stimme mit Hass völlig überein, wenn er bereits erste Werkzeuge oder erste Bekleidungsgegenstände als zusätzliche Organe bezeichnet und deren Funktion als das Wesentliche ansieht und nicht die Zusammensetzung (ob aus Zellen oder aus körperfremder Materie) oder die Verbindung mit dem lebenden Zellkörper. Bereits die erste selbst hergestellte Kleidung und das erste Werkzeug sind körperexterne Organe, die genauso zu mir gehören wie mein Verdauungsorgan oder mein Fortbewegungsorgan. Die Bekleidung ist eine Ergänzung meiner Haut und das Messer eine Verbesserung der Funktion meiner Hand.

Hass hat bereits auch darauf hingewiesen, dass derartige körperexterne Organe aufgrund ihrer Unabhängigkeit von meinem Körper Objekt der Begierde meiner Mitmenschen sein können und seit ihrer Entwicklung waren. Sie können also gestohlen oder getauscht werden, ohne dass ihre Funktion darunter leiden würde.

Ein Faustkeil, den ich mir suche oder herstelle, ist also mein Faustkeil. Er ist eine Erweiterung meines materiellen Körpers. Körperexterne Organe sind mein Eigentum. Ich meine daher, dass der Eigentumsbegriff zusammen mit den körperexternen Organen des Menschen entstanden ist.

Mit dem Einüben bzw. Erlernen der Fähigkeit, besonders funktionsfähige Faustkeile, Messer oder Schuhe herzustellen, beginnt auch einerseits das Problem, den Wert des Messers mit dem Wert von Schuhen zu vergleichen und damit auch seine Lösung, die Erfindung des Geldes.

Die Entstehung des Eigentums leitet also die Entwicklung des Rechtssystems, des Geldes und des Ausbildungssystems ein. Übersehen wird jedoch leicht, dass „Eigentum“ primär eine Erweiterung des individuellen materiellen Körpers darstellt. Eigentum ist eine Funktionserweiterung des Körpers des Individuums. Weil sich derartige zusätzliche Organe des Individuums jedoch sehr schnell innerhalb des lebenden Systems höherer Ordnung ausbreiten und sich ohne einen genetischen Vererbungsweg, also ohne Zeitverlust, ausbreiten, und weil wir dieses Eigentum kaufen anstatt es genetisch zu erben, empfinden wir diese externen Körperteile nicht als zu uns gehörig. Unser steinzeitliches Denken sagt uns, dass nur das zu uns gehört, was fest mit unserem Körper verbunden ist. Dabei wissen wir, dass auch unser Eigentum ein Teil des Ich ist. Da keine Nervenverbindung zu diesen körperexternen Organen besteht, erleben wir diese nicht direkt, sondern nur indirekt über unseren Tastsinn oder unsere optische Wahrnehmung. Diese Sinne vermitteln uns jedoch von ihrer biologischen Herkunft her Dinge der Außenwelt. Wir sollten uns jedoch nicht auf diese genetisch programmierte Fehlinformation verlassen, sondern sollten diesbezüglich auf unseren Verstand und unser Wissen vertrauen.

Es besteht ein entscheidender Unterschied zwischen den Begriffen „innen“ und „außen“ und dem Begriff des Eigentums, der uns hindert, unser Eigentum als Teil unseres materiellen Körpers auch wirklich zu begreifen.

„Innen“ und „außen“, „Ich“ und „Umwelt“ sind Begriffe, die primär vorhanden sind, sie sind nicht erlernt, nicht durch Übung erworben, sondern bereits genetisch programmiert. Leider kann Kant dazu nicht mehr Stellung nehmen, aber aus Sicht der Philosophie lebender Systeme hätte er diese als Begriffe a priori bezeichnet, wie die Begriffe Raum, Zeit und Kausalität.

Unsere Afferenzen, unsere Nerven, die Daten von außen nach innen transportieren, die Reize zum Zentralnervensystem hin leiten, können wir in zwei Gruppen unterteilen. Erstens solche Nerven, die Daten aus der Umwelt zum Hirn senden, zweitens solche, die Daten aus der Innenwelt zum Hirn leiten. Die Sensationen, die die im Hirn eintreffenden Daten auslösen, sind dementsprechend ganz unterschiedlich. Erstere führen zu Wahrnehmungen, die Zweiten führen zu Gefühlen.

Wie schon am Anfang dieses Buches geschildert, stellen die Wahrnehmungen unsere empirische Realität dar. Sie zeigen uns nicht die Realität an sich, sondern sie produzieren Erscheinungen im Reich des Geistes, die für uns empirische Realität sind. Daten, die aus dem Auge kommen, führen zu Farbwahrnehmung und Wahrnehmung von Helligkeitsunterschieden. Objektiv existieren lediglich elektromagnetische Wellen, was wir inzwischen wissen, also weder Licht noch Farben. Unsere Sinnesorgane wandeln diese in elektrische Impulse um und unsere Wahrnehmung macht daraus Licht und Farben. Licht und Farben hat also unser Nervensystem ohne unser bewusstes Zutun konstruiert. Ebenso ist es mit anderen Wahrnehmungsqualitäten. Aus dem Ohr kommende Impulse werden in Töne verwandelt, aus der Haut kommende in Wärmeempfindung, Tastempfindung usw., aus der Nase kommende in Geruchswahrnehmung, aus der Zunge kommende in die verschiedenen Geschmackswahrnehmungen. Bereits der Gleichgewichtssinn stellt etwas anderes dar. Er vermittelt uns die Lage im Raum, eine Empfindung, die sich nicht bewusst als Bild, Ton oder andere Wahrnehmung darstellt, sondern uns unsere Position im Gravitationsfeld der Erde vermittelt und sekundär in eine Vorstellung vom Verhältnis unseres lebenden Körpers zur Erde umgedeutet werden kann. Auch Pflanzen haben eine derartige Kenntnis von oben und unten, vom Gravitationsfeld der Erde und der Richtung, aus der Photonen auf sie treffen.

Die zweite Art der im Zentralnervensystem eintreffenden Daten nennen wir „Gefühle“. Sie resultieren aus dem Registrieren von Veränderungen im Inneren unseres lebenden Körpers. Auch im Inneren des lebenden Körpers haben wir Rezeptoren, die sehr sensibel auf Veränderungen des chemischen Milieus reagieren. Wissenschaftliche Kenntnis haben wir wahrscheinlich nur von wenigen dieser Rezeptoren, praktisch nur von den überlebenswichtigen Rezeptoren. Sie messen beispielsweise die Kohlendioxidkonzentration im Blut, melden diese Daten an das Zentralnervensystem und dieses reagiert beispielsweise mit einem Atemzug, wenn die Kohlendioxidkonzentration steigt. Andere messen die Glucosekonzentration im Blut und veranlassen dadurch das Hirn, geeignete Maßnahmen zu treffen, um diese in einem bestimmten Sollwertbereich zu lassen. Gelingt dies nicht, verlieren wir das Bewusstsein (im medizinischen Sinn). Wird die Abweichung vom Sollwertbereich der Glucosekonzentration zu groß, empfinden wir zunehmenden Hunger. Steigt die Kohlendioxidkonzentration zu stark an, empfinden wir zunehmende Angst vor dem Ersticken, hin bis zur Panik. Nervenimpulse, die von der Peripherie zum Gehirn geleitet werden, müssen also immer drei Arten von Informationen (oder zumindest zwei) enthalten, erstens die Impulse, die von den Veränderungen der Außenwelt bzw. des inneren Milieus generiert werden, zweitens Informationen über den Rezeptor (Auge, Ohr usw.) und drittens darüber, ob der Impuls innerhalb oder außerhalb des lebenden Körpers erzeugt wurde, wobei sich Letzteres aus dem zweiten ergeben könnte. Das Hirn muss irgendwie erfahren, ob es den eintreffenden Nervenimpuls in eine optische Wahrnehmung, eine akustische, taktile usw. oder in welche Art von Gefühl umwandeln muss. Dass dies funktioniert ist um so erstaunlicher, als es keine direkte Nervenverbindung vom Augenhintergrund in die Sehrinde, vom Ohr ins Großhirn usw. gibt. Alle im Zentralnervensystem eintreffenden Nervenimpulse werden mindestens einmal im sogenannten „Thalamus“, wenn nicht noch vorher in anderen entwicklungsgeschichtlich noch älteren Hirnzentren, umgeschaltet.

Der lebende Körper des Menschen ist ein offenes System, das ständig einen Austausch von Stoffen zwischen der Innenwelt und der Außenwelt aufrecht erhält mit dem Ziel, bestimmte Sollwerte (im Blut) herzustellen. Dies nennt die Wissenschaft den Zustand von Homöostase. Die Istwerte werden ständig durch Rezeptoren gemessen und durch Aktionen wieder den Sollwerten angepasst, falls Abweichungen registriert werden. Dies sind Regelkreise mit negativer Rückkopplung. Sinkt ein Istwert, wird sein Ansteigen in Gang gesetzt und umgekehrt. Ziel dieser Regelkreise ist die Aufrechterhaltung der Homöostase, in der Summe die Aufrechterhaltung des Zustands des Lebens. Wir verbrauchen daher ständig Energie, um abgestorbene Zellen zu ersetzen, neue zu bilden, den Blutkreislauf in Gang zu halten und die im Blut gemessenen Istwerte im Sollwertbereich einzupendeln. Dies nennt die Ernährungslehre den „Grundumsatz“.

Die Daten, die für diese Vorgänge an das Zentralnervensystem gemeldet werden, nehmen wir nur in Ausnahmefällen überhaupt bewusst wahr, der überwiegende Teil dieser Daten kommt gar nicht zu Bewusstsein (im psychoanalytischen Sinn). Falls es zu Wahrnehmungen über innere Veränderungen kommt, was nur bei gröberen Abweichungen der Fall ist, haben wir diese bei lebensbedrohlichen Zuständen oft erst im Nachhinein. So ziehen wir unseren Arm bereits aus der brennenden Kerze zurück, bevor wir bewusst einen Schmerz wahrnehmen. Der dafür zuständige Reflex wird bereits im Rückenmark ausgelöst, so dass die Reaktion, der motorische Impuls, zum gleichen Zeitpunkt ausgelöst wird wie die Weiterleitung der Daten zum Großhirn erfolgt. Der Mediziner legt übrigens die Empfindungen der Individuen, die im Fall von Fehlfunktionen innerhalb des Körpers auftreten können und als verschiedene Schmerzempfindungen und Gefühle über Körpermissempfindungen wahrgenommen werden, genauso als Tatsache zu Grunde, die zu einer Krankheitsdiagnose führen, wie ein Strafgericht die optischen und akustischen Wahrnehmungen von Zeugen zu Grunde legt, um einen Tatablauf zu konstruieren. Beides, die Konstruktion einer Krankheitsdiagnose und die Konstruktion eines Tatablaufs, sind Hypothesen und keine Tatsachen. Tatsachen (empirische Realität) sind die Wahrnehmungen des Individuums über Vorgänge außerhalb seines lebenden Körpers und Gefühle des Individuums über Vorgänge innerhalb seines lebenden Körpers. Und da sind wir wieder beim eigentlichen Thema, nämlich dem Begriff vom Innen und Außen. Diese beiden Begriffe sind nicht Ergebnis von gesellschaftlichen Übereinkünften oder Zuordnungen von Wahrnehmung empirischer Realität zu einem sprachlichen Begriff, sondern sie sind primär (a priori) vorhanden und werden lediglich sekundär durch einen sprachlichen verbalen Begriff symbolisiert. Der „Baum“ oder das „Haus“ sind quasi Konglomerate von unendlich vielen Bäumen und Häusern, die ich gesehen habe; aus der Summe der empirisch wahrgenommenen vielen Bäume und Häuser wird interaktiv ein sprachlicher Begriff gebildet. Hier ist der Begriff eine Zusammenfassung, eine sekundäre „Verdichtung“. Die Begriffe „innen“ und „außen“ sind jedoch durch verschiedene Arten von Rezeptoren biologisch präformiert, sind bereits ohne sprachliche Symbolisierung im Tierreich vor der Entwicklung des Menschen vorhanden und genetisch determiniert, also a priori vorhanden, so dass ihre Umsetzung in einen akustischen Laut als sekundär betrachtet werden kann.

Der Begriff des Eigentums ist daher bedeutend jüngeren Datums als der Begriff von „Ich“ und „Umwelt“ und wie alle anderen Begriffe interaktiv durch Zuordnung bestimmter Laute zu einer Zusammenfassung empirischer Realitäten entstanden. „Mein“ und „Dein“ sind mit der Schaffung von Werkzeugen und Bekleidung entstanden, um diese körperexternen Organe ihren Eigentümern zuzuordnen. Wenn ich auf die Straße trete und 100 Autos am Straßenrand sehe, muss ich meinen persönlichen körperexternen Effektor erkennen und von den anderen dort stehenden körperexternen Organen anderer Menschen unterscheiden und spreche von „meinem“ Auto.

Da jedes Individuum eine Einzelausfertigung ist, hat es natürlich auch die Tendenz, sich durch seine körperexternen Effektoren von anderen Individuen zu unterscheiden, so dass sich aus einem Ursprungsauto nach seiner Entwicklung eine Autoindustrie mit vielen Firmen und unterschiedlichen Modellen in verschiedenen Ausführungen entwickelt. Eine Vereinheitlichung von derartigen künstlichen Fortbewegungsorganen widerspricht der menschlichen Natur, woran unter anderem auch der „real existierende Sozialismus“ mit seiner Planwirtschaft gescheitert ist. Aber das nur nebenbei.

Wenn nun Hans Hass oder die PhilS die im Rahmen der technischen Entwicklung geschaffenen vom Individuum nutzbaren Dinge (Auto, Kühlschrank, Computer u.a.) als Teile des materiellen Köpers des Individuums ansehen, widerspricht diese neue Sichtweise vom Menschen natürlich der Wahrnehmung des Individuums. Der menschliche Wahrnehmungsapparat, der sich im Verlauf der biologischen Evolution entwickelt hat, unterscheidet nun einmal zwischen dem Innen und Außen, ordnet das, was wir Wahrnehmung nennen, dem Außen zu und die Gefühle dem Innen. Dies ist Folge der Selektion, die das mit Leben belohnt, was sich besser an die Umwelt angepasst hat. Daher entspricht unser genetisch determinierter Wahrnehmungsapparat den Anforderungen der sogenannten „Steinzeit“ und dem affenartigen Vorleben der Menschen besser als den Bedingungen der Gegenwart des zivilisatorischen Prozesses. Die genetische Anpassung unseres Wahrnehmungsapparates hinkt hinter der Entwicklung der Wissenschaften her. Unser Wissen hat sich schneller entwickelt als unser Wahrnehmungsapparat und unserem daraus resultierendem bewussten Vorstellungsvermögen.

Dies sehen wir auch in anderen Bereichen. Wir wissen, dass das Licht Doppelnatur als Welle und Teilchen hat, aber wir können uns dies nicht vorstellen. Es ist aber auch umgekehrt. Wir wissen viele Zusammenhänge nicht und können dennoch gezielt handeln. Das Wissen ist zum Handeln nicht erforderlich.

Wir wissen immer noch nicht genau, wie unser Hirn eintreffende elektrische Impulse in Wahrnehmungen umwandelt, können es aber dennoch zum Denken benutzen. Wir müssen auch gar nicht wissen, wie ein Fernsehapparat, ein Computer oder ein Auto funktioniert, wir müssen lediglich wissen, wie derartige körperexterne Organe gesteuert werden. Wir müssen bezüglich unserer „zusätzlichen Organe" (Hass) lediglich wissen, wie diese bedient werden. Hinsichtlich unserer körpereigenen lebenden Effektoren, unseren Beinen, Armen und Händen, müssen wir nicht einmal wissen, wie diese im Einzelnen bedient werden. Unser Kleinhirn koordiniert ohne unser bewusstes Zutun unsere Bewegungen, unser Gleichgewichtssinn operiert ohne unser Bewusstsein. Wir brauchen hinsichtlich unseres lebenden Körpers lediglich die entsprechenden bewussten Handlungsimpulse zu geben, den Rest organisiert unser lebender Körper. Unseren bewussten Willen empfinden wir deutlicher, wenn wir unsere körperexternen Organe in Bewegung setzen. Hier können wir lernen, *wie* diese *das* tun, was *wir* wollen, wie wir sie bedienen müssen. Sie handeln nicht „automatisch" wie unsere lebenden Organe, unsere Leber oder unsere Drüsen.

Unsere Vorstellung vom eigenen Körper und unser Erleben des lebenden materiellen Körpers ist zwar unter praktischen Gesichtspunkten der Realität angemessen, sie hat jedoch auch, wissenschaftlich gesehen, Fehler.

Bereits „Innen" und „Außen" erleben wir beispielsweise falsch.

Wir Erleben das, was wir in unseren Mund eingeführt haben, als „Innen". Dies ist objektiv falsch. Unser lebender Körper wird von einer Röhre durchzogen, die an Mund beginnt und am After endet, und die Funktion hat, die Nahrung mechanisch und chemisch zu zerkleinern. Was sich innerhalb des Verdauungstraktes befindet, befindet sich streng genommen außen. Teil unseres lebenden Körpers wird nur das, was resorbiert wird oder durch unsere Darmwand hindurchdiffundiert ist. Was wir durch unseren After ausscheiden, ist nichts von uns (außer den hinzugegebenen Resten der

Verdauungssäfte), sondern es war immer außen. Der Darm, den wir als Ausscheidungsorgan erleben, ist tatsächlich genau das Gegenteil, nämlich ein Aufnahmeorgan. Was die Pflanzen nach außen gestülpt haben, nämlich ihre Wurzeln, haben wir lediglich nach innen gestülpt. Der Inhalt des Darm ist jedoch, genau wie die Erde für die Pflanzen, tatsächlich Außenwelt.

Auch der Inhalt unserer Lungen gehört der Außenwelt an, wir empfinden es lediglich als innen, weil wir auch das Organ, das dem Sauerstoffaustausch dient, nach innen gestülpt haben. Auch dieses Organ mit sehr großer Oberfläche befindet sich bei Pflanzen in Form der Blätter außen.

Unser Wahrnehmungsapparat trügt uns also gelegentlich auch über das Innen und das Außen.

In Zukunft sollten wir uns als Menschen bezüglich des Innen und Außen besser an die Tatsachen halten, an unser Wissen, und dies sagt uns, dass unsere körperexternen Organe ebenso zu uns gehören, wie unsere inneren Organe, weil es lediglich darauf ankommt, ob sie eine Funktion für uns ausführen, ob sie also von uns gesteuert werden, ob wir juristisch die „Verfügungsgewalt" über sie haben. Unsere inneren Organe werden in der Regel unbewusst gesteuert, lediglich unsere Effektoren, die unsere Bewegungen ausführen, unsere Beine, Arme und Hände usw. werden bewusst gesteuert. Unsere körperexternen Organe können wir hingegen bewusst steuern und müssen diese Steuerung erlernen. Dies kann allerdings bereits jedes Kind, weil dazu lediglich wenige Schalter oder auch nur ein Knopf zu bedienen sind. Unser Körper besteht also aus einem lebenden Teil aus Zellen und körperinternen Organen, den wir bei Eigenbewegung stets mitnehmen müssen, sowie aus einem weiteren „künstlich" geschaffenem Teil, der aus zusätzlichen Organen außerhalb dieses lebenden Körpers besteht.

Bisweilen ist unser Erleben jedoch auch der Realität angemessen. Einen Diebstahl oder auch nur eine Beschädigung unseres Eigentums erleben wie quasi als Körperverletzung. Wird unser Auto beschädigt, empfinden wir zwar keinen körperlichen Schmerz, jedoch ein vergleichbares Trauererleben.

Gleichzeitig kommt es jedoch andererseits zu einem anderen Wandel:

Der Diebstahl eines attraktiven Messers verschafft mir zwar die

Gewalt über dessen Funktion, aber der Bestohlene wird das Messer zurückfordern und die Gemeinschaft wird ihn darin unterstützen. Die Gemeinschaft hat nämlich ein Interesse daran, dass der Hersteller nicht nur für sich produziert, sondern für die Gemeinschaft. Jede besondere Fertigkeit des Individuums hat für das Individuum selbst keinen direkten Nutzen, da es selbst die produzierten Gegenstände nicht alle benötigt, sondern lediglich eine Ausfertigung. Besondere Fertigkeiten zur Herstellung eines körperexternen Organs nutzen viel mehr den Mitmenschen, da sie die Funktion jedes Mitmenschen verbessern. Ein neues künstliches Organ wird von jedem Individuum der Gemeinschaft benötigt, so dass die Gemeinschaft ein besonderes Interesse daran hat, seinen Hersteller zu schützen, da dessen Fähigkeit eine Fähigkeit zum Wohle der Gemeinschaft ist, sie ist eine Fähigkeit der Gruppe, der Horde, des Stammes, also eine Steigerung der Funktionstüchtigkeit der Gemeinschaft, des lebenden Systems höherer Ordnung, die dieses dann auch konkurrierenden lebenden Systemen gleicher Ordnungshöhe überlegen macht. Der wesentliche zusätzliche Punkt ist, dass das Programm (die Fähigkeit) zur Herstellung des körperexternen Organs nicht genetisch vererbt werden muss und nur den eigenen Kindern zugute kommt, sondern der Vererbungsweg ist zeitlich stark abgekürzt: alle Mitglieder der Gemeinschaft kommen ohne Zeitverlust durch nichtgenetische Vererbung praktisch zeitgleich in den Besitz dieses Organs.

Es wird also ein neuer Vererbungsweg begründet, eine extrazelluläre Vererbung.

1.5.2. Die Datenweitergabe

Die Methodik von Evolution und Zivilisation besteht in Überproduktion und Selektion. Im Rahmen der Zivilisation ändert sich neben dem Körper des lebenden Systems Mensch, der nun aus lebenden internen und externen nichtlebenden Teilen besteht, auch der Erbweg. Wissen wird nicht nur genetisch an die eigenen Kinder weitergegeben, sondern zellextern gespeichertes Wissen wird an alle Mit- und Nachmenschen weitergegeben.

In der Evolution werden die Individuen geopfert. Sie sind Datenträger, Beiwerk, nebensächlich. Das Wesentliche ist das Weiterleben der Ideen, zunächst der genetisch gespeicherten Ideen, beim

Menschen das Weiterleben der wissenschaftlichen Ideen.

Die wissenschaftlichen Ideen werden beim Menschen benutzt, um Waffen zu produzieren und damit die weniger gut bewaffneten Datenträger (Mitmenschen) auszurotten. Da setzt sich das evolutionäre Mittel der Selektion im Krieg fort.

Aber: das wissenschaftliche Experiment ersetzt eigentlich das evolutionäre Mittel des Eliminierens des Schwächeren. Krieg und Mord wären gar nicht mehr erforderlich um festzustellen, ob eine Idee erfolgreich ist. Und: die wissenschaftliche Methode des Erkenntnisgewinns beim Menschen würde auch die Überproduktion von Nachkommen überflüssig machen. Beides, die evolutionären Strategien der Überproduktion von Nachkommen und der Ausrottung der Schwächeren existiert beim Menschen fort, obwohl beide Mittel nicht mehr notwendig sind, um Wissensgewinn zu erzielen.

Hieraus ergibt sich die ethische Forderung der Philosophie lebender Systeme, auf Überproduktion von Nachkommen und auf Krieg zu verzichten.

Bezogen auf die Menschheit bedeutet diese Forderung praktisch: die Kulturen, die die Existenz der Menschheit durch Überproduktion von Nachkommen gefährden, müssen dieses Verhalten abstellen, und im Gegenzug müssen die Kulturen, die über Spitzentechnologien verfügen, darauf verzichten, diese zur Produktion von Massenvernichtungswaffen und zur Kriegsführung zu nutzen.

Man kann diese ethische Forderung auch anders formulieren: die Individuen müssen ihren Energieverbrauch den vorhandenen Ressourcen anpassen. Das bedeutet im Klartext: auf der einen Seite ist Steigerung des Energieverbrauchs durch Überproduktion von Nachkommen abzustellen, auf der anderen Seite die Steigerung des Energieverbrauchs durch Technik und deren Abfallprodukte.

Aber das nur nebenbei. Derartige Forderungen, die sowieso bereits jedem denkenden Menschen seit langem bekannt sind und hier nur eine neue Begründung finden, sind in den Wind gesprochen. Entweder müssen sich alle daran halten oder keiner tut es. Dass sich alle daran halten, ist derzeit nicht durchsetzbar. In die Zukunftsforschung wird zwar investiert, große Kommissionen sagen voraus, dass es so nicht weitergeht. Besser wäre es, dass diese konkret bestimmen würden, wie viel Nachkommen jeder Mensch zeugen darf und wie viel Energie er verbrauchen darf. Wenn das Zuwiderhandeln für das Individuum keine negativen Konsequenzen hat, wird sich auch kein Individuum an derartige Vorgaben halten, denn Nachkommen zeugen verschafft Lust und hoher Energieverbrauch schafft Bequemlichkeit und Genuss. Ein Warten auf die Einsicht der Menschen bedeutet, auf den Tod der Menschheit zu warten. Aber darauf hat die Philosophie lebender Systeme keinen Einfluss.

Das wiederum nur nebenbei.

Die Gemeinschaft okkupiert die besonderen Fähigkeiten seines Mitglieder, sie eignet sich die Fähigkeit des Individuums an, oder: das Individuum wird von der Gemeinschaft enteignet, die Gemeinschaft raubt ihm seine Fähigkeit.

Dafür stellt sie das Individuum jedoch gleichzeitig unter einen gewissen Schutz. Es darf sich kein anderes Individuum ohne Erlaubnis der Gemeinschaft in den Besitz dieser Fähigkeit bringen. Es müssen Gesetze geschaffen werden, eine Judikative und eine Exekutive. Die besondere Fähigkeit, der Inhaber dieser besonderen Fähigkeit, Derjenige, der durch Übung eine besondere Fähigkeit erworben hat, muss zusätzlich auch unter körperlichen Schutz gestellt werden, er darf zum Beispiel nicht ermordet werden, weil dann seine Fähigkeit der Gemeinschaft verloren gehen würde. Seine Ermordung träfe nicht nur ihn und seine Familie, sondern die Gemeinschaft. Deshalb muss auch Mord unter besonders schwere Strafe gestellt werden, weil er die Gemeinschaft einer Fähigkeit beraubt.

In größeren Gemeinschaften, in denen nicht nur ein Mitglied über eine besondere Fähigkeit, verfügt, besteht diese Notwendigkeit allerdings nicht mehr. Das Beispiel zeigt jedoch, dass der Schutz des Individuums besonders in kleineren Verbänden, wie sie in Urzeiten vorhanden waren, in viel größerem Ausmaß die Bildung von Gesetzen und Gesetzesorganen erforderlich machte als theoretisch in der Gegenwart. Das Beispiel zeigt zusätzlich den Hintergrund der Entwicklung von Handwerkerzünften und den Wert von Fähigkeiten Einzelner für die Gemeinschaft, die sozusagen von einem Lehrling käuflich erworben werden kann. Es zeigt aber auch, dass die Gemeinschaft ein objektives Interesse hat, einen Mitmenschen dazu zu bewegen, sich diese Fähigkeit durch Übung und Lernen anzueignen, woraus sich die staatliche Förderung von Lehre, Ausbildung und Studium ergibt.

Die PhilS definiert Vererbung als die Weitergabe von Daten in Zeit und Raum.

Zur Weitergabe von Daten in Zeit und Raum hat die Natur verschiedene Methoden entwickelt.

Die erste Methode ist die der Darwinschen Evolution. Bei dieser Methode werden die Daten mit Hilfe eines genetischen Codes intrazellulär im Zellkern der Zellen lebender Systeme der Größenordnung Individuum gespeichert (in die Zukunft transportiert) und durch Anlegen von Kopien im Raum ausgebreitet. Speicherung ist nur ein anderer Begriff für den Transport von Daten in die Zukunft. Zur Speicherung gehört ein materielles Speichermedium und eine Sprache, wenn man diesen Begriff der menschlichen Kommunikation einmal verallgemeinert. Sprache bezeichnet dabei eine Anzahl von Symbolen, die möglichst eindeutig Begriffen zugeordnet werden. Der Begriff ist etwas Geistiges.

Ich schildere es einmal andersherum:

Das Geistige, der Begriff, wird in Symbole übersetzt, das sind beispielsweise optische oder akustische Zeichen, und diese werden auf einem Speichermedium in die Zukunft transportiert.

Praktisch: der Begriff für die Tätigkeit der Nahrungsaufnahme (essen, fressen usw.) wird in einen Folge von Aminosäuren (Eiweiße) übersetzt und als genetischen Code (Nukleinsäurensequenz) gespeichert. Das Ganze hat sicher einfacher begonnen, das Prinzip ist jedoch geblieben: nämlich die Zuordnung von Symbolen für bestimmte Tätigkeiten, die mittels lebender Systeme ausgeführt werden, zu einen Gen. Das Gen ist der Speicherort für eine Anweisung. Die Anweisung als solche ist etwas Geistiges, ein Befehl.

Soweit handelt es sich um den Transport einer Anweisung in die Zukunft, also um einen Datentransport in der Zeit.

Der Transport im Raum erfolgt durch das ständige Herstellen von Kopien. Die werden durch eine Teilung, eine Datenverdoppelung, hergestellt. Irgendwann ist aus dieser Datenverdoppelung, also der ungeschlechtlichen Vermehrung, eine geschlechtliche Vermehrung geworden. Bei dieser werden die Daten nicht einfach verdoppelt, sondern mit denen eines anderen Individuums kombiniert, so dass in der Kindergeneration Individuen entstehen, deren genetisch gespeicherte Daten Unterschiede aufweisen.

Die räumliche Vermehrung derartig gespeicherter Daten stößt jedoch auf eine Grenze. Die für die Datenspeicherung erforderliche Materie ist begrenzt. Sie wird durch die Materie an der Erdoberfläche begrenzt. Die genetisch gespeicherten Daten können sich über den Raum (die Oberfläche) der Erde ausbreiten. Dann ist das räumliche Ende erreicht.

Zur Beschreibung dieses Datentransports in Raum und Zeit benötigen wir die Annahme von 2 Voraussetzungen:

1. Die Daten haben eine Tendenz, sich selbst zu erhalten (= Transport in der Zeit). Dies könnte man auch als selbstorganisierend beschreiben.
2. Die Daten haben eine Tendenz, sich auszubreiten (= Transport im Raum). Dies kann durch Anlegen von Kopien erfolgen.

Ohne die Annahme dieser 2 Voraussetzungen würde nichts geschehen, gäbe es keine Bewegung lebender Systeme. Andersherum: jegliches Verhalten lebender System kann auf diese 2 Antriebe, die auch Selbsterhaltung und Selbstentfaltung genannt werden können, reduziert werden.

Wenden wir uns dem Punkt zu, an dem die genetisch gespeicherten Daten sich vollständig über den ihnen zur Verfügung stehenden Raum (die Erde) ausgebreitet haben, so stellt sich die Frage des weiteren Ablaufs. Ist dieser Raum ausgefüllt, entsteht eine Konkurrenzsituation um die Materie, die als Datenträger zur Verfügung steht. Die Konkurrenz, oder der Kampf jeder gegen jeden, führt zur Bildung von Koalitionen, zur Verbrüderung, kurz: zur Bildung von lebenden Systemen höherer Ordnung. Nach diesem Prinzip könnten sich aus Einzellern Mehrzeller entwickelt haben.

Die Pflanzen- und Tierarten unterscheiden sich durch verschiedene Methoden zu überleben und sich zu vermehren, sich in der Zeit (überleben) und im Raum (Vermehrung) auszubreiten. Hierbei sind die Verhaltensanweisungen weiterhin mittels eines genetischen Codes intrazellulär gespeichert. Im Lauf der Zeit hat sich nun eine große Vielfalt der Arten entwickelt.

Darwin hat nun eine sehr interessante Theorie aufgestellt: die Veränderung der genetisch gespeicherten Verhaltensanweisungen, also die Artenvielfalt, ist Ergebnis einer Überproduktion von Nachkommen (Trägern genetisch gespeicherter Daten) und deren Selektion. Die Elterngeneration transportiert dabei die genetisch gespeicherten Daten nicht punktgenau, sondern mit kleinen Differenzen, und im Überschuss in die Zukunft. Die Vernichtung der Verhaltensanweisungen (durch das Fressen oder den Tod von Individuen), die suboptimal sind, führt zur Bildung neuer Arten, die den Lebensbedingungen besser angepasst sind.

Dieses Modell ist übertragbar auf den Menschen.

Im Unterschied zum Pflanzen- und Tierreich erfolgt beim Menschen jedoch die Datenweitergabe nicht nur genetisch. Der Mensch speichert Begriffe und Verhaltensanweisungen nicht nur genetisch, sondern auch mittels sprachlicher Symbole. Hierbei handelt es sich um eine Datenausbreitung im Raum.

Sprachliche Anweisungen benötigen keine Kindergeneration, um sich im Raum auszubreiten. Sie werden jedoch nur innerhalb eines begrenzten Raums verstanden. Sie entwickeln sich durch Kommunikation innerhalb einer Gruppe, einer Horde, eines Clans und werden nur von den Mitgliedern dieser Gemeinschaft verstanden, breiten sich innerhalb der Sprachgemeinschaft räumlich aus.

An die Stelle der Tierart oder Pflanzenart tritt die Sprachgemeinschaft.

Sprachliche Daten können wie genetische Daten nur innerhalb der Gemeinschaft ausgebreitet werden, die den Code versteht. Mit anderen Worten: die Tierart Mensch teilt sich in verschiedene Sprachgemeinschaften.

Die Sprachgemeinschaften sind die menschliche Organisationsform der Arten.

Da jedoch die genetische Determinierung des Verhaltens nicht durch die Sprache veränderbar ist, wirken die genetisch gespeicherten Handlungsanweisungen, die dem Überleben (dem Überdauern in der Zeit) und der Ausbreitung (dem Transport im Raum) dienen, parallel weiter fort. Konkret: das Sexualverhalten, das der Ausbreitung der genetisch gespeicherten Daten dient und mittels Überproduktion von Nachkommen die Evolution vorantreibt, wirkt weiterhin. Die Menschen produzieren weiterhin, wie alle anderen Tierarten, einen Überschuss an Nachkommen. Das Problem ist jedoch die Selektion der Daten (und der Datenträger). Da der Mensch keine Fressfeinde mehr hat, muss er selbst die Selektion übernehmen.

Die Sprachgemeinschaften und die in ihrer organisatorischen Fortsetzung als Entität handelnden Staaten übernehmen die Aufgabe der Selektion und führen zu diesem Zweck Kriege.

Die Darwinsche Evolution setzt sich also beim Menschen fort in der Überproduktion von Nachkommen und der Kriegführung der Staaten.

Vererbung ist jedoch allgemein die Weitergabe von Daten in Zeit und Raum. Und diese ist nicht beschränkt auf die genetische Speicherung von Daten und deren intrazelluläre Weitergabe.

Der Mensch hat eine zweite Methode des Datentransports in Zeit und Raum entwickelt.

Die Begriffe und Handlungsanweisungen werden nicht mehr nur intrazellulär in genetischer Form gespeichert und nur an die Kindergeneration weitergegeben, sondern auch extrazellulär, außerhalb des lebenden Körpers, gespeichert und in Form von Büchern oder elektromagnetischen Datenträgern verbreitet. Auch diese Datenweitergabe erfolgt durch die Speicherung auf verschiedenen Datenträgern, die den Tod der Individuen überdauern, in die Zukunft. Und sie erfolgt im Raum durch die Verbreitung dieser Datenträger über die Erde, die nun völlig unabhängig von der Produktion von Kindern ist.

Diese zusätzliche Vererbung von Verhaltensanweisungen, die das Überleben und das Wachstum betreffen, ist charakteristisch für den Menschen. Diese extrazelluläre Vererbung ist charakteristisch für den Menschen, so dass sich das Menschenreich durch diesen Erbweg vom Pflanzen- und Tierreich unterscheidet.

Sie betreffen nun auch nicht nur die beiden erwähnten Zwecke, sondern sie dienen einem weiteren Zweck, nämlich sie dienen der Vervollkommnung von Genuss. Die Belohnungssysteme, die im Individuum zu Befriedigungserleben führen und damit sein Handeln bestimmen, können nun ohne die dafür vorgesehene Handlung stimuliert werden.

Der Wissenschaftler muss im Falle einer Falsifizierung seines Modells nicht um sein Überleben fürchten. Seine Theorie, die „Richtigkeit“ seiner Ideen, überprüft er im wissenschaftlichen Experiment. Die Methodik wissenschaftlicher Forschung (Überproduktion und Selektion von Ideen) ist lediglich die Fortsetzung der Evolution mit harmlosen, weil geistigen, Konsequenzen. Lediglich eine Theorie stirbt.

Die wissenschaftlich geistige Vorgehensweise der Menschen eröffnet nun einen neuen Evolutionsschub. Dieser ist Folge davon, dass die Konservierung der Modelle nicht nur geistig individuell im Hirn erfolgt, sondern hirnextern bzw. zellextern, eben außerhalb des sterblichen Individuums. Der Mensch speichert seine Modelle zusätzlich auf Papier, auf Festplatten u.a. körperexternen Datenträgern. Diese betreffen natürlich nicht die Konstruktion und die Handlungsanweisungen an die lebenden organischen Zellen und Organe, sondern sie betreffen die körperexternen Organe des Menschen, nämlich seine technischen Produkte.

Diese können nun sofort an die Mitmenschen „vererbt" werden und nicht erst an eine Kindergeneration, sie sind interindividuell austauschbar.

Das Auto als Prototyp eines derartigen körperexternen Organs, das der Fortbewegung dient, kann beispielsweise auch von mehreren Menschen gleichzeitig benutzt werden. Derartige körperexterne Organe wirken gemeinschaftsfördernd, weil sie vom System höherer Ordnung (der Gemeinschaft) benutzt werden können, wie z.B. die Straßen, die Elektrizitätsnetze, das Internet u.a. Kommunikationsnetze. Diese körperexternen individuellen und gemeinschaftlichen Organe des Menschen und der Menschheit sind das Kennzeichen der Zivilisation. Sie sind kulturübergreifend und unabhängig von Staatsgrenzen, Sprachgrenzen und Glaubensgrenzen, sie sind global.

Die Philosophie lebender Systeme definiert daher:

Der Prozess der Zivilisation besteht in der Schöpfung und Ausbreitung köperexterner Organe durch extrazelluläre Vererbung.

1.6. Die Definition von System Mensch und System Menschheit

Über die körperinternen Organe brauche ich nicht zu sprechen, denn diese werden von der Medizin behandelt. Organon (griechisch) ist die Bezeichnung für ein Werkzeug.

Der Chemiker Wilhelm Ostwald, der den Menschen unter dem Gesichtspunkt der Energienutzung betrachtete, sagte im Jahr 1909: „Eine andere, noch viel weiter führende Überlegenheit [des Menschen über die Tiere und Pflanzen] liegt darin, dass der Mensch versteht, seine Zwecke auch mittels solcher Energien zu erfüllen, die nicht aus seinem Körper herrühren, sondern der Außenwelt entnommen sind. Dies war der entscheidende Schritt zu seiner Herrschaft über die Erde." (Wilhelm Ostwald: Energetische Grundlagen der Kulturwissenschaften. Philosophisch-soziologische Bücherei, Band XVI, Leipzig 1909, Verlag von Dr. Werner Klinkhardt, S. 81). Und: „Es handelt sich also, technisch gesprochen, um die Benutzung von Energien, die außerhalb der Epidermis des Menschen liegen, für Arbeitszwecke aller Art." (ebenda, S. 82,).
Die außerhalb der Epidermis des Menschen gelegenen Werkzeuge und Maschinen, die der Mensch zur Erreichung seiner Zwecke und Ziele nutzt, nennt die Philosophie lebender Systeme „körperexterne Organe". Entsprechend des Regelkreisdenkens werden sie auch als „körperexterne Effektoren" bezeichnet, da sie in der Regel als solche verwendet werden. Hass hat sie wie Ostwald unter dem Aspekt des Energiegewinns betrachtet und bezeichnet sie auch als „Energone". Ihre Struktur werde nicht vom Hersteller, beispielsweise dem Menschen, bestimmt, sondern von ihrer Energiequelle. „Die Energiequelle bestimmt darüber, wie die zu ihrer Erschließung notwendigen Funktionsträger beschaffen sein müssen. Bei Pflanzen ist es das Sonnenlicht, bei Tieren und **Menschen ist es organische Struktur**, bei **Berufskörpern und Erwerbsorganisationen ist es der Markt** als Sammelbegriff aller bestehenden Nachfrage." Die Umwelt (Selektion) entscheide über die Struktur des Energons. Wie Ostwald hat auch Hass ein energetisches Denken: eine aktive Energiebilanz bilde die Existenzgrundlage jedes Energons. (http://www.hans-hass.de/Schoepfung/Inhalt_Schoepfung.html)

Der Begriff „körperexterner Effektor" wurde zwar von der Philosophie lebender Systeme später geprägt, inhaltlich völlig gleich sprach jedoch schon Hans Hass von den „zusätzlichen Organen" des Menschen: „Während bei allen übrigen vielzelligen Organismen die Organe stets aus Zellen gebildet sind, wurde es dem Menschen möglich zusätzliche Organe künstlich herzustellen. Man denke etwa an das Messer, den Wurfspeer, das Boot und schützende Häuser. Der immense Vorteil dieser zusätzlichen Organe besteht darin, dass sie abgelegt und gegen andere ausgetauscht werden können. ... Gemäß der Energontheorie ist es sekundär, ob ein Organ mit dem übrigen Körper fest verwachsen ist oder nicht. ... Der Mensch wurde so zu einem Spezialisten in vielseitiger Spezialisation." (Hans Hass, http://www.hans-hass.de/). Und: „Im Anschluss an die Einzeller und Vielzeller entstand so die große Vielzahl von größeren Lebenseinheiten, die man, weil sie nur noch zum Teil aus Zellen bestehen, als „Hyperzeller" bezeichnen kann." Hass spricht auch vom „Leistungskörper" und definiert diesen als Summe von Zellkörper und seinen zusätzlichen Organen.

Die Philosophie lebender Systeme vertritt die gleiche Position und führte für die von Hass als „Hyperzeller" bzw. „Leistungskörper" bezeichnete Einheit den Begriff „System Mensch" ein, der nicht nur den Menschen innerhalb seiner Epidermis meint, sondern zusätzlich auch die körperexternen Organe, sein Geld und seinen Geist umfasst. Der Hass`sche „Hyperzeller" beinhaltet dann allerdings auch Produktionsstätten und Industriebetriebe (von Hass auch „Berufskörper" genannt), in denen mehrere menschliche Individuen tätig sind und die nach der Definition der PhilS zu den lebenden Systemen höherer Ordnung gerechnet werden.

Soweit zur Definition des Systems Mensch hinsichtlich der Zugehörigkeit seiner Werkzeuge und Maschinen zum Individuum, die ich also körperexterne Organe bezeichne.

Während Ostwald und Hass diese Erweiterungen des individuellen menschlichen Körpers unter energetischem Gesichtspunkt betrachten, hat die Philosophie lebender Systeme diese außerhalb des lebenden Körpers gelegenen materiellen Teile des Menschen auch unter dem Gesichtspunkt der Selbstentfaltung des Systems Mensch beschrieben und nimmt die Vererbung derartiger Organe zum Anlass, für den Menschen und die Menschheit eine eigene Kategorie im System der Pflanzen und Tiere aufzustellen, die „System Menschheit" bezeichnet wird und zum „System Einzeller", „System Pflanzen" und „System Tiere" hinzukommt.

Der Mensch ist kein Tier, sondern ein Mensch. Er hat sich aus tierischen Vorfahren entwickelt, hat jedoch einen neuen Erbweg eingeführt, indem er Erbinformation extrazellulär speichert.

Die Biologie beschäftigt sich mit Tieren und Pflanzen und hat unter dem Gesichtspunkt der Entwicklung von genetisch gespeicherten Merkmalen - ausgehend von Charles Darwin - die Evolutionstheorie aufgestellt. Danach ist die Entwicklung und Vervollkommnung genetisch gespeicherter äußerer Merkmale und Handlungsregeln (z.B: Instinkten) Ergebnis einer Überproduktion von Nachkommen und einer Selektion. Für das Tierreich gilt danach, dass niedere (natürlich auch höhere) Tiere zur Erhaltung ihrer Art neben der zu dieser Arterhaltung erforderlichen Nachkommenschaft von 2 Exemplaren (einem männlichen und einem weiblichen) Millionen weiterer Nachkommen produzieren (bei höherer Tieren sind es weniger), die den höher entwickelten Tieren als Nahrung dienen.

Der Mensch ist nach Auffassung der Philosophie lebender Systeme, bedingt durch eine völlig neue nichtgenetische Vererbung von Äußerlichkeiten und Fähigkeiten, gar nicht mehr genötigt, mehr Nachkommen zu produzieren als zum Überleben der Menschheit erforderlich sind. Dennoch tut er es unter dem Einfluss seiner genetischen Steuerung des Sexualtriebs, was nun zu einer Gefahr für das Überleben der Menschheit wird.

Ich betone noch einmal den Übergang der alten Vererbungsmethode mittels genetischer Datenspeicherung, der sogenannten Evolution, zur der neuen Vererbungsmethode körperlicher Eigenschaften des Menschen, die den Prozess der Zivilisation kennzeichnet.

Die genetische Vererbungsmethode der Evolution mittels Individuenüberschuss und Vernichtung des Überschusses, die beim Menschen weiterhin durch Krankheiten, Kriege und andere Massenvernichtung (z.B. durch Naturkatastrophen) erfolgt, ist mit der Entwicklung menschlichen Geistes praktisch abgeschlossen. Die Evolution genetisch gespeicherter Eigenschaften hat mit den geistigen Fähigkeiten, die den Menschen mittels seiner Hand auch befähigen, diese geistigen Eigenschaften in Realität umzusetzen und Werkzeuge und Maschinen zu bauen, einen Endpunkt erreicht und ist praktisch nicht mehr weiter zu vervollkommnen.

Die neuen körperexternen Organe des Menschen, die zu ihm gehören wie seine inneren und seine Fähigkeiten erweitern, sind nicht fest mit dem subepidermalen Körper verbunden, so dass deren Lebensdauer und deren Aufenthaltsort unabhängig von der/dem des Menschen ist. Schon Hass hat auf die Vorteile dieser „zusätzlichen“ Organe hingewiesen: der Mensch kann sie jederzeit austauschen und sich damit andere Fähigkeiten aneignen, sie können das Individuum überleben und im Stück (als Organ) vererbt werden. Schon hier sehen wir den anderen Erbgang: das körperexterne Organ kann so wie es ist auf die nächste Generation vererbt werden, falls diese es noch verwenden kann. Da Werkzeuge in der Regel schneller altern als der Mensch, ist dies jedoch eher selten. Die sinnvollste Vererbung dieser Art besteht darin, dass das Individuum seine derzeit nicht verwendeten Energiereserven in Form von Geld speichert und dieses Geld vererbt. Das macht den Nachkommen sicher mehr Freude, da sie dann selbst entscheiden können, für welche Zwecke sie die Erbschaft verwenden.

Das Geld ist der interessanteste neue körperexterne Bestandteil des Menschen, das ihn aus dem Tierreich hinaushebt. Geld ist ein ungeformtes „Organ“ und damit eigentlich kein Organ, sondern ein Energiespeicher, der in Werkzeuge und Dienstleistungen aller Art umwandelbar ist.

Geld ist ungeformte Energie.

Dieser Satz ist natürlich eine Tautologie, da Energie bereits diese Eigenschaft hat, ungeformt zu sein. Wie Energie in jegliche Energieform realisiert oder umgewandelt werden kann, wenn sie benutzt wird, so kann auch Geld durch seine Anwendung (Geldausgeben) diese oder jene Form annehmen.

Geld ist also eine typisch menschliche Art der Energiespeicherung.

Mittels der Vererbung von Geld hat der Mensch die Möglichkeit, die im Pflanzen- und Tierreich nur begrenzt vorhandene Vererbung von Energie (im Ei oder im Samenkorn usw.) nahezu unendlich auszudehnen. Schon dies würde dazu berechtigen, den Menschen als eigenes System dem System Tiere und dem System Pflanzen gegenüberzustellen.

Es kommt jedoch weiteres hinzu.

Wie wir sehen können, wenn wir die Entwicklung der Menschheit betrachten, haben sich die vom Menschen erfundenen Werkzeuge im Lauf der Zeit immer weiter entwickelt, verbessert und immer neue Nieschen erschlossen. Diese Parallelität zur Evolution genetisch gespeicherter Daten im Pflanzen- und Tierreich ist nicht zufällig, sondern hat einen inhaltlichen Grund.

Die PhilS bezeichnet diese Weiterentwicklung körperexterner Organe mit Hilfe der wissenschaftlich-technischen Methode auch als die „Evolution des Geistes“.

Die Evolution der genetisch gespeicherten Daten setzt sich in der Evolution des Geistes fort.

Diese Evolution des Geistes schlägt sich in der Entwicklung der Wissenschaften nieder. Auch so herum kann dies beschrieben werden.

Die kleinste Einheit der genetischen Evolution ist das Gen. Ein Gen, das sich in der Praxis als erfolgreich herausgestellt hat, überlebt, die anderen werden modifiziert. Dieses Überleben erfolgreicher Gene kann zum Teil zurückverfolgt werden bis zu den Einzellern, dann finden wir dieses Gen in allen nachfolgenden und jetzt lebenden Lebewesen wieder. Wie Haeckel festgestellt hat, durchläuft der Mensch in seiner Embryonalentwicklung alle Phasen der Evolution, was umgekehrt unter Verwendung des heutigen Wissens über die Gene, die Haeckel noch nicht kannte, bedeutet, dass der Mensch Träger aller erfolgreicher Gene seiner Vorfahren ist, aus denen er sich entwickelt hat.

Wie auch immer. Der Biologe weiß dies besser und könnte dies genauer beschreiben.

Der entscheidende Punkt ist: anstelle des Gens ist in der Evolution des Geistes die Idee getreten. Die Entwicklungsmethode ist jedoch die gleiche geblieben. Sie besteht darin, eine Überproduktion von Ideen und Variationen oder Abweichungen zu produzieren und durch Selektion - in der Wissenschaft übernimmt diese Funktion der Versuch – die erfolgreichen Ideen herauszufiltern.

Die Filterung übernimmt hier wie dort die Natur, die Umwelt, die Realität.

Eine Idee, oder wissenschaftlich ausgedrückt eine Hypothese, muss sich im wissenschaftlichen Versuch als „richtig“ erweisen. Allerdings ist diese Realität vom Wissenschaftler konstruiert worden, was bedeutet, dass die kreierte Hypothese für die Bedingungen, die der Wissenschaftler gesetzt hat, richtig ist, was natürlich noch nicht bedeuten muss, dass sie sich auch unter anderen Bedingungen, die die Realität bisweilen setzt, als richtig erweist.

Als wissenschaftlich richtig oder bewiesen gilt immer das, was dazu führt, dass seine Anwendungen in der Technik die vorhergesagten Ergebnisse zeitigt. Oder mit Ostwald gesprochen: bei gleicher Endleistung zu einer Reduzierung des Energieaufwandes führt.

Die Wissenschaftliche Entwicklung ist im Sinne der Philosophie lebender Systeme also eine Entwicklung von Ideen. Dabei ist die Entwicklungslinie vergleichbar mit der Entwicklung genetisch gespeicherter Daten, die von den Biologen als Evolution beschreiben wird.

Die Zahl der erfolgreichen Ideen nimmt im Lauf der Zeit immer zu, es bilden sich analog zu den verschiedenen Pflanzen- und Tierarten immer neue Zweige der Wissenschaft, für die andere Begriffe, also Ideen, die entscheidenden sind. Der Ausgangspunkt der Wissenschaftsgeschichte ist eine Grundidee, nämlich dass ich Gleiches als gleich wahrnehme, und daraus haben sich die gesamten Wissenschaften entwickelt.

Umgekehrt könnte natürlich auch die Evolution, wenn man von dem Sichtbaren abstrahiert, als eine Entwicklung von Ideen beschrieben werden. Denn ein Gen stellt ja lediglich einen materieller Datenträger einer Idee dar. Das Genom eines Lebewesens als Summe seiner Gene ist ja lediglich eine Summe von Anweisungen, ähnlich wie ein Konstruktionsplan zur Herstellung eines Automobils, das heißt ein Textinhalt, der natürlich auf irgendeinem materiellen Medium (Datenträger) geschrieben sein muss. Was wir in jedem Zellkern eines beliebigen Lebewesens als Genom vorfinden, ist ein Code mittels 4 Buchstaben, der in seiner Zelle gelesen und ausgeführt wird, es ist eine Anweisung, die die Zusammenstellung von Aminosäuren zu Eiweißen programmiert. Was da inhaltlich „gesagt" und „verstanden" wird, ist ebenfalls bereits etwas Geistiges. Und der Mensch beginnt seit einigen Jahren, diese „Sprache" zu entschlüsseln. Weil er selbst Sprache benutzt, mit der er geistige Inhalte ausdrückt, und er aufgrund der verschiedenen existierenden Sprachen und der ausgestorbenen Sprachen, die er entschlüsselt, geübt im Entschlüsseln ist, fällt es ihm relativ leicht, die Sprache der Gene zu verstehen. Rückblickend kann man also sagen, dass die Nucleotidsprache des genetischen Codes biologisch betrachtet die erste Sprache war, die ihren eigenen sich selbst vermehrenden Datenträger schuf, nämlich die biologischen Individuen. Diese haben inzwischen neue akustisch übermittelte Sprachen entwickelt, die ebenfalls zu ihrer Speicherung einen Datenträger benötigen, der nunmehr außerhalb des lebenden Körpers liegt. Die geistigen Inhalte, die Ideen, wurden im Beginn der Evolution genetisch, also intrazellulär, gespeichert, nunmehr jedoch körperextern, also extrazellulär.

Diese extrazelluläre Datenspeicherung markiert den Beginn dessen, was man den Prozess der Zivilisation nennen kann.

Es ist unter dem Gesichtpunkt des Bestehens in der Realität völlig gleichgültig, ob ein Organ des Menschen innerhalb seiner Epidermis liegt und durch einen genetischen Code hergestellt wird, oder ob es außerhalb seines Zellkörpers liegt, aus Nichtzellmaterial besteht und mit Hilfe eines menschlichen Sprachcodes konstruiert wurde.

Die außerhalb liegenden Organe haben sogar viele Vorteile, die Hass bereits seit 1960 immer wieder beschrieben hat.

Was bisher, wahrscheinlich in Unkenntnis der Genetik und der Computertechnik, die sich erst in den letzten Jahren entwickelt hat, nicht beachtet wurde, ist der andere Vererbungsweg dieser körperexternen Organe. Die Ergebnisse der wissenschaftlichen Forschung werden natürlich nicht genetisch gespeichert, sondern sie werden in Lehrbüchern und in den letzten Jahren auf Disketten, Festplatten, USB-sticks usw., also magnetisch gespeichert.

Das Entscheidende an dieser Datenspeicherung, die ursprünglich in Stein gemeißelt stattfand (Höhlenzeichnungen), später auf Papier in Büchern und magnetisch auf Festplatten, ist, dass sie körperextern auf menschengeschaffenen Datenträgern erfolgt.

Die Datenspeicherung und die Datenträger haben sich also ebenfalls seit dem Übergang von der Evolution zur Zivilisation weiter entwickelt.

Die ursprüngliche Datenspeicherung lebender Systeme ist die genetische. Die zu vererbenden Daten werden dabei intrazellulär gespeichert.

Die zweite Datenspeicherung ist die im Hirn der Tiere, die über dieses Organ verfügen. Das Hirn dient ja nicht nur der Datenumwandlung von elektrochemischen Reizen in taktile, olfaktorische, optische, akustische und andere Wahrnehmungen, sondern es ist zusätzlich ein Organ zur Speicherung von Daten. Diese Datenspeicherung, genannt „Gedächtnis“, ist eine Funktion dieses Organs, die für die Evolution entscheidend wichtig war. Sie befähigte das Individuum, ob Mensch oder Tier, zum Lernen, also zur Anpassung an Veränderungen der Umwelt, die innerhalb einer Generation stattfanden. Das Hirn befähigt seinen Träger nicht nur zu verschiedenen Wahrnehmungen, also zur Transformierung von materiell weitergeleiteten Sinnesreizen in Geistiges, sondern auch zur Begriffsbildung, die selbstverständlich ebenfalls geistige Leistung ist. Die Begriffe und gelernten Erfahrungen wurden ebenfalls, wie die genetisch gespeicherten Daten, lediglich an die nachfolgende Generation weitergegeben. Allerdings profitierten davon nicht nur die leiblichen direkten Nachfahren, sondern auch Mitmenschen. Der Nachteil dieser Datenspeicherungsart liegt jedoch darin, dass die auf diese Weise gespeicherten Daten mit dem Tod des Individuums gelöscht werden, falls sie nicht bereits vorher „vergessen“ wurden. Bei dieser zweiten Art der Datenspeicherung dient also ein im Körper liegendes Organ als Datenspeicher.

Das Kennzeichen des Menschen, das ihn aus dem Tierreich heraushebt, ist nun nach Ansicht der Philosophie lebender Systeme die dritte Art der Datenspeicherung.

Die dritte Art der Speicherung von Daten ist die Umwandlung von Begriffen und Sprache in Zeichen und die daraus resultierende Speichermöglichkeit außerhalb des Hirns, außerhalb des „Zellkörpers“. Diese Art der Datenspeicherung erlaubt nicht nur eine Weitergabe der Daten an alle lebenden Menschen, die diese Zeichen entziffern können, sondern an alle in Zukunft lebenden Menschen. Diese letztere Eigenschaft, Daten in die Zukunft transportieren zu können, hat sie mit den Genen gemeinsam. Allerdings können genetisch gespeicherte Daten immer nur an die Kinder eines Elternpaares weitergegeben werden, nicht jedoch an andere Individuen der gleichen Generation. Daher ist diese neue hirnexterne extrazelluläre Art der Datenspeicherung der genetischen Methode überlegen und erfüllt gleichzeitig deren Funktion der „Vererbung“ an zukünftige Generationen.

Diese Vererbung von Wissen in die Zukunft, die unabhängig ist von der Lebensdauer und der Zeugungsfähigkeit des Individuums, ist der letztendliche Grund, den die Philosophie lebender Systeme veranlasst, den Menschen aus dem Reich der Pflanzen und Tiere herauszuheben.

Der Transport von Daten in die Zukunft mittels genetischer Speicherung ist die Methode, die von allen Einzellern, Pflanzen und Tieren praktiziert wird.

Der Mensch hat eine neue Methode entwickelt, Daten in die Zukunft zu transportieren.

Das ist die der Speicherung seiner geistigen Daten außerhalb des Hirns, außerhalb des sterblichen Systems Mensch.

Und diese typisch menschliche Methode, Daten zu speichern und im Raum sowie in der Zeit zu verbreiten, kennzeichnet eine neues „Reich" neben dem Pflanzen- und Tierreich, das ich das „System Menschheit" oder das „Menschenreich" bezeichne.

Akteur dieses Datentransports ist das „System Mensch", das menschliche Individuum bestehend aus dem menschlichen Zellkörper einschließlich seinen Organen außerhalb seiner Epidermis, seinem Geld und seinem Geist.

1.7. Der Ausblick

Die PhilS (= Philosophie lebender Systeme) benutzt das kybernetische Modell Norbert Wieners und die Evolutionstheorie Darwins und seiner Nachfolger.

Mit der Übervermehrung hat sich die Biologie ausführlich beschäftigt, so dass ich dies nicht zu wiederholen brauche. Die Beschäftigung mit der Selektion ist bisher weitgehend vermieden worden. Deshalb ist hierzu einiges zu sagen. Die Pflanzenwelt und die Tierwelt wird von der Biologie in Arten aufgeteilt. Eine sexuelle Interaktion findet nur innerartlich statt, das heißt, die Individuen vermehren sich im Falle der zweigeschlechtlichen Vermehrung nur mit Individuen der gleichen Art. Dies nenne ich sexuelle Interaktion, weil im Ergebnis ein haploider Chromosomensatz des jeweiligen Elternteils zu einem diploiden verschmelzen. Bei diesem Vorgang, der eine Interaktion zwischen väterlichen und mütterlichen Genen darstellt, wird über die Eigenschaften des Kindes entschie-

den. Alle Kinder eines Elternpaares unterscheiden sich etwas, und diese Ungleichheit der Kinder ist eine Voraussetzung für die Evolution.
Nun zur Selektion. Die biologische Umwelt selektiert, sie entscheidet, welche der etwas ungleich verteilten Eigenschaften überleben und welche nicht. Innerhalb einer menschlichen Gemeinschaft besteht Selektion darin, dass Fähigkeiten mehr oder weniger gesellschaftlich oder finanziell belohnt werden.
Die wesentliche Grundlage der biologischen Entscheidungsmöglichkeit ist nach Ansicht der Phils nun nicht die materielle physikalische Umwelt, die selbstverständlich mit ihren täglichen, jahreszeitlichen und klimatischen Veränderungen ebenfalls eine große Rolle spielt, sondern die Eigenschaft der Datenträger, Nährstofflieferant für andere Arten zu sein. Ein Individuum besteht aus einem genetisch gespeicherten Datensatz in jeder Zelle (= Genkörper) und dem Rest des Individuums, der von den Genen durch hormonelle Steuerung zur Vermehrung dieses Datensatzes angeregt wird. Dieser Rest ist der Organismus, der als Datenträger und Vermehrer der Daten fungiert. Mengenmäßig stellt dieser „Rest“ natürlich den überwiegenden Anteil, während der in jeder Zelle genetisch gespeicherte Code materiell betrachtet nur einen ganz geringen Anteil des Individuums darstellt. Die PhilS teilt jedenfalls den lebenden Körper eines Individuums in diese beiden Teile, den genetisch gespeicherten Datensatz und den übrigen lebenden Organismus. Und diese lebenden Organismen dienen nicht nur der Verbreitung der Gene der eigenen Art, sondern überwiegend der Verbreitung der Gene anderer Arten, für die sie Nährstoffe zur Verfügung stellen.

Der geringste Teil der Nachkommen eines Elternpaares dient der Aufrechterhaltung des Bestandes der eigenen Art, der weitaus größte Teil der Nachkommen dient anderen Arten als Futter. Die Individuen der anderen Arten kann man daher als die Selektoren bezeichnen. Sie (und natürlich die Eigenschaften der Individuen der Futterarten) entscheiden darüber, welche Individuen, und damit welche Eigenschaften der Futter-Art, die genetisch determiniert sind, überleben. Damit kann die Veränderung der Eigenschaften von Futter-Tierarten und die Bildung neuer Arten als das Werk der Fresser-Arten betrachtet werden. Die Natur geht damit energiesparend vor und vermeidet Abfall. Die in den Futtertieren gespeicherte

Energie geht in das Fressertier über.

Ich möchte besonders darauf hinweisen, wer der Selektor ist, also derjenige, der die Selektion vornimmt. Es ist der „Rest“ des Individuums. Der lebendige Körper des Individuums abzüglich seiner Chromosomen ist die handelnde Einheit, der Effektor, der die Selektion vollzieht. Die genetisch gespeicherten Daten sind die steuernde Einheit, die die Sollwerte festlegen und durch Steuerung der Sexualhormonproduktion die sexuelle Interaktion (den Sexualtrieb) in Gang setzen.

Ausführende Einheit ist der Rest des Individuums, der die Interaktion mit dem anderen Geschlecht vollzieht und damit die Produktion von Nachkommen zur Erhaltung der Art und zur Fütterung der Fressart durchführt. Der Zellkörper der Individuen mit seinen inneren Organen zur Nahrungsaufnahme, seinen Effektoren, dem Bewegungsapparat, und gegebenenfalls dem Steuerorgan „Gehirn“ ist insgesamt die Handlungseinheit, die nicht nur durch ihre sexuelle Aktivität die Vermehrung durchführt, sondern durch seine Nahrungsaufnahme die Selektion der Arten übernimmt, die ihm als Nahrung dienen. Insgesamt bezeichnet die PhilS ihn als Datenträger. Dieser Datenträger selektiert die Beutetiere oder die Pflanzen, die ihm als Nahrung dienen. Ja selbst die Beutetiere wirken als Selektor für ihre Fressfeinde, indem sie durch Entwicklung besserer Abwehrwaffen und Verteidigungsstrategien dem Jägertier das Fangen erschweren. Es handelt sich hierbei um Regelkreise zwischen Jäger und Opfer, die die Tendenz haben, sich in einem Gleichgewicht einzupendeln. Die Eigenschaften, die dabei im Lauf der Evolution verbessert werden, sind einerseits die Schnelligkeit und Wendigkeit, aber auch die Tarneigenschaften. So kann die Evolution insgesamt als Vorgang beschrieben werden, der durch einen Feedback-Mechanismus quasi naturgesetzlich zu einer stetigen Verbesserung bestimmter überlebensnotwendiger Eigenschaften führt und dadurch auch die Hirnleistung der Tiere ständig verbessert hat, deren Hauptaufgabe im Vergleichen und Rechnen besteht (s.o.).

Die Frage der PhilS ist nun, auf Grund welcher Anlässe die Selektion im Menschenreich durchgeführt wird. Da der Mitmensch nicht verzehrt wird, was in Urzeiten der Fall gewesen sein könnte, müssen hier andere Selektionsanlässe zu finden sein, denn die Evolution kann als Naturvorgang nicht plötzlich mit der Entwicklung des Menschen aufhören.

Wie schon gesagt, kann man das Pflanzen- und Tierreich in Arten einteilen, die sich untereinander nicht vermehren bzw. bei denen es keine sexuelle Interaktion gibt. Sexuelle Interaktion gibt es nur innerhalb der Arten. Die Menschheit (die Tierart Mensch) teilt sich auf eine andere Weise, nämlich durch die Sprachentwicklung, die regional erfolgt. Eine Kommunikation kann dadurch nur innerhalb einer Sprachgemeinschaft stattfinden, wodurch der sexuellen Interaktion Grenzen gesetzt sind. Die Ausbreitung und Entwicklung der genetisch gespeicherten Daten erfolgt somit weitgehend nur innerhalb einer Sprachgemeinschaft. Ein Übertreten dieser Regel ist zu Urzeiten vermutlich mit kriegerischen Aktionen der Männer des Stammes beantwortet worden, wenn ein weibliches Stammesmitglied mit einem Mann des Nachbarstammes sexuell interagierte. Dieses Thema wurde noch in der Literatur des klassischen Griechenlands von Homer bearbeitet. Die PhilS sieht beispielsweise den Trojanischen Krieg als sehr späte Auseinandersetzung zwischen Sprachgemeinschaften nach diesem Schema. Auch die noch spätere germanische Erzählung des Nibelungenliedes verarbeitet dieses Thema. Grundsätzlich betrachtet die PhilS kriegerische Auseinandersetzungen zwischen Stämmen und Staaten als selektorische Handlungen. Der Mitmensch ist hier nicht als Lieferant von Nährstoffen von Interesse und wird nicht verspeist, sondern die gegengeschlechtlichen Mitglieder des Nachbarstammes üben wegen ihrer Unterschiedlichkeit von den gegengeschlechtlichen Mitgliedern des eigenen Stammes einen besondern Reiz aus. Dieser besondere Reiz des Fremden ist genetisch festgelegt, weil die sexuelle Interaktion zu desto breiterer Unterschiedlichkeit der Nachfolgegeneration führt, je größer die genetischen Unterschiede der Elterngeneration sind. Eine sexuelle Interaktion mit fremden Genen ist der Evolution förderlich. Der Anlass von Selektionsmaßnahmen, also der Kriege, innerhalb der Art Mensch könnten also die äußeren Unterschiedlichkeiten sein, der größere Reiz der Sexualpartner, die zu Konflikten zwischen Nachbarstämmen führen. Sie werden als kriegerische Auseinandersetzungen zwischen den Männern der Stämme geführt, die damit enden, dass die Männer des gegnerischen Stammes ermordet werden und die Frauen des besiegten Stammes begattet werden. Derartige Kriege dienen demnach einerseits der Selektion, also der Verminderung des Geburtenüberschusses, und andererseits im positiven Sinne der Evolution, der Vermischung genetisch gespeicherter Daten.

Nach einer Phase der menschlichen Selektion aufgrund des Ernährungsinteresses (kannibalistische Phase), wird es vermutlich das sexuelle Interesse gewesen sein, das eine zweite Phase der Evolution im Menschenreich kennzeichnete. In diesen Phasen der menschlichen Evolution sind vermutlich auch aus Ritualen Religionen entstanden, die den psychischen Sinn hatten, das schlechte Gewissen der Täter zu beruhigen.

Danach kam es jedoch zu einer wesentlichen Änderung der Grundlage für diese kriegerischen selektiven Auseinandersetzungen zwischen verschiedenen menschlichen Gemeinschaften. Während es sich im Beginn um Sprachgemeinschaften handelte, die sich durch unterschiedliche Begriffe für gleiche Objekte unterschieden, kam es durch die Entwicklung von Religionen im weiteren Verlauf der menschlichen Evolution zusätzlich zu Unterschieden des Glaubens. Die Trennung zwischen den menschlichen Gemeinschaften wurde verfestigt, indem zu der sprachlichen Trennung eine Glaubenstrennung hinzukam. Damit konnten auch unterschiedliche Glaubensinhalte zum Anlass für kriegerische Auseinandersetzungen werden. Die Nachbargemeinschaft konnte wegen ihrer anderen Glaubensinhalte als minderwertig angesehen werden, was die Hemmschwelle erniedrigt, deren Mitglieder zu töten. Religion bekam dadurch die Funktion, Massenmorde an der Nachbargemeinschaft zu rechtfertigen, und das bereits im Vorhinein. Dies ist jedoch lediglich ein Mittel der Kriegsvorbereitung, jedoch keine Grundlage für kriegerisch-selektierende Aktionen.

Die Grundlage der nächsten Phase, die auch den Umschwung von der Evolution zur Zivilisation kennzeichnet, war die Entwicklung von Werkzeugen und Maschinen, nämlich die Entwicklung der körperexternen Organe des Menschen, die seine Fähigkeiten vergrößerten, seinen Energieaufwand verringerten und deren Herstellungsanleitungen extrazellulär gespeichert werden konnten. Mit der Herstellung von austauschbaren Waren, Werkzeugen, Kriegsgeräten und Maschinen wurden die Bodenschätze interessant, die man zu deren Produktion benötigte. Kriege als selektierende Aktionen wurden nunmehr mit dem Ziel durchgeführt, die Produktion dieser körperexternen Organe zu steigern, also sich in den Besitz der Bodenschätze zu bringen, die dazu benötigt wurden. Wir befinden uns nunmehr im Zeitalter der Kolonisierung. Auch noch die Kriege des 20. Jahrhunderts hatten diesen Hintergrund.

Inzwischen hat die Zivilisation jedoch eine neue Art der Inbesitznahme dieser Bodenschätze hervorgebracht. Mit der industriellen Herstellungsweise derartiger körperexterner Organe und der damit verbunden Massenanfertigung und mit der Erfindung des Geldes hat sich einerseits die Einsicht eingestellt, dass die menschlichen Individuen als Käufer dieser Waren benötigt werden, was gegen ihre Reduktion durch Massenmorde (Kriege) spricht. Andererseits ist die Bedeutung der Staaten als handelnde Entitäten für außenpolitische Maßnahmen (z.B. Kriege) zurückgegangen, weil sich andere, nämlich wirtschaftliche, Möglichkeiten entwickelt haben, sich in den Besitz von Boedenschätzen zu bringen. Hierfür ist ein Krieg inzwischen zu einer zu kostenaufwändigen Methode geworden.

Der Handel, also der friedliche Austausch von Gütern, ist durch die Hochrüstung die preiswertere Methode geworden, an den Besitz von Rohstoffen zu gelangen. Die global tätigen Konzerne sind inzwischen mächtiger als die Nationalstaaten geworden. Das Interesse, in den Besitz von Rohstoffen zu gelangen, muss nicht mehr mit kriegerischen Mitteln durchgesetzt werden, die noch bis in das 20. Jahrhundert hinein die wesentliche selektorische Maßnahme der Menschheit waren. Da jedoch gleichzeitig die Geburtenrate global unverändert hoch ist, was einerseits im Interesse der Religionen liegt, andererseits im Interesse der Wirtschaft nach mehr „Absatz", steigt die Erdbevölkerung unaufhörlich an und ist zum Existenzproblem der Menschheit geworden. Dies wird leider in der Öffentlichkeit dadurch vertuscht, dass das Problem von der anderen Seite geschildert wird. Statt von Überbevölkerung zu sprechen, wird von Nahrungsknappheit gesprochen. Erdbevölkerung und Nährstoffe müssen in einem Gleichgewicht sein. Verschiebt sich dieses Gleichgewicht zugunsten der Menschenzahl, ist relativ dazu die Nahrung knapp. Die Lösung kann allerdings in Zukunft nicht darin bestehen, die Produktion von Nahrungsmitteln zu erhöhen, sondern muss darin bestehen, die Erdbevölkerung zu senken. Die Größe der Erde muss in Beziehung zur Menschenzahl mit ihrem Ernährungsbedürfnis gesetzt werden. Die Menschheit kann die Größe der Erde nicht ihrer eigenen Größe anpassen, sie muss sich selbst der Größe der Erde anpassen. Bisher ist dies durch selektorische Maßnahmen, wie Kriege, geschehen. In Zukunft sollte dies durch eine Anpassung der globalen Geburtenrate an die Erdgröße geschehen.

2.
Zivilisationstheorie

2.1. Der Beitrag der Umwelt an der Entwicklung neuer Arten

Die Bildung von neuen Arten erklärt die PhilS zunächst entsprechend den Darwinschen Vorstellungen. In einigen Punkten weicht sie etwas von den Hypothesen einiger Evolutionstheoretiker ab, die ein schöpferischen Prinzips annehmen, um die Geschwindigkeit der Evolution zu erklären. Ein schöpferisches Prinzip ist zwar beim Menschen verwirklicht. Dieses kann jedoch nicht genetisch vererbt werden. In diesem Zusammenhang wird auch gern die „Selbstorganisation“ oder Autopoiese (Maturana, Verela) herangezogen. Diese erklärt jedoch lediglich Selbsterhaltungsprozesse, so dass die PhilS bei der Erklärung der Evolution und Zivilisation nicht auf sie zurückgreift. Sie begnügt sich mit den beiden Faktoren (Mitteln), die bereits Darwin zur Erklärung der Entstehung neuer Arten herangezogen hat, der „Übervermehrung“ und der „Selektion“.

Unzweifelhaft neigen lebende Systeme augenscheinlich zu "Übervermehrung". Das ist eine Voraussetzung der Darwinschen Evolution, zu der dann noch die Selektion hinzukommt. Wenn man an den zuerst entstandenen Einzeller (= Urzelle) denkt, der sich durch Teilung vermehrt, handelt es sich jedoch gar nicht um eine "Übervermehrung". Dieser Begriff entstammt einem späteren (menschlichen) Denken, das willkürlich die Vermehrungsrate einer zweigeschlechtlichen Tierart, die der Konstanthaltung ihrer Population dient, als „normal“ definiert. Damit wird jede Vermehrungsrate, die zur Vergrößerung des lebenden Systems höherer Ordnung (hier der Art) führt, eine Übervermehrung. Ich nenne dies gern "Überproduktion von Nachkommen".

Tatsächlich ist der Urzustand des Lebens aber die unbegrenzte Vermehrung. Diese unbegrenzte Vermehrung ist Ausdruck einer Kraft, die das Leben im Vergleich zu nichtlebenden Systemen, aus denen Leben sich entwickelt hat, entfaltet. Organisieren sich Systeme zu einem System höherer Ordnung, das eine neue Entität darstellt, können dabei neue Eigenschaften entstehen (das Stichwort Emergenz kann dazu gern im Internet vertieft werden). Ich nenne sie hier "Selbstentfaltung". Sie bewirkt die ständige Vermehrung und damit die Vergrößerung des sich durch Teilung der Urzelle bildenden übergeordneten lebenden Systems (der Art). Wäre die Erdoberfläche nun unbegrenzt und gleichmäßig zusammengesetzt, würde sich dieses lebende System "Urzelle" noch heute unverändert ausbreiten. Evolution kommt nun aber dadurch zustande, dass die Umweltverhältnisse wechselhaft sind (Tageszeiten, Jahreszeiten und Klimaveränderungen) und begrenzt sind. Da die Ressourcen begrenzt sind, kommt es zu Konkurrenz, zu Kampf, zu Krieg, kurz: zu Selektion.

Diese Begrenzung der Ressourcen und deren Veränderungen stellt eine Gegenkraft dar, die der Ausbreitung des Lebens (seiner Selbstentfaltung) entgegengesetzt ist. Die Kräfte der nichtlebenden Natur und die Selbstentfaltungskraft (Vermehrungskraft) der lebenden Natur sind ab einem bestimmten Punkt entgegengesetzt (so wie sich ein Gas nicht weiter ausbreiten kann, wenn ich es in einem begrenzten Gefäß erhitze. Es erfolgt dann eine Druckerhöhung mit der Möglichkeit, dass sich die Struktur des Gases ändert und sich neue Eigenschaften bilden). Die Schöpfung, das Neue, die neue Art, ist also das naturgesetzliche Ergebnis des Zusammentreffens von 2 Kräften. In der Evolution sind dies die Ausbreitungskraft der lebenden Systeme und die Gegenkräfte der Umwelt, die dazu führen, dass sich neue Arten bilden. Der Unterschied zur Annahme einer "schöpferischen Kraft" oder einer "Anpassung" liegt darin, dass nicht das lebende System etwa eine neue Kraft der Neuschöpfung entfaltet, sondern dass die Neuschöpfung die Resultante aus verschiedenen entgegenwirkenden Kräften ist. Für die Neuschöpfung von Arten ist also nicht nur das lebende System mit seiner Ausbreitungskraft verantwortlich, sondern ebenso die unbelebte Natur, also die Umwelt mit ihren gegengerichteten Kräften.

Der Regelkreis, der zur "Übervermehrung" führt, ist nun kein Regelkreis mit negativer Rückkopplung, sondern einer mit positiver Rückkopplung: das Leben ist die positive Rückkopplung, das positive Feedback des Systems, das damit zu einem lebenden wird. Vermehrt es sich jedoch "zu stark", wird eine übergeordnete negative Rückkopplung in Gang gesetzt (Frederic Vester).

2.2. Die Definition von Zivilisation und Kultur

Die Begriffe „Zivilisation“ und Kultur werden häufig, und besonders von Philosophen (z.B. Marcuse, L.: Triebstruktur und Gesellschaft. Suhrkamp, Frankfurt am Main. 1970), synonym gebraucht. Die Philosophie lebender Systeme hat eine eigene Definition von Zivilisation, die die Menschheit als Ganzes betrifft.

Zivilisation wird von mir als Fortsetzung der Evolution mit den gleichen Methoden auf anderer (geistiger) Ebene verstanden. Die Biologie entdeckt Entwicklungsregeln lebender Systeme, nämlich die Regeln der Evolution, scheint aber zu meinen, dass diese Regeln für eine Tierart, nämlich den Menschen, nicht gelten. Tatsächlich setzt sich natürlich die Evolution beim Menschen fort und hat hier ein spezifisches Erscheinungsbild. An die Stelle der Arten, die sich im Lauf der Evolution durch Überproduktion von Genträgern (= Individuen) und deren Selektion entwickeln, treten beim Menschen infolge der Sprachentwicklung die Staaten, und die Kriege übernehmen die biologische Selektionsfunktion. Die Individuen spielen bei der Evolution eine wichtige Rolle bei der Vermehrung der genetisch gespeicherten Daten. Durch die sexuelle Betätigung sorgen die zweigeschlechtlichen Arten, zu denen auch der Mensch gehört, dafür, dass ein enormer Überschuss an Nachkommen produziert wird, der in der Regel überwiegend als Futter für andere Arten Verwendung findet. Dies ist das zweite Evolutionsmittel der Natur, das von Biologen „Selektion“ bezeichnet wird und das dazu führt, dass sich die genetisch gespeicherten Daten im Verlauf der Evolution immer weiter dahingehend vervollkommnen, dass sich deren Träger, die Individuen, gegen lebensfeindliche Umweltbedingungen immer besser durchsetzen. Die Tierart Mensch handelt als biologisches Wesen ebenso, hat allerdings inzwischen keine Fressfeinde mehr. Die Beseitigung des Überschusses an Nachkommen muss sie weitgehend selbst übernehmen. Aufgrund seines Gefühlslebens, insbesondere seiner genetisch gesteuerten sexuellen Verhaltensweisen, hat der Mensch offensichtlich Probleme, diesen Überschuss selbst bewusst zu vermeiden. Er müsste Selektionskriterien oder Geburtenbeschränkungen haben oder schaffen. Dies stößt offensichtlich auf starke Gefühle, die das verhindern. Zur Lösung dieses Problems erfindet er zur Durchführung aktiver Selektion durch Kriege Ideologien, die die Mitglieder des eigenen

Stammes, Volkes oder Staats als „gut" definieren und die Menschen anderer Ideologien oder anderer Verhaltensweisen, als „schlecht", „minderwertig", „böse" und unterstellt diesen aggressive Absichten gegenüber den Mitgliedern des eigenen Staats. Mit Hilfe derartiger Ideologien, die auch einen sogenannten „religiösen" Charakter haben können, gelingt es den Staaten - wenn auch unvollkommen -, den Bevölkerungsüberschuss durch Massenmord an andersdenkenden Menschen zu vollziehen. Dass bei einem derartigen Krieg natürlich auch Menschen des eigenen Staats ihr Leben lassen müssen, ist selbstverständlich vorher bekannt, wird jedoch in der Regel nicht als Gegenargument benutzt. Die Individuen der kriegführenden Nationen oder Völker sind in jedem Fall die Leidtragenden derartiger Selektionsaktionen der Staaten, ganz egal, wer einen derartigen Krieg begonnen hat oder wer daran die „Schuld" trägt oder am meisten davon profitiert. Im Grunde handelt es sich um biologische Abläufe, die jenseits von gut und böse sind. Dass der Verlierer eines Krieges die Schuld übernehmen muss, weil der Sieger natürlich die Definitionsmacht hat, dieses menschenspezifische Beiwerk ist der Evolution egal.
Das Individuum ist also auch beim Menschen bei der Entwicklung von genetisch gespeicherten Daten immer nur Effektor (Ausführender von Anweisungen), dessen genetisch gespeicherter Auftrag darin besteht, einerseits für Überschuss an Nachkommen zu sorgen und andererseits die Arbeit der Selektion, also des Tötens, zu übernehmen. Der Mensch setzt also zunächst die tierischen Methoden der Evolution (Überschuss an Nachkommen und Selektion) mit eigenen menschenspezifischen Verhaltensweisen fort. Die Kriegführung ist dabei eine biologisch determinierte Verhaltensweise, die zwingende Folge der Produktion von Nachkommensüberschuss. Als biologisches oder tierisches Verhalten liegt sie im übrigen jenseits von moralischen Wertungen. Sie ist ein Phänomen, das sich logisch aus der Überproduktion von Nachkommen bei nicht wachsender Erdoberfläche und nicht steigenden Nahrungsressourcen ergibt.

Dieser biologisch durch genetisch gespeicherte Verhaltensprogramme gesteuerte Prozess wird jedoch von dem überlagert, was ich als „Zivilisation" definiere. Deshalb gibt es für mich nur eine Zivilisation, wie es auch nur eine Evolution gibt. Zivilisation ist die Fortsetzung der Evolution auf geistiger Ebene aber mit gleichen

Mitteln. Da an die Stelle der Übervermehrung von Individuen die Übervermehrung von Ideen und Hypothesen und anstelle der Kriege der wissenschaftliche Versuch tritt, werden Massenmorde überflüssig. Das tatsächliche Verhalten des Menschen und der menschlichen lebenden Systeme höherer Ordnung ist also in der Gegenwart eine Mischung von evolutionär determinierten Verhaltensweisen (Vermehrung genetisch gespeicherter Daten durch Überproduktion von Individuen und Selektion durch aggressives Verhalten) und zivilisatorischem Verhalten (wissenschaftlich-technischer Entwicklung körperexterner Organe).

Nebenbei sei noch bemerkt, dass sich der Prozess der Zivilisation in verschiedenen Kulturen jeweils spezifisch äußern kann. Es gibt also viele Kulturen aber nur eine Zivilisation.

Der Beginn der Zivilisation ist jedoch eng mit dem Begriff „Kultur" verbunden, weil die Kultivierung des Bodens, der Übergang vom jagenden Menschen zum sesshaften Menschen, der Ackerbau und Viehzucht betreibt, auch als Beginn der Zivilisation angenommen werden kann.

Entscheidend sind jedoch nicht äußere Verhaltensweisen, wie jagen oder Viehzucht betreiben, sondern die Veränderungen, die sich in der Psyche des Menschen abgespielt haben.

2.3. Die Theorie Freuds über den Beginn von Zivilisation und Kultur

Sigmund Freud und vielen anderen geht es wie auch mir bei der Frage der Zivilisation um die psychischen Veränderungen des Menschen, die die Entwicklung zum gegenwärtigen Menschen kennzeichnen. Auch Marcuse beruft sich in seiner Gesellschaftskritik, die auch als Kulturkritik oder Zivilisationskritik (da er die Begriffe gleichbedeutend benutzt) verstanden werden kann, auf Freud.

Als Beginn der Kulturentwicklung sieht Freud den Vatermord durch den Clan der Söhne im Rahmen einer ödipalen Situation: die Söhne konkurrieren mit dem Vater um die Mutter. Der Vater droht in diesem Kampf den Söhnen mit Kastration. Die Söhne in der Ursituation der Kultur verbünden sich und töten daraufhin den Vater. Es resultiert ein schlechtes Gewissen und es bleibt eine Verdrängung der Sexualität.

Diese Verdrängung der Sexualität sei der Ursprung der Kultur. Zivilisation wird interpretiert als Sublimierung. Sie hat damit eine Funktion bei der Abwehr von Sexualität. Entwicklung von Kultur und Zivilisation habe also begonnen und sei verknüpft mit einer Unterdrückung sexuellen Verhaltens durch den Urvater. Der Vatermord hinterließ ein schlechtes Gewissen und führte zu einer Haltung der Unterwerfung unter Normen und Gesetze.

Wie begründet Freud seine These?

In Totem und Tabu (Sigmund Freud 1912-1913) hat er dies erläutert.

Zunächst führt er die Inzestscheu der „Wilden", der Naturvölker, an (z.B. S. 299) sowie deren Sprache, die keinen Begriff für Vater und Mutter habe, sondern nur für die männlichen und weiblichen Stammesmitglieder, die seine Eltern hätten sein können. Alle Kinder würden dort mit den Begriffen für Brüder und Schwestern bezeichnet. Ursprünglich sei die Gruppenehe der Einehe vorausgegangen, was sich nun noch in der Sprache manifestiere, folgert Freud. Folgerichtig gelte das Inzestverbot für die Gruppe und verbiete den Geschlechtsverkehr zwischen Mitgliedern der Gruppe (Stamm), so dass der Sexualpartner aus einer benachbarten Gruppe gewählt werden müsse. In dieser „Inzestscheu der Wilden" sieht Freud eine Parallele zu seinen neurotischen Patienten (ebenda, S.310). Sie verbiete insbesondere den Geschlechtverkehr mit dem attraktivsten Objekt für den Knaben, nämlich mit seiner Mutter. Dieses Inzestverlangen sei der Kernkomplex der Neurose. Dieser Inzest sei ein sogenanntes „Tabu", ein Begriff, der einerseits das Heilige bezeichne, andererseits das Verbotene. Die Herkunft solcher Tabuverbote sei unbekannt. Sie seien älter als die Religionen (die Götter). Der Begriff habe den Dämonismus überlebt und sich bis in die Gegenwart als strafgesetzliches Verbot erhalten. Im Seelenleben der Neurotiker hätten Tabus weiterhin eine große Bedeutung, insbesondere bei der Zwangsneurose, die man auch als „Tabukrankheit" bezeichnen könne (ebenda, S. 318). Das Wesen dieses Tabus sei, dass der Betreffende ein derartiges Gebot (oder Verbot) einhalte, selbst wenn es nicht unter Strafandrohung stehen würde. Dies sei charakteristisch für Verhaltensregeln des „Gewissens". Derartige Verhaltensvorschriften, die in der gegebenen Gesellschaft maßgeblich seien, seien der wesentliche Inhalt dessen, was

Freud als „Über-Ich“ bezeichnet. Möglicherweise könnte es sich auch um ein psychisches Erbe handeln, einen „ererbten psychischen Besitz“, spekuliert Freud (ebenda, S. 323), also um Verhaltensregeln, die gar nicht mehr erlernt zu werden brauchen.
Übertrete der Betreffende ein Tabu, fürchte er im Grunde die Rache der Götter. Aus diesem Grund seien Tabus verhaltensbestimmend.

Tabus betreffen nicht nur die sexuellen Beziehung zwischen Verwandten, sondern auch den Umgang mit Feinden. Durch rituelle Handlungen würden sie im Falle der Tötung eines Feindes eine nachträgliche Versöhnung mit diesem Feind zum Ziel haben, Sühnehandlungen und Reinigungszeremonien vorschreiben. Dies seien Mittel, um aus früheren Feinden, die getötet wurden, Wächter, und Beschützer zu machen. Der abgehackte Kopf des getöteten Feindes werde unter Umständen monatelang aufbewahrt und hervorragend beköstigt (ebenda, S. 329). Beispielsweise dürfe der siegreiche Mörder bei seiner Rückkehr auf Timor zunächst 2 Monate lang nicht in seine Hütte zu seiner Frau und müsse gefüttert werden, weil er kein Essen berühren dürfe. „Das Tabu ist ein Gewissensgebot, seine Verletzung lässt … Schuldgefühl entstehen, …“ (S. 358). Tabuisierte Regungen oder Handlungen machen ein gesetzliches Verbot überflüssig. Auch den Herrschern der Primitiven gegenüber beständen Tabus, die darauf schließen lassen würden, dass tatsächlich eine starke Versuchung vorhanden sei, diese (seien es Könige oder Priester) zu töten oder deren Leichen zu misshandeln (S. 359). Vergleichbare gewaltsame Phantasien, die eine Befriedigung derartiger Wünsche darstelle, finde man in den Träumen von Neurotikern. Der Bildung eines Verbots, sei es ein Tabu oder eine moralische Vorschrift, liege in der Regel eine böse Regung zugrunde. Die Ausführung dieser bösen Regung sei mit Todesstrafe bedroht (S. 362). Wenn der Neurotiker angeblich seinen Vater liebe, sei dies die Überbetonung der gegenteiligen unbewussten Regung und diene deren Abwehr. Der eigentliche Wunsch, die tatsächlichen mörderischen Phantasien dem Vater gegenüber würden auf diese Weise unbewusst bleiben. Sozialverhalten beruhe also darauf, dass die gegenteiligen Absichten im Unbewussten vorhanden wären und abgewehrt werden müssten. Die Menschheit habe drei große Denksysteme, Weltanschauungen hervorgebracht, die animistische (mythologische), die religiöse und die wissenschaftliche (S. 366). Die psychischen Mechanismen des neurotischen Menschen ähneln auch heute in gewisser Weise animistischen Denkmustern. So sei das Schuldbewusstsein des Zwangsneurotikers nicht real begründet, weil er tatsächlich keine Massenmorde begangen habe, es entspräche jedoch seinen unbewussten Phantasien: „es fußt auf den intensiven und häufigen Todeswünschen, die sich in ihm unbewusst gegen seine Mitmenschen regen." (S. 375). „Im animistischen Stadium [der Menschheitsentwicklung] schreibt der Mensch sich selbst Allmacht zu, im religiösen hat er sie den Göttern abgetreten, … . In der wissenschaftlichen Weltanschauung ist kein Raum mehr für die Allmacht des Menschen, er hat sich zu seiner Kleinheit bekannt …." (S. 376). Animistisches Denken sei jedoch weiterhin unbewusst vorhanden und zeige sich bei neurotisch Kranken, die sexuelle aber auch aggressive Wünsche verdrängen. Die mehr oder weniger erreichte Vollständigkeit dieser Triebverdrängung könne „als ein Maß des erreichten Kulturniveaus" (S. 385) aufgefasst werden. Freud führt nun einerseits das Beispiel einer Totemmahlzeit an, bei der der Clan ein Totemtier grausam umbringe und es roh verzehre (S. 424) und offeriert in Zusammenhang mit der Urhorde, in der nach Darwin die Vorläufer des Menschen zusammengelebt haben, folgende Erklärung für diese Totemmahlzeit: „Eines Tages taten sich die ausgetriebenen Brüder zusammen, erschlugen und verzehrten den Vater und machten so der Vaterhorde ein Ende. Vereint wagten sie und brachten sie zustande, was dem Einzelnen unmöglich geblieben wäre. … Dass sie den Getöteten auch verzehrten, ist für den kannibalen Wilden selbstverständlich. Der gewalttätige Urvater war gewiss das beneidete und gefürchtete Vorbild eines jeden aus der Brüderschar gewesen. Nun setzten sie im Akte des Verzehrens die Identifizierung mit ihm durch, eigneten sich ein jeder ein Stück seiner Stärke an." (S. 426). „Sie hassten den Vater, der ihrem Machtbedürfnis und ihren sexuellen Ansprüchen [auf seine Frauen, die „Mutter"] so mächtig im Wege stand, aber sie liebten und bewunderten ihn auch. Nachdem sie ihn beseitigt, ihren Hass befriedigt und ihren Wunsch nach Identifizierung mit ihm durchgesetzt hatten, mussten sich die dabei überwältigten zärtlichen Regungen zur Geltung bringen. Es geschah in der Form der Reue, es entstand ein Schuldbewusstsein. …So schufen sie aus dem Schuldbewusstsein des Sohnes die beiden fundamentalen Tabu des Totemismus, die eben darum mit den beiden verdrängten Wünschen des Ödipuskomplexes [den Vater zu töten und mit der Mutter sexuell zu verkehren] übereinstimmen mussten." (S. 427) Da die Brüder natürlich nicht alle mit der Mutter sexuell verkehren konnten, errichteten sie das Inzesttabu, das allen den Inzest mit der Mutter verbot und auf diese Weise Frieden zwischen den Brüdern stiftete. An die Stelle der Vaterhorde trat der Brüderclan.

Diese Konstellation finde sich in vielen Religionen aber sei auch in kulturellen Verhaltensweisen wiederzufinden: so stelle die Bearbeitung des Bodens (Ackerbau) eine symbolische Befriedigung des Wunsches nach sexueller Vereinigung mit der Mutter dar (Mutter Erde). Die Beseitigung des Urvaters durch die Brüderschar habe auch in der Kunst Spuren hinterlassen, die Freud als Indizien dafür anführt, dass seine These vom Beginn der Kultur zutreffe.

Diese Erklärung der Entstehung von Kultur ist nicht nur deshalb von Bedeutung, weil sie das Denken einer Generation (der „68er") beeinflusst hat und auf die Philosophie gewirkt hat (siehe Ludwig Marcuse), sondern weil die Entwicklung der Kultur mit psychischen Veränderungen der Individuen einhergegangen ist, die sich auch heute auffinden lassen.

Freud macht hier (und in vielen anderen Aufsätzen, in denen Krankengeschichten von Neurotikern als Beweise angeführt werden) die psychische Instanz des „Über-Ich" plausibel. Das Phänomen des „schlechten Gewissens" wird auch heute jedem Menschen, der über Introspektionsfähigkeit verfügt, bekannt sein, wie auch die Wirksamkeit von psychisch verankerten Geboten und Verboten, die er auch ohne entsprechende gesetzliche Grundlage und deren Sanktionsandrohungen einhält. Moralische Bedenken, ethische Vorstellungen usw. sowie das schlechte Gewissen sind wohl psychische Phänomene, deren Existenz im strengen Sinn nicht nachweisbar ist, weil sie etwas nicht direkt sichtbares oder messbares darstellen, allerdings sind sie an bestimmten Auswirkungen erkennbar. Die Zusammenfassung derartiger Vorstellungen über sozial korrektes und inkorrektes Verhalten als „Über-Ich" erscheint der Philosophie lebender Systeme sinnvoll, so dass sie den Begriff des Über-Ich übernimmt. Dass hier Vorstellungen, die materiell nicht fassbar sind, sichtbare Veränderungen des Verhalten zur Folge haben, zeigt im übrigen grundsätzlich, dass Geistiges, nämlich Denkinhalte oder

Vorstellungen, auf Materie, die der Mensch zweifellos ebenfalls ist, wirken kann. Interessant ist in diesem Zusammenhang auch die Vorstellung Freuds, dass die Energie, die zur Durchführung von Handlungen grundsätzlich erforderlich ist, aus einem ganz anderen Bereich kommen, nämlich aus den „Es“. Im Es werden die Triebe angesiedelt, wobei Freud den Sexualtrieb und den Destruktionstrieb, also Aggressivität, als biologisch zugrunde liegend ansieht. Damit beschreibt er praktisch die evolutionären Methoden, nämlich Überproduktion von Nachkommen (Sexualtrieb) und Selektion (Destruktionstrieb) auf seine Weise. Die Instanz hingegen, die zwischen diesen biologischen Kräften und den Forderungen der Gesellschaft (Über-Ich) vermittelt und steuernd eingreift, nämlich das „Ich“, verfüge über keine eigene Energiequelle.

Diese Vorstellung von der Psyche des Menschen übernimmt die Philosophie lebender Systeme, sie hat jedoch andere Vorstellungen über die biologischen Antriebe, die die Energie für die Handlungen des Individuums liefern.

Wie schon gesagt, unterscheidet die Philosophie lebender Systeme Kultur und Zivilisation (s.o.), nimmt jedoch mit Freud an, dass die von ihm für primitive Kulturen geschilderten magischen Vorstellungen nicht nur in diesen Kulturen vorhanden sind, sondern auch in den Vorläufern unserer Kultur. Was Freud hier beschrieben hat, ist aus meiner Sicht jedoch nicht der Beginn des Prozesses der Zivilisation, sondern der eines Teilaspekts, nämlich der Entwicklung von Religion. Die Religionen haben sich nach Freud aus der Verarbeitung der Ermordung des Vaters durch die Brüderhorde entwickelt.

Mir erscheint dies sehr spekulativ. Nach meiner Hypothese ist es der Brudermord, die Ermordung von Mitgliedern eines konkurrierenden Stammes, die Anlass für ein schlechtes Gewissen und die Entwicklung von Ritualen und Religion war. Die monotheistischen Religionen stellen eine Verarbeitung des schlechten Gewissens dar, darin stimme ich Freud zu.

Der Übergang von Jägerkulturen zu Sesshaftigkeit, die wahrscheinlich mit Viehzucht ihren Anfang genommen hat, sieht die Philosophie lebender Systeme jedoch anders, weil sie andere Triebgrundlagen und andere psychische Voraussetzungen annimmt.

Grundlagen sind einerseits die Fähigkeit des Menschen zu Antizipation, also die Fähigkeit, Erfahrungen im Gedächtnis zu behalten, die Fähigkeit zu Symbolbildung, also die Fähigkeit, beispielsweise akustische Lautbildungen („Sprache") mit Denkinhalten zu verbinden, was zu Kommunikation, also zur Koordinierung von Verhalten benutzt wird, sowie als Grundantrieb das Bedürfnis zu überleben. Freud würde mir hier vermutlich zustimmen, er habe dies als selbstverständlich vorausgesetzt, weil alles das auch Fähigkeiten sind, die bereits im Tierreich vorhanden sind. Insbesondere der Drang zum Überleben, zur Aufnahme von Sauerstoff und Nahrung, sind ja Voraussetzung für jegliches Leben.

Auch eine weitere Voraussetzung findet sich bereits im Tierreich, nämlich die Tötungshemmung. Selbst wenn männliche Tiere um ein Weibchen kämpfen, gibt es schon im Tierreich Rituale, die die Tötung des Unterlegenen verhindern. In der Regel greift kein erwachsenes Tier das erwachsene Tier der gleichen Art mit Tötungsabsicht an. Biologen erklären das mit einer angeborenen Tötungshemmung. Auch diese kann aus Sicht der Philosophie lebender Systeme für den Urmenschen angenommen werden.

Sesshaftigkeit als solche kann zwanglos als Folge der Vermehrung erklärt werden. Wenn sich jagende und wandernde Stämme vermehren, sich durch Absonderung neue Stämme bilden und die Anzahl der Stämme zunimmt, tritt zwangsläufig ein Zustand ein, der das Wandern und Jagen dadurch verhindert, dass ein Nachbarstamm vorhanden ist und eine Konkurrenzsituation eintritt. In einer solchen Situation sind grundsätzlich mindestens zwei Lösungsmöglichkeiten denkbar, die hier von Relevanz sind. Eine Lösung besteht darin, die Anzahl der Stammesmitglieder so weit zu reduzieren, dass das Jagdgebiet alle Mitglieder ernähren kann (was natürlich nicht funktioniert, wenn die gejagte Herde ins Nachbargebiet weiterzieht), oder die Mitglieder des um diese Nahrungsquelle konkurrierenden Nachbarstammes müssen beseitigt werden. Die sich anbietende zweite Lösung, die darin bestehen würde, die männlichen Mitglieder des Nachbarstamms zu beseitigen und deren Frauen in den eigenen Stamm zu integrieren, also eine Vereinigung herbeizuführen, stößt nun allerdings auf ein psychisches Problem, nämlich die angeborene Tötungshemmung. Diese Vorgehensweise der Tötung der konkurrierenden Männchen könnte allerdings noch durch einen zweiten Antrieb forciert werden, nämlich den Sexualtrieb. Für die jagenden Männchen wäre es also nicht nur der Drang nach der eigenen Ernährung und deren Sicherung für die Zukunft, sowie die Sicherung des Überlebens der Nachfolgegeneration, sondern auch die sexuelle Attraktivität der fremden Weibchen, die dazu führen könnte, die natürliche und angeborene Tötungshemmung zu überwinden.

Auch dieses Verhalten, die Tötung eines Artgenossen des Nachbarstammes aus welchem Motiv auch immer, könnte nach dem vollzogenen Mord am Artgenossen des Nachbarstammes zu einem schlechten Gewissen führen. Diese Erklärung der Bildung von Schuldgefühlen und eines schlechten Gewissens erscheint mir plausibler als die Annahme eines Vatermordes durch die männlichen Kinder des tyrannischen Vaters. Die Entwicklung von Religionen hätte auch bei meiner Vorstellung zum Ursprung der Zivilisation den Sinn, das Individuum von seinem schlechten Gewissen zu entlasten. Die Ursünde wäre aber nicht der Vatermord, sondern der Brudermord, der ja auch in der christlichen Bibel zwischen Kain und Abel beschrieben wird. Bei diesem Mord ginge es allerdings nicht um die Befriedigung eines angenommenen Tötungswunsches gegen den triebeinschränkenden Vater, sondern um ein schicksalhaften Mord, der eine Lösung des Überlebenskonflikts darstellt. Der Täter hat die Wahl zwischen dem eigenen Hungertod (und dem seiner Familie) und dem Tod des Bruders. Darüber hinaus würde sein Mord belohnt werden durch die sexuelle Vereinigung mit den weiblichen Sexualobjekten des Nachbarstammes.

Neben dieser Konfliktlösung gäbe es jedoch eine weitere. Und diese stellt den eigentlichen Beginn dessen dar, was man als „Kultur“ bezeichnen kann. Diese Lösung besteht nämlich in der Erhöhung des Ertrags an Nahrungsmitteln, die eine begrenzte Fläche liefern kann. Die Ermordung des Bruders wäre nämlich nicht erforderlich, wenn es Möglichkeiten gäbe, aus dem zur Verfügung stehenden räumlich begrenzten Boden mehr Nahrung zu beziehen. Die Erfindung von Ackerbau und Viehzucht wäre in dieser Vorstellung der PhilS also die Lösung des Überlebensproblems unter Vermeidung des Brudermords. Sie hätte noch dazu den Vorteil, das unangenehme schlechte Gewissen zu vermeiden. Zivilisation und Entwicklung von Religion hätte also nicht ihren Ursprung in der Realisierung des Wunsches, den Vater zu töten und den Geschlechtsverkehr mit der Mutter im gegenseitigen Einverständnis der vatermordenden Brüder nicht auszuführen, sondern sie hätte zwei unterschiedliche Wurzeln.

Wird im Kampf ums Überleben oder im Kampf um einen Geschlechtspartner der Mitmensch (Bruder) unter Überwindung der angeborenen Tötungshemmung ermordet, wird dieser Mord mittels Ritualen psychisch ungeschehen gemacht. Es entwickelt sich Religion mit der Möglichkeit der Vergebung aber auch mit der Möglichkeit, in Zukunft ohne schlechtes Gewissen aggressive mörderische Selektionshandlungen auszuführen.

Zivilisation stellt jedoch die positive Lösung des Konflikts zwischen Selbsterhaltung und Bruderliebe dar. Durch die Erfindung von Ackerbau und Viehzucht können mehr Menschen überleben, ohne dass es zu Krieg kommt. Die geistigen Anstrengungen, die erforderlich sind, die Energie und das Denkziel wird also im Prozess der Zivilisation von dem Wunsch bestimmt, zu überleben und gleichzeitig den Brudermord zu vermeiden.

Die angeborene Tötungshemmung ist in jedem Fall ein wichtiger Faktor zur Entwicklung von Zivilisation. Die Einhaltung der Tötungshemmung führt zur Entwicklung von Zivilisation, die durch geistige Leistung zu dem Ergebnis führt, das auf der gleichen begrenzten Erdfläche mehr Menschen überleben können, die Überwindung der Tötungshemmung (der Brudermord) führt zu schlechtem Gewissen und der Entwicklung von Religionen.

Die ersten Erfindungen, die ersten Ideen der Zivilisation sind die, die Viehzucht und Ackerbau ermöglichen. Diese Ideen haben nun eine gemeinsame Eigenschaft, die den Menschen von Tier unterscheidet: sie verbleiben nicht, wie seine Gefühle, seine Ängste und sein mögliches schlechtes Gewissen „im Kopf“ des Betreffenden, sondern sie werden realisiert, sie werden zu Materie, wie auch schon seine Jagdwerkzeuge (Speer usw.) vordem. Das bedeutet, dass Werkzeuge zum Ackerbau gebaut werden und dass die Ideen, die hinter dem anfangs vermutlich sonderbaren Verhalten stecken, mitgeteilt werden müssen. Es muss nicht nur der Wunsch nach sofortigem Verzehr der gemeinsam gefangenen Tiere unterdrückt (gesteuert) werden oder der Wunsch nach sofortigem Verzehr gesammelter nahrhafter Samen und Früchte, sondern es muss den Stammesbrüdern und –schwestern auch der Sinn klar gemacht werden, der im Nichtverzehr liegt. Die Vermehrung und Züchtung von Haustieren und Kulturpflanzen erfordert Generationen. Das hat

zur Konsequenz, dass die Idee, die hinter der Aufbewahrung von Samen und der Schonung von gefangenen Tieren und deren Nutzung für Zuchtzwecke liegt, nicht nur den Brüdern, sondern auch den Kindern mitgeteilt werden. Auch die Folgegenerationen müssen die langfristige generationsübergreifende Idee kennen, damit sie das begonnene Werk nicht zerstören. Mit diesem Beginn von Zivilisation ist also auch der Zwang entstanden, Ideen zu kommunizieren und möglichst unabhängig von dem Vorhandensein verständnisvoller Mitmenschen zu machen. Ich meine hiermit die Verwendung von Bildsymbolen, die möglichst auch ohne verbale Kommunikation verstanden werden, also die Erfindung der Schrift. Der entscheidende Faktor erscheint mir die Loslösung der Ideen von ihren Trägern, von ihren „Erfindern". Erst die Schriftsprache macht den Menschen zum Menschen und hebt ihn aus dem Tierreich heraus. Die Schriftsprache stellt den Beginn der Zivilisation dar, weil sie den Beginn eines neuen Erbweges markiert:
Ideen, „Wissen", wird nicht mehr nur durch genetische Vererbung an die eigenen Kinder weitergegeben, sondern durch hirnexterne bzw. extrazelluläre Speicherung von Ideen an alle Mitmenschen, also an alle Brüder, und auch an alle Nachmenschen vererbt.

Diese Ideen manifestieren sich auch in den Werken, in den Werkzeugen, und werden auch durch Vermittlung von Fähigkeiten weitergegeben. Wissen wird somit nicht nur genetisch an die eigenen Kinder vererbt, sondern auch an Lehrlinge, zu denen kein verwandtschaftliches Verhältnis bestehen muss.

Diese Vererbungswege durch Anlernen von Lehrlingen und durch hirnexterne Ideenspeicherung, die nicht an die eigenen Kinder gebunden sind, stellen den Ausgangspunkt des zivilisatorischen Prozesses dar, der die Fortsetzung der Evolution mit Mitteln des menschlichen Geistes ist.

Freuds Verdienst liegt in der Erkenntnis, dass unbewusste Denkprozesse eine wesentliche Bedeutung für das Verhalten des Menschen haben und auch darin, Sexualität ins Blickfeld der Philosophie gebracht zu haben. Die Rolle der Sexualität haben er und Marcuse jedoch nicht korrekt gesehen. Leider ist seine Sichtweise, dass Sexualität ein Phänomen individuellen Verhaltens ist, weit verbreitet. Individuell ist lediglich das Lustgefühl, hier die sexuelle Lust. Entscheidend für eine objektive Bewertung von Verhalten, auch von sexuellem Verhalten, ist jedoch nicht die subjektive Seite, sondern die objektive Seite, nämlich die Frage, wem dieses Verhalten tatsächlich nützt. Wie man anhand meiner Ausführungen sieht, spielt die Sexualität bei dem Beginn der Zivilisation keine entscheidende Rolle. Sie ist lediglich insofern von Bedeutung, als die Bevölkerungszunahme einen Druck dahingehend bewirkt, das Problem der Ernährung bei begrenzten räumlichen Gegebenheiten auf andere Weise als durch Brudermord zu lösen. Die Überwindung der angeborenen Tötungshemmung, also die Verarbeitung des Brudermordes (und nicht des Vatermordes), ist für die PhilS der Ausgangspunkt der Entwicklung der monotheistischen Religionen, die für die Durchführung von Kriegen und anderen Mord- und Unterjochungsaktionen von Menschen bis heute eine große Bedeutung haben, während für die Entwicklung von Zivilisation die Hemmung reflexhafter Abläufe bei der Nahrungssuche und die Hemmung von Angstreflexen eine entscheidende Bedeutung haben.

2.4. Das allgemeine Schema der Entwicklung von Zivilisation

Über die Entwicklung dessen, was im westlichen Kulturbereich als Zivilisation bezeichnet wird, ist besonders aus soziologischer Sicht schon viel gesagt worden. Norbert Elias hat einen umfassenden Beitrag dazu geleistet. Für mich ist allerdings der Beitrag von Ostwald, einem Biochemiker, besonders interessant, weil dieser die Ursache dieser Entwicklung aus seiner Sicht genau bezeichnet, nämlich die Energieersparnis, die mit jedem kulturellen Fortschritt verbunden ist. Ostwald spricht allerdings von Kulturentwicklung und nicht von der Entwicklung der Zivilisation. Die Philosophie lebender Systeme betrachtet ihren Forschungsgegenstand, den Menschen, wertneutral. Moral und Ethik haben für die Wissenschaften ebenfalls keine Bedeutung, deshalb basiert ihre Zivilisationstheorie auch auf wissenschaftlichen Ergebnissen, die speziell Wilhelm Ostwald und Hans Hass geliefert haben.

Die Klärung der Ursachen für die zivilisatorische Entwicklung führt selbstverständlich zur Gegenwartsanalyse und zur Zukunftsfrage, wie auch jede andere wissenschaftliche Analyse zu Aussagen über die Zukunft führt: ein Gesetz, das in der Vergangenheit galt, gilt auch in der Zukunft. Oder es ist keins.

Die Geschichte vom Beginn der Menschheit bis zur Neuzeit kann man in wenigen Worten zusammenfassen.

Der Beginn der Menschheit wurde bereits als Mangel beschrieben. Der Mensch als Mängelwesen und als unzulängliches Wesen, das nicht über natürliche Waffen verfügt, ist ein alter Hut, deshalb betone ich einen anderen Gesichtspunkt, die Triebbeherrschung.

Wir haben es überall in der Realität mit Regelkreisen zu tun, und so finden wir auch hier einen Regelkreis: Hinsichtlich der Selbsterhaltung führte die Normalität des Wechsels der Jahreszeiten dazu, dass Vorratswirtschaft betrieben wurde. Das finden wir bereits im Tierreich.

Hierfür wird zunächst der eigene Körper benutzt, indem sich das Tier im Sommer/Herbst eine Speckschicht anfrisst und davon im Winter zehrt. Besonders die Tiere, die Winterschlaf halten, tun das, aber auch der Mensch durch Vergrößerung seines Unterhautfettgewebes. Sogar die Speicherung von Energie außerhalb des eigenen Körpers kommt bereits im Tierreich, zum Beispiel bei Eichhörnchen, vor, der Mensch zeichnet sich jedoch darin aus, Methoden zu entwickelt zu haben, die der Haltbarmachung von tierischer Nahrung dienen (Räuchern, Salzen).

Der Regelkreis besteht hier darin, dass ein Verzicht belohnt wird. Das, was auch Tiere und sogar Pflanzen bereits ohne zu denken tun, tut der Mensch, indem er bewusst seine Fähigkeit zur Antizipation zum Überleben benutzt. Der Mensch handelt hier nicht „automatisch“ auf Grund genetisch gespeicherter Handlungsschemata, sondern sein Rechenorgan (das Hirn) denkt nach und löst ein Problem, hier das Problem, wie der Körper sich auch in einer Jahreszeit ernähren kann, in der er keine oder zu wenig Nahrung findet. Ergebnis dieser Rechnung ist, zunächst Verzicht leisten zu müssen, auf den Verzehr seiner Nahrung zu verzichten, anstatt das nächstliegende zu tun, nämlich sie zu verspeisen. Dieser Verzicht wird jedoch belohnt. Dies jedoch mit einer Zeitverzögerung. Und die Belohnung, die spätere Nahrungszufuhr in einer Mangelzeit, also im Winter, belohnt diesen Verzicht. Die Belohnung besteht nun nicht nur im nackten Überleben desjenigen, der die Nahrung nicht sofort verzehrt, sondern haltbar gemacht und sozusagen für den Winter gespeichert hat, sondern auch in einer Annehmlichkeit: der Betreffende braucht nicht nach Nahrung zu suchen wie seine

Stammesgenossen, er genießt also Bequemlichkeit, und es kommt ein wichtiger Punkt dazu: er gewinnt Ansehen!

Wie man sieht, handelt es sich nicht um einen einfachen Regelkreis mit negativer Rückkopplung, der dem Überleben dient: ich spüre Hunger (eine Abweichung meines Glucose-Istwerts im Blut), esse etwas und regele dadurch den Sollwert (Glucosespiegel im Blut) wieder ein, sondern es handelt sich um ein positives Feedback: ich mache meine Nahrung haltbar und dies wird mit Annehmlichkeit, Bequemlichkeit und Ansehen belohnt. Das Ansehen kann sogar darin bestehen, dass ich anderen Gruppenmitgliedern zum Überleben verhelfe und eine Führungsposition in der Gruppe erhalte. Dieses Verhalten hat natürlich auch Vorbildcharakter, es wird nachgeahmt. Es breitet sich aus.

Das Schema der Entwicklung von Zivilisation zeigt sich bereits an dieser Stelle:

1.
Am Anfang steht erstens ein Verzicht auf eine momentane Befriedigung. Dies kann als Selbstbeherrschung beschrieben werden. Zivilisation hat also mit einer psychischen Leistung zu tun, mit einer Selbstbeherrschung, der Missachtung eines Gefühls bzw. einer Gefühlskälte. Dies kostet natürlich einen gewissen Energieaufwand, der im „Zusammennehmen", sich „Zusammenreißen" besteht, in der Hemmungsarbeit eines natürlichen Regelkreises. Die Energie dafür entstammt vermutlich aus der Angst vor dem Hungertod.

Später wird dieses Verzichtsverhalten mit Annehmlichkeiten und Anerkennung belohnt.

2.
Am Anfang steht zweitens ein aktueller Verzicht auf Anerkennung von der Gruppe, ein Verzicht auch auf narzisstische Befriedigung. Dies ist wohl die schwierigste Voraussetzung. Der Tüftler, der in einer Welt lebt, in der Fleischnahrung sofort verzehrt wird, ist zunächst ein Außenseiter, wenn er nicht isst, sondern seine Fleischration irgendwie behandelt, um sie haltbar zu machen. Er muss vermutlich Hohn und Spott ernten, ohne sich von seinem Vorsatz abbringen zu lassen. Er muss also auch narzisstische Kränkungen ertragen können. Dies ist wahrscheinlich die schwierigere Seite des anfänglichen Verzichts.

3.
Die spätere Belohnung kann man als zusätzliche narzisstische Befriedigung bezeichnen. Das Individuum tauscht sozusagen einen momentanen Verzicht gegen einen späteren narzisstischen Gewinn ein (und sichert nebenbei sein Überleben). Zusätzlich zur später gesicherten Nahrungsaufnahme, also der „normalen" Befriedigung des Hungergefühls, kommt etwas hinzu, nämlich eine narzisstische Befriedigung.

Voraussetzung dafür ist ein Zeitbegriff und die Fähigkeit zur Antizipation.

4.
Die Entwicklung eines wissenschaftlichen Beobachtens und Denkens. In der Haltbarmachung von Nahrung steckt eine Idee oder ein realisierter Wunsch. Dieser Wunsch nach einem Effekt, diese Idee, kann selbstverständlich nicht von heute auf morgen umgesetzt werden. Zur Umsetzung gehören Versuche, die scheitern, bis endlich der gewünschte Effekt erreicht wird. Möglicherweise stand bei dieser Erfindung – wie bei vielen Erfindungen – eine Beobachtung am Anfang. Dass nämlich Fleisch, das zufällig in der Nähe von Feuer hing, nicht so schnell verdarb. Aber selbst in diesem Fall muss erst einmal auf den Verzehr verzichtet werden.

Wir sehen also, dass Fortschritt und psychische Veränderungen eng gekoppelt sind, und dass – schon bei diesem simplen Beispiel – Elias (Norbert Elias: Der Prozess der Zivilisation) recht hat mit seiner Beobachtung, dass Zivilisation irgendetwas mit der Selbstbeherrschung zu tun habe.

Ich kann hier nicht alle Erfindungen, die zu Fortschritt geführt haben, behandelt, nur auf einen Punkt möchte ich hinweisen, nämlich darauf, dass es nicht nur Hunger oder Durst ist, der beherrscht werden muss, sondern dass es sich auch um Ängste handeln kann. Dies war zum Beispiel bei der Nutzbarmachung des Feuers der Fall. Hier wird die Überwindung von Angst belohnt durch die spätere Annehmlichkeit der Wärme. Die psychische Veränderung, das „Zusammennehmen", der Verzicht auf Essen oder die Beherrschung des Impulses, vor dem Feuer wegzulaufen, und der spätere narzisstische Gewinn, sind zwei entscheidende Voraussetzungen dafür, dass sich eine Verhaltensänderung einspielt und sich eine psychische Veränderung installiert, die sich durch Nachahmung ausbreitet. Auch die anderen Gruppenmitglieder möchten die Annehmlichkeiten genießen und die narzisstische Anerkennung der Gemeinschaft. Dies ist jedoch keine Imitation im Sinne Susan Blackmoors, die dafür den Begriff des Mems von Dawkins verwendet hat. Die Ausbreitung derartiger Ideen, für die wir eben dieses schöne Wort der „Idee“ haben, erfolgt nicht durch Imitation, sondern naturgesetzlich deshalb, weil die neue Idee Überlebensvorteile mit sich bringt. Der Begriff des Mems könnte seine Berechtigung eventuell in der Kunst haben. Aber dies ist stark abhängig von der Sichtweise: betrachtet man Kunst nämlich als Werbemethode zur Verführung eines Geschlechtpartners (Vorbild wäre der Pfau), so ist selbstverständlich der Einsatz von Schmuck und Kunst ein Mittel zu Steigerung der Vermehrungsrate bzw. der Reproduktionsrate der genetisch gespeicherten Daten und damit ein sehr vernünftiges Mittel im „Kampf ums Dasein“.

2.5. Die Rolle der körperexternen Organe für den Prozess der Zivilisation

Während Ostwald (als Chemiker) die messbare Seite dieser Entwicklung von Zivilisation betont und dementsprechend von Energetik spricht, weil der Energiegewinn als messbare Verbesserung ein objektiver Faktor der Entwicklung ist, betont die Philosophie lebender Systeme einerseits die psychische Seite des Geschehens, andererseits aber auch das Wachstum des Individuums, das mit allem Fortschritt verbunden ist. Ernst Kapp wies in seinen Grundlinien der Philosophie der Technik (1877) darauf hin, dass die technischen Errungenschaften des Menschen eine Projektion der inneren Organe – wie er es nannte – seien, und der Biologe Hertwig fasste die Erfindungen des Kulturmenschen als Erweiterung des individuellen menschlichen Körpers auf, die zur Bildung höherer Einheiten führte, nämlich des Staates (Der Staat als Organismus. Gedanken zur Entwicklung der Menschheit. Verlag von Gustav Fischer. Jena. 1922). Hans Hass betrachtete die technischen Errungenschaften als zusätzliche Organe (1968) und beschäftigte sich mit dem Verhalten von Betrieben, die er als „Hyperzeller“ oder auch als „Energone“ bezeichnete.

Die Philosophie lebender Systeme stellt das menschliche Individuum in den Mittelpunkt seiner Forschung und betont daher die innerpsychische Seite des Geschehens. Dies hat auch schon Elias in seiner Beschreibung des Prozesses der Zivilisation getan, wo er die Selbstbeherrschung des Individuums als Teil dieses Zivilisationsprozesses identifizierte. Er greift dabei auf Freud zurück.

Einerseits nimmt nach Elias das Beziehungsgeflecht der Menschen zu (was mit der Hirnvergrößerung korreliert), andererseits seine Fähigkeit der Selbstbeherrschung. Auf der einen Seite sei es die funktionelle Abhängigkeit von der Tätigkeit einer immer größeren Anzahl von Menschen (S. 330 Band II), auf der anderen Seite, der psychischen, lerne das Individuum, sich immer gleichmäßiger zu beherrschen. Sein Selbst habe einen überwachenden Teil, der ihm Zurückhaltung im Sinne der Vorgaben der Gesellschaft auferlegten. Diese Instanz sei eine „automatische Selbstüberwachung", etwa das von Freud schon so benannte „Über-Ich". Die äußere Regulierung werde zu einer inneren.

Wie oben bereits gezeigt, will die Philosophie lebender Systeme u.a. die Frage klären, wie diese Vorgänge im Einzelnen beschaffen sind, und hat zunächst einmal in Anknüpfung an Freud und Elias eine ähnliche Erklärung gefunden.

Den entscheidenden Punkt bei der Entwicklung der modernen Gesellschaft sieht sie in der Bildung der körperexternen Organe des Menschen.

Jedes dieser „Organe" (Waren, Produkte) ist Träger von Tausenden von Ideen von Menschen, die früher gelebt haben oder jetzt leben, und der Tätigkeit von Menschen, die bei der Herstellung dieser Waren, dem Transport der Waren zum Verkaufsort und dem Verkauf beteiligt sind. Das Individuum profitiert bei der Benutzung dieser Dinge, die es käuflich erwirbt und als Eigentum bezeichnen kann, von seinen Mitmenschen und den Menschen, die vor ihm gelebt haben. Dies ist ein riesiges Geflecht von Beziehungen. In meinem Buch „Das System Mensch" habe ich diesbezüglich auch von dem Tentakelmenschen gesprochen. Das Beziehungsgeflecht des Individuums entspricht in etwa dem Geflecht von Beziehungen einer Nervenzelle mit seinen Synapsen.

Hans Hass hat bereits die Vor- und Nachteile dieser körperexternen Organe (er nennt es zusätzliche Organe) ausführlich geschildert.

Den sieben Vorteilen stellt er einen Nachteil gegenüber, dass diese nämlich bewacht werden müssen, weil sie gestohlen werden können. Hierin sieht Hass den Ursprung des Rechtssystems. Da hat er wohl recht.

Am besten geht man, wenn man die psychischen Auswirkungen dieser Körperteile beschreiben will, zurück in die Geschichte.

Eines der ersten dieser zusätzlichen körperexternen Organe wird der Faustkeil gewesen sein, ein weiteres das Messer.

Davor lag wohl noch die Erfindung der Bekleidung, zunächst durch Felle und – nicht zu vergessen – die Erfindung des Schmucks.

An welches körperexterne Organ wir auch immer denken, neben den von Hass erwähnten Vorteilen ist ein realer Vorteil wesentlich: derartige Organe verschaffen dem Eigentümer eine tatsächliche und eine psychische Überlegenheit über die Mitmenschen, die über diese Organe nicht verfügen.

Die Frau, die über Schmuck verfügt, wird dadurch anziehender für Männer, der Mann, der über einen Faustkeil verfügt oder ein Messer, wird dadurch seinen Mitmännern überlegen, ist stärker, er erhöht seine Kraft, der Besitzer eines Fells friert im Winter weniger und spart dadurch Energie. Diese Überlegenheit ist nicht nur eine reale, sondern eine psychische. Gerade weil sie real ist und Macht verschaffen kann (Messer), verschafft sie ein Überlegenheitsgefühl, ein Gefühl der Stärke. Körperexterne Organe, welche auch immer, stärken das Selbstwertgefühl, die Selbstachtung. Dies gilt nicht nur für die Steinzeit, sondern auch für die Neuzeit. Über je mehr Eigentum und Geld das Individuum verfügt, desto stärker ist sein Selbstwertgefühl – falls das Individuum psychisch gesund ist. Wenn wir nun auf das obige Beispiel zurückblicken, in dem der Verzicht auf Sofortbefriedigung als Voraussetzung für eine zivilisatorische Entwicklung beschrieben wurde, so sehen wir auch einen inneren Zusammenhang: je höher das Selbstwertgefühl eines Individuums ist, desto eher wird es auf Sofortbefriedigung verzichten können. Wer nur ein schwaches Selbstwertgefühl hat, hat Angst, dass ihm ein anderer etwas wegisst, deshalb ist es für ihn das beste, die Nahrung in seinen Körper einzuführen. Von dort kann sie nicht mehr entwendet werden. Wer über überlegene Waffen und dementsprechend über ein hohes Selbstwertgefühl verfügt, kann es sich leisten, erst später zu essen oder sich Nahrung aufzubewahren, ohne Furcht vor ihrer Entwendung zu haben.

Mit der Beherrschung aggressiven Verhaltens ist es ebenso. Wer dem Gegner durch Verfügungsgewalt über bessere Waffen überlegen ist, muss den Gegner nicht sofort töten, sondern kann ihn am Leben lassen und als Sklaven benutzen. Auch hier wird ein momentaner Impuls (zu töten) beherrscht zugunsten späterer Annehmlichkeit.

Die Fähigkeit der Impulskontrolle korreliert mit der Stärke des Selbstwertgefühls.

Als dritten Vorteil zählt Hass die Austauschbarkeit derartiger Organe auf.

Einerseits kann ein körperexternes Organ nacheinander von mehreren Individuen benutzt werden (z.B. Messer oder andere Werkzeuge), andererseits können mehrere Menschen ein derartiges Organ gleichzeitig benutzen, wie ein Flugzeug, eine Eisenbahn oder eine Straße.

Auch hierbei handelt es sich nicht nur um Vorteile aus energetischer Sichtweise, sondern um reale Veränderungen, die Auswirkungen auf die Psyche haben. Sie binden das Individuum nämlich an eine Gemeinschaft. Auch der sechste Vorteil, die Käuflichkeit, also die Möglichkeit, derartige Organe durch käuflich erwerben zu können, also nicht über die Fähigkeit verfügen zu müssen, diese Organe herzustellen, setzt das Individuum in eine Gemeinschaft, ebenso wie die gemeinsame Herstellungsweise (z.B. Auto). Was wir hier erfahren, ist, dass es diese körperexternen Organe sind, die den realen Hintergrund der Eingebundenheit des Individuums in die Gemeinschaft ausmachen. Und diese Eingebundenheit ist in heutiger Zeit eine globale.

Die Austauschbarkeit dieser Organe formt Beziehungen und Gruppen. Zwei Menschen, die eine Ehe bilden, werden durch gemeinsamen Besitz zu einer Gemeinschaft. Die Arbeit an einem Produkt, das gesellschaftlich benötigt wird, macht das Individuum zu einem wichtigen Bestandteil dieser Gesellschaft. Und das hat Auswirkungen auf die Psyche des Individuums: derjenige, der einen Arbeitsplatz hat, hat ein regelmäßiges Einkommen, was nicht nur Geldfluss, sondern auch Zufluss an narzisstischer Bestätigung bedeutet. Von der Wichtigkeit seiner Tätigkeit und davon, wie viele andere Individuen diese Tätigkeit übernehmen könnten, hängt nicht nur der Monatslohn, sondern auch der psychische Zufluss an Bestätigung (narzisstische Befriedigung) ab, und damit auch das Selbstwertgefühl.

In der modernen westlichen Gesellschaft leidet der Arbeitslose nicht, weil er Angst vor dem Verhungern haben muss, sondern weil ihm diese narzisstische Zufuhr fehlt.

Das Gemeinschaftsgefühl des modernen Menschen der westlichen Gesellschaft hat den realen Hintergrund, dass der Mensch tatsächlich in ein Geflecht von Beziehungen beruflicher Art eingebunden ist und als Käufer und Verbraucher von Dingen, die gesellschaftlich produziert wurden, tatsächlicher Nutzer eines Produkts wird, an dessen Herstellung und Vertrieb ein Heer von Mitmenschen beteiligt war. Dieses gesellschaftliche Sein bestimmt natürlich auch das Bewusstsein, wie Marx sich so schön ausdrückte. Dies bedeutet, dass das Individuum einerseits kleines Rädchen innerhalb eines großes Gefüges ist, andererseits aber, dass er damit auch teilhat am Erfolg dieses Gesamtgefüges, einer größeren Entität. Durch eine Identifizierung mit diesem „System höherer Ordnung" und dessen Werten, profitiert das Selbstwertgefühl des Einzelnen, kann aber andererseits auch schweren Schaden nehmen, wenn das Individuum aus dieser Gesellschaft ausgeschlossen wird (Freiheitsstrafen, Arbeitslosigkeit).

Der Nachteil, den Hass allerdings nicht würdigt, ist der einer gegenseitigen Abhängigkeit und der Nachteil des Gebundenseins dieser körperexternen Organe an die Verfügungsgewalt über Geld.

Hass schildert noch den Vorteil, der darin liegt, dass derartige Organe nicht krank werden können und nicht wehtun. Darin irrt er sich aus meiner Sicht. Er berücksichtigt hier lediglich die körperlichen Schmerzen. Wer jedoch einmal bestohlen wurde, oder eine Zerstörung seines Eigentums (z.B. seines Autos) erlebt hat, weiß aus persönlicher Erfahrung, dass auch dieses schmerzt. Körpeerexternes Eigentum kann nicht nur entwendet werden, sondern auch zerstört werden. Beides bereitet erhebliche seelische Schmerzen. Der Schutz, den das Rechtssystem dagegen bietet, schützt vor derartigen Schmerzen gar nicht. Folge der Schaffung körperexterner Organe ist also auch eine Änderung in der Schmerz- und Angstempfindung und des Furchtgefühls.

Körperliche Schmerzen empfindet der Mensch in er Regel nur dann und erst dann, wenn er körperlichen Schaden erleidet. Oben habe ich darauf hingewiesen, dass die Antizipationsfähigkeit eine wichtige Voraussetzung zur Entwicklung der Zivilisation darstellt. Die Fähigkeit zur Antizipation hat jedoch auch einen Nachteil: das Individuum kann seine körperexternen Organe nicht ständig bewachen und hat somit eine ständige begründete Furcht, dass diese Teile seines Körpers abhanden kommen oder beschädigt werden können.

Diese Furcht ist der Grund, warum sich das Individuum an die Gemeinschaft anpasst.

Elias fragt sich, auf welche Weise äußerer Verhältnisse zu einer gesteigerten Selbstkontrolle führen, bzw. er beschreibt, dass mit dem Anstieg der Komplexität der gesellschaftlichen Verhältnisse die Selbstbeherrschung und Triebkontrolle steigt. Der Grund ist diese erhöhte Verletzbarkeit des Individuums. Kant hat dazu seinen kategorischen Imperativ aufgestellt, der besagt, das Individuum solle sich so verhalten, dass die eigenen Verhaltensregeln zum gesellschaftlichen Verhaltensmaßstab erhoben werden könnten. Die Entwicklung der Gesellschaft wird grundsätzlich gern als Folge einer Einsicht oder eines rationalen Verhaltens beschrieben.

Dies steht im Widerspruch mit der Beobachtung, dass dieses scheinbare rationale Verhalten sehr schnell in zerstörerisch-aggressives Verhalten umschlagen kann.

Aus Sicht der Philosophie lebender Systeme handelt es sich nicht um eine Einsicht in die Vorteile, die das Leben in einer Gruppe mit sich bringt, sondern u.a. um eine Folge der Furcht vor dem Verlust oder der Zerstörung des körperexternen Eigentums, die dazu führt, dass das Individuum in der Regel nicht stiehlt usw. und sich den gegebenen rechtlichen Vorschriften unterwirft. An die Stelle der Furcht vor Hunger und Kälte und der Bedrohung des Lebens ist also eine andere Furcht getreten, die Furcht vor dem Verlust der körperexternen Organe.

Dies hat natürlich auch Folgen:

Je kleiner dieses körperexterne Eigentum ist, je weniger Geld ein Individuum zur Verfügung hat, desto geringer ist dementsprechend seine Furcht vor dessen Verlust. Wer gar kein derartiges Eigentum hat, hat kein Motiv, sich an die Gesetze zu halten. Derartige Individuen könnten das Gesamtsystem eventuell destabilisieren, so dass die Gesellschaft ein elementares Interesse daran hat, dass jedes Individuum über ein Quantum Geld und materiellem Eigentum verfügt, das die Motivation aufrecht erhält, die Systemregeln einzuhalten.

2.6. Die Rolle des positiven Feedback und der Antizipation

Bevor ich zur Rolle des Geldes bei der Umstrukturierung der Psyche komme, möchte ich noch einmal das bisher erarbeitete zusammenfassen.

Ich hatte zwar einen Verzicht auf eine Befriedigung (Verzicht auf Tötung der Beute, Verzicht auf die Einverleibung der Nahrung) an den Anfang gestellt und auch schon auf die Fähigkeit zur Antizipation hingewiesen, aber die spätere narzisstische Belohnung noch nicht ausreichend gewürdigt.

In der Natur entwickelt sich nichts, was nicht belohnt wird.

Auch die biologische Evolution beruht darauf, dass bestimmte Verhaltensweisen belohnt werden, wobei die eine Art der Belohnung zunächst darin besteht, dass das Individuum überlebt. Andere Verhaltensweisen, die mit dem Überleben unter den gegebenen äußeren Verhältnissen nicht in Einklang zu bringen sind, werden mit dem Tode bestraft. Damit hat sich der Fall dann erledigt.

Das Überleben ist die erste Belohnung für angepasstes Verhalten.

Für die Steuerung menschlichen Verhaltens sind zwei weitere Arten der Belohnung maßgebend, nämlich die narzisstischen Belohnungen und die sexuelle Belohnung. Beide werden körperintern durch Ausschüttung chemischer Substanzen ins Blut vermittelt.

Oben habe ich bereits die narzisstischen Belohnungen erwähnt. Diese sind sehr vielfältig. Sie bestehen darin, dass das Individuum sich über Lob freut, Erfolg genießt, auf die Bestätigung durch seine Mitmenschen mit positiven Gefühlen reagiert und ihm Anerkennung schmeichelt.

Der chemische Hintergrund dieses narzisstischen Belohnungssystem besteht wohl in einer Ausschüttung von Glückshormonen, derer es auch wieder mehrere gibt, die noch nicht vollständig erkannt sind, aber die Wirkungsweise dieser Steuerung ist bekannt. Jeder Mensch spürt jedenfalls die hier gemeinten positiven Gefühle, die nicht zufällig oder beliebig auftreten, sondern als Belohnung erlebt werden, weil sie erwartet werden dürfen als Ergebnis bestimmter Verhaltensweisen. Diese narzisstischen Belohnungen wirken als Motiv für menschliches Handeln. Menschliches Handeln ist somit nicht nur negativ determiniert durch Schmerzvermeidung, das dem Überleben nützt, oder Vermeidung des Todes durch Zufuhr von Sauerstoff und Nahrung, sondern es ist positiv motiviert durch die Suche nach Lob, Anerkennung und Bestätigung. Bestätigung erhält das Individuum einerseits durch den Eintritt eines erhofften Erfolges an sich, der im Grunde immer eine Erleichterung darstellt, andererseits durch seine Mitmenschen, die ihn loben, bewundern usw.. Es gibt hier diverse Abstufungen dieser narzisstischen Bestätigung. Dieses narzisstische Belohnungssystem lenkt das Individuum quasi unbemerkt in die Position innerhalb einer Gemeinschaft, in der es ein Optimum an narzisstischer Bestätigung bekommt. Theoretisch wird ein Handwerker in seinem Fach, das er beherrscht, am meisten Anerkennung erhalten, in anderen Fächern natürlich nicht. Anerkennung erhält das Individuum besonders auf dem Gebiet, auf dem es besondere Leistungen erbringt, und diese Leistung ist einerseits von angeborenen Fähigkeiten und andererseits von erlernten, erworbenen Fertigkeiten abhängig. Durch eine positive Rückkopplung seiner Mitmenschen (Lob, Anerkennung) wird das Individuum auf den Platz innerhalb der Gemeinschaft gelenkt, auf dem es seine Leistungsfähigkeit optimal entfalten kann. Dies soweit nur zur Theorie der Steuerung durch narzisstische Befriedigung (positive Rückkopplung).

Dieser Mechanismus beruht auf einer Ausschüttung von Glückshormonen in Abhängigkeit von der Leistung, ist also insoweit biologisch-angeboren. Andererseits ist das Ausmaß der Anerkennung von der Umwelt, von den Mitmenschen, von deren Reaktion, abhängig, so dass dies eine Steuerung von außen erlaubt.

Kommen wir zurück zur Veränderung der psychischen Struktur im Zivilisationsprozess des Menschen, die von Elias mit einer Zunahme des Selbststeuerungsvermögens charakterisiert wurde.

Nun wird klar, dass der wesentlich Grund für den Verzicht auf gegenwärtige Nahrungszufuhr oder für die Hemmung der Aggression in der späteren narzisstischen Belohnung liegt. Durch die spätere Belohnung erhält das gegenwärtige Handeln einen Sinn.

Das Verhalten, das in der Gegenwart als unsinnig erscheinen könnte (Schonung des Feindes, Verzicht auf Sättigung), wird in der Zukunft belohnt. Die positive Rückkopplung erfolgt nicht sofort, sondern mit zeitlicher Verzögerung. In der Psychologie wird dies auch „Spannungsbogen“ genannt, dessen Ausmaß im übrigen auch in etwa mit der Intelligenz des Individuums korreliert.

Ostwald hat als Chemiker ja bereits darauf hingewiesen, dass jeder kulturelle Fortschritt mit einem Energiegewinn verbunden ist (sogen. Energetik). Jede technische Erfindung hat die Folge, dass der Mensch weniger eigene Energie einsetzen muss, um ein Ziel zu erreichen, weil ihm die Maschine die Arbeit abnimmt und das Individuum mit Hilfe einer Maschine Fremdenergie (Benzin, Elektrizität u.a.) nutzt. Ich möchte ergänzen: dieser Gewinn an Energie und Zeit, der für den Menschen mit der Nutzung einer Maschine (eines körperexternen Effektors in meiner Terminologie, bei Hass zusätzliches Organ) verbunden ist, macht das Individuum stärker, die Maschine erhöht seine Kraftentfaltung und die Wirksamkeit seiner eigenen Kraft. Dies ist der objektive Grund, warum der Mensch sich durch die Maschine stärker fühlt und die Maschine sein Selbstwertgefühl steigert. Es geht also bei der Zivilisierung nicht nur um scheinbar willkürliche Anerkennung durch die Mitmenschen, sondern die Nutzung körperexterner Effektoren erweitert die Handlungsmöglichkeiten des Individuums und steigert damit sein Selbstwertgefühl. Hinzu kommt die zeitliche Entlastung. Körperexterne Effektoren erbringen mehr Arbeit auch in kürzerer Zeit, sie erhöhen die Leistung (Leistung gleich Arbeit pro Zeit). Dies ist ebenfalls ein objektiver Gewinn, der mit Zufriedenheit registriert wird. Mit anderen Worten: die objektive Seite der Zivilisierung, der Energiegewinn durch die Erfindung von Maschinen bzw. körperexternen Effektoren führt innerpsychisch zu einer Steigerung des Selbstwertgefühls. Sie ist mit narzisstischer Bestätigung verbunden. Diese ist nicht nur individuell, sie betrifft nicht nur die Erfinder der Maschinen, sondern es ist ein kollektiver Gewinn, weil ja die Maschinen von allen Menschen der Gemeinschaft genutzt werden können. Die Eisenbahnen, das Telefon, die Straßen, das Auto, der Computer, das Flugzeug und vieles mehr sind nicht individuelle Steigerungen von Kraft und Fähigkeiten, sondern gemeinsame Erleichterungen der Gesellschaft, so dass die mit ihnen verbundenen psychischen Veränderungen ebenfalls kollektiv sind.

Die allgemeine Steigerung des Selbstwertgefühls ist auch eine Voraussetzung dafür, allgemein Verzicht auf gegenwärtige Befriedigung zu leisten bzw. Befriedigung in die Zukunft zu verlagern. Damit ist bereits ein anderes Thema angesprochen, nämlich die Arbeit und das Geld.

2.7. Die Rolle der Sexualität

Bevor ich dazu komme, muss ein weiteres Befriedigungssystem besprochen werden, das neben diesem narzisstischen Befriedigungssystem besteht. Es handelt sich um die sexuelle Befriedigung. Die biologisch-chemische Grundlage dieser Befriedigung ist bereits weit besser aufgeklärt. Wir wissen, dass das sexuelle Verhalten durch Hormone gesteuert wird, die Sexualhormone. Dieses Belohnungssystem belohnt Verhaltensweisen, die mit dem Erguss des männlichen Sperma in die weibliche Scheide enden. So sein biologischer Sinn. Das Ergebnis, nämlich die Befruchtung, die Geburt von Kindern und deren Aufzucht werden biologisch recht bescheiden belohnt. Hier sind lediglich die – wiederum narzisstischen – Belohnungen erwähnenswert, die aus der Brutpflege entspringen (Füttern usw.). Da es durch körperinterne Belohnungssysteme relativ gering belohnt wird, erfolgt die Verhaltenssteuerung offensichtlich noch stark über angeborene Verhaltensschemata. So ist das Brutpflegeverhalten vieler Tierarten bei genauer Beobachtung unschwer bei menschlichen Weibchen erkennbar, der Fütterungsreflexe wird wie beim Vogel durch das Aufsperren des Mundes des Säuglings ausgelöst usw.. Das Arbeitsverhalten des menschlichen Männchens dient im Grunde ebenfalls auch der Brutpflege.

Der eigentliche Sinn des „Sexualtriebes“, wie er allgemein und nicht nur von Freud genannt wird, liegt auch nicht in der Belohnung der Erzeuger der Kinder, sondern im Nutzen dieses Verhaltens für die Gesellschaft, für das System höherer Ordnung. Der Sexualtrieb, der im Individuum wirkt, stellt das Wachstum des lebenden Systems höherer Ordnung, des Staats, sicher. Der sexuelle Orgasmus ist die Belohnung, die das Individuum dafür bekommt, dass es sich als Sklave seiner Art verhält, der Orgasmus ist das Bestechungsgeld der Natur.

Für die zivilisatorische Entwicklung hat er allerdings auch eine

Bedeutung, weil jede Entwicklung körperexterner Teile des Menschen, seien es Effektoren (Maschinen, z.B. Autos) oder auch nur besondere Möglichkeiten der Bekleidung oder der Veränderung des Äußeren, bei der Partnersuche Verwendung finden. Dies auf der weiblichen Seite zur Erhöhung des Reizes, der Optimierung der Auslöser für männliches Begehren, aber auch auf der männlichen Seite zur Optimierung des Imponierverhaltens oder zur Eliminierung des Konkurrenten. Letzteres zeigt sich bei den frühesten Erfindungen körperexterner Effektoren, wie Faustkeil oder Messer, die ihren Nutzen schließlich auch beim Kampf der männlichen Bewerber um ein Sexualobjekt haben. Ein großer Teil der technischen Neuerungen hat seinen Nutzen im Konkurrenzverhalten und verändert somit die Selektion. Evolution findet einerseits durch die Tötung des Konkurrenten statt (Selektion), andererseits durch die Weitergabe möglichst vieler genetisch gespeicherter Daten (Überproduktion von Nachkommen). Die technischen Entwicklungen werden weniger zur Selektion innerhalb der eigenen Gesellschaft benutzt, sondern zum Kampf mit dem Nachbarstamm, dem Nachbarstaat. Die überlegenen Waffensysteme entscheiden darüber, welche Kultur sich ausbreitet und welche an ihrer Ausbreitung gehindert wird. Das zeigt sich insbesondere bei der Ausbreitung der Europäer in Nord- und Südamerika und der Unterjochung der afrikanischen Bevölkerung als Sklaven. Die Philosophie lebender Systeme betrachtet die Überproduktion von menschlichen Individuen innerhalb der einzelnen Staaten und die Kriege zwischen den Staaten als Fortsetzung der Evolution. Über die Bedeutung der Entwicklung körperexterner Organe für die Evolution habe ich mich an anderer Stelle geäußert. Deshalb zurück zum Individuum.

Biologische Schwächen können mit zivilisatorischen Hilfsmitteln ausgeglichen werden, so dass der Fortschritt auch auf diesem Weg zu einer Steigerung des Selbstwertgefühls führt.

Der zivilisatorische Fortschritt besteht jedoch nicht in einer Verbesserung des ungehemmten Ausübung sexuellen Verhaltens, sondern in der Steuerung dessen Ergebnisses (der Kinderproduktion).

Die Zivilisierung der Menschen kann gerade an dem Fortschritt der Empfängnisverhütung gemessen werden, an der Steuerung seiner Folgen. Die Vermehrung der Menschheit ist nämlich das große zivilisatorische Problem. Sie wird mit naturgesetzlicher Sicherheit in den Untergang der Menschheit führen, wenn sie sich fortsetzt. Das Problem besteht darin, dass die Menschheit weiter wächst, obwohl der zivilisatorische Fortschritt die Möglichkeit geschaffen hat, dieses Wachstum zu steuern. Der Höhepunkt dieses Fortschritts ist die Erfindung der „Antibabypille“, die ungehemmte sexuelle Betätigung erlaubt, ohne Kinder zu produzieren. Die Verantwortung hierfür haben die Frauen übernommen, während die Benutzung früherer empfängnisverhütender Maßnahmen verteilt waren. Auch dieses Thema möchte ich an anderer Stelle vertiefen.

Nun zurück zur Bedeutung der Arbeit und des Geldes.

2.8. Die Arbeit und das Geld

Historisch betrachtet gab es zunächst die Arbeit in Form menschlicher Betätigung zur Herstellung von Werkzeugen, die die Effektivität der Hände vergrößern. Gerade unter diesem Gesichtpunkt spricht die Philosophie lebender Systeme von körperexternen Effektoren. Diese optimieren die menschlichen Bewegungen, den Nutzungsgrad. Spätere Werkzeuge erweitern die menschlichen Fähigkeiten und stellen das Individuum dadurch, dass mehrere Personen an der Erfindung und Herstellung einer Maschine beteiligt sind und diese von vielen Menschengenutzt wird, in eine Gemeinschaft. Über den Effekt der Erhöhung des Selbstwertgefühls habe ich bereits gesprochen.

Als Tauschäquivalent für diese Produkte menschlicher Arbeitstätigkeit wurde das Geld entwickelt. Und mit der Einführung von Maschinen, die durch Fremdenergie betrieben werden und gemeinschaftlich genutzt werden, hat das Geld als Arbeitslohn eine besondere Bedeutung erhalten. Das Geld wird hier als Äquivalent für eine Arbeit und für die Zeit, während der die Arbeit getan wird, bezahlt. Das Individuum wird in seiner Arbeitstätigkeit an einer derartigen Maschine zu einem Teil dieser Maschine, ist an der Herstellung eines Produktes beteiligt, das von seinen Mitmenschen benötigt wird und wird dadurch zum Effektor für seine Mitmenschen. Das Individuum entscheidet andererseits als Käufer einer Ware darüber, welches Produkt es erwirbt, wo dieses und von wem dieses also in Zukunft nachproduziert wird. Damit wird der Käufer zu einem Entscheider, zu einem Dominator, wie ihn die Philosophie lebender Systeme bezeichnet, und der Arbeiter ist sein Effektor. Ebenso ist es im Dienstleistungsbereich. Der Käufer einer Dienstleistung entscheidet, welche Dienstleistung er benötigt, er ist der Dominator. Der Empfänger der Gegenleistung, des Lohns, ist der Effektor.

Das Leben des Menschen in der gegenwärtigen Zivilisation ist zeitlich geteilt in Effektorentätigkeit, die dem Geldverdienen dient und Dominatortätigkeit, in der das Geld ausgegeben wird. Ausgegeben wird das Geld nun nicht nur für Produkte, die als körperexterne Effektoren genutzt werden (wie das Auto und was damit an laufenden Kosten zusammenhängt), oder die der Veränderung des äußeren Erscheinungsbildes dienen (Bekleidung), sondern insbesondere auch für Genussmittel. Diese werden vom Individuum verbraucht, um sich Genuss, positive Gefühle, zu verschaffen. Die Erzeugung von positiven Befriedigungsgefühlen ist somit nicht mehr an Tätigkeit gebunden, sondern an Konsum, an den Verbrauch. Für die Psyche, für das Gefühlsleben des Individuums, hat dies besondere Konsequenzen. Nehmen wir als Beispiel das Fernsehen, weil dieses seit seiner Erfindung weit verbreitet ist. Das Fernsehen dient nur zum geringen Teil der Erlangung von Information, überwiegend dient es dem Genuss. Auch die Nahrungsaufnahme kann als Beispiel für diese Veränderung des Konsumcharakters herangezogen werden, da sie in der gegenwärtigen Zivilisierung ihre Bedeutung für die Lebenserhaltung weitgehend verloren hat und überwiegend dem Genuss dient, was zu früheren Zeiten nur in bestimmten Gesellschaftskreisen der Fall war. Da der Genuss nicht für das Überleben erforderlich ist, sondern sozusagen etwas Überflüssiges darstellt, ist er der Inbegriff des Luxus. Die Frage ist, worin dieser Genuss besteht und welche psychischen Auswirkungen diese Entwicklung hat. Das Entscheidende scheint mir die Abkopplung von Tätigkeit und Belohnung zu sein. Das Individuum verschafft sich positive Gefühle, die von der Natur biologisch als Belohnung für bestimmte Leistungen vorgesehen ist, ohne diese Leistungen zu vollbringen. Der Mensch ist in der Lage, seine biologischen Belohnungssysteme nach eigenem Ermessen zu aktivieren. Das führt sozusagen zu einem indirekten Leben. Also: das Individuum muss nicht heldenhafte Leistungen vollbringen, um von seinen Mitmenschen gelobt zu werden, sondern es schaut sich einen Film über einen Helden an und erlebt per Identifikation mit diesem dessen Abenteuer und dessen Sieg als eigenen Sieg. Nur durch Betätigung seiner Augen erlebt er also Furcht, Ängste, Hochgefühle und Siegestaumel. In Computerspielen („Egoshooter“) kann er sogar selbst Menschen ermorden und das damit verbundene Hochgefühl erleben, die Menschheit retten usw..

Indem das Individuum durch Theatereintrittskartenkauf oder Zahlung der Fernsehgebühren Mitmenschen dabei beobachten kann, wie diese sich hassen oder lieben, erlebt es die entsprechenden Gefühle mit, ohne dabei aktiv zu sein. Sehr beliebt ist die Beobachtung von Kämpfen zweier Parteien beim Fußball oder anderen Spielen, die in unserer Zivilisation zum Glück nicht mit konkreter Lebensgefahr verbunden ist, wie zu früheren Zeiten im alten Rom.

Auf das genussvolle Gestalten der Nahrungsaufnahme habe ich bereits hingewiesen, ja selbst dies wird in der gegenwärtigen Zeit der Fernsehköche noch vom eigentlichen Tun entfremdet. Das Individuum lebt, und zwar ohne sich dessen bewusst zu sein, mehr und mehr virtuell. Manche Individuen treiben es auf die Spitze und steigern ihren Genuss durch Drogeneinnahme, was beim Heroin jedoch nur zu ganz kurzfristiger Befriedigung führt, da der Körper anscheinend auch eine Adaptationsmöglichkeit hat, so dass die Droge nach kurzer Zeit bereits lediglich zur Erreichung eines Normalzustands eingenommen werden muss, in welchem Entzugserscheinungen vermieden werden.

Besonders die gegenwärtige westliche Kultur ist dadurch gekennzeichnet, dass Arbeit überwiegend nicht mehr zur Sicherung des Lebensunterhalts dient, sondern die Genussoptimierung der Anreiz zum Arbeiten, verstanden als Geldverdienen, wird. Wer mit dem Überleben zufrieden ist, für den zahlt die Allgemeinheit die Kosten zum Lebensunterhalt, ohne dass er eine Arbeitsleistung erbringt.

Die Auswirkungen dieser Abkopplung von Leistung und Belohnung hängen wohl von der Ausgangsposition des jeweiligen Individuums ab, insbesondere von seiner Arbeitsposition und seiner gesellschaftlichen Lage. Wird das Individuum von seinen im Berufsleben erbrachten Leistungen nicht befriedigt, werden seine Fähigkeiten hier nicht gesellschaftlich genutzt und handelt es sich um stupide Tätigkeiten, die sozusagen jeder andere ausführen könnte, liefert also die Berufstätigkeit keine oder wenig narzisstische Befriedigungen, so können diese virtuellen Befriedigungsmöglichkeiten, diese Genussmöglichkeiten, zu einer narzisstischen

Befriedigung führen, die diesen Mangel kompensieren. Dies könnte man als Ersatzbefriedigung bezeichnen. Da es sich hierbei wahrscheinlich um einen sehr hohen Bevölkerungsanteil handelt, der ohne diese Genussmöglichkeiten an einem Defizit narzisstischer Befriedigung leiden würde, haben diese Genussmöglichkeiten eine stabilisierende Funktion auf die Gesellschaft. Ohne diese und allein durch die beruflich bedingte Selbstbestätigung würde ein großer Teil der Bevölkerung an einem narzisstischen Defizit leiden, was sich in Unzufriedenheit und aggressivem Verhalten äußern würde.

Die Individuen, deren Berufsausübung befriedigend ist, benötigen derartige Zusatzbefriedigungen einerseits nicht, gerade für diese stellen sie einen Luxus dar, der ihre Lebenszufriedenheit steigert. Ein gewisses Problem könnte die gegenwärtige Zivilisierung für Personen sein, die nach einem Sinn im Leben suchen. Dies ist jedoch eine verschwindend geringe Minderheit, die gesellschaftlich keine Bedeutung hat. Insgesamt kann man wohl sagen, dass die gegenwärtige kulturelle Entwicklung der westlichen Gesellschaft dadurch gekennzeichnet ist, dass die technisch bedingten Genussmöglichkeiten ein hohes Niveau der allgemeinen narzisstischen Befriedigung der Gesellschaft gewährleisten.

2.9. Der Effektorengeist

Der Untertanengeist (Effektorengeist) sagt dem Individuum: „Ich bin nur ein kleines Rädchen im Getriebe der Welt, an dem ich nichts ändern kann. Ich befolge lediglich Befehle. Für meine Taten trage ich daher keine Verantwortung.

Die Deutschen können wohl die „Weltmeisterschaft“ in dieser Disziplin der Zivilisation beanspruchen. Sie waren in der Zeit von 1939 bis 1945 nicht nur führend in der Herstellung von Fernwaffen, sondern auch in der bürokratisch organisierten Massentötung eines Teils ihrer Bevölkerung, für die nach Kriegsende subjektiv niemand verantwortlich sein wollte.

Deshalb wird die hier angesprochene Methode der Distanzierung von der Tötungshemmung an diesem Beispiel zwar besonders deutlich, im Grunde handelt es sich jedoch um einen wichtigen Teil des Prozesses der Zivilisation, der auch heute global zu beobachten ist.

Auch hier meint die Philosophie lebender Systeme, dass Ursache und Wirkung nicht so klar ist, wie bislang angenommen.

Die gängige Erklärung ist die, dass der Mensch als Gruppenwesen, als soziales Wesen, entstanden ist und die Einordnung in eine Hierarchie seiner Natur entspringt. Bereits Horden von Primaten haben ein sogenanntes alpha-Tier und eine Hierarchie, ja bereits im Hühnerstall herrscht eine Hackordnung.

Wie ich anfangs in diesem Buch auch erwähnt habe, stellt bereits der Übergang von der Wahrnehmung der empirischen Realität zu sprachlichen Begriffen eine Unterordnung unter eine Gruppennorm dar. Nur im Wahrnehmen bin ich Ich, bereits im begrifflichen Denken bin ich ein Wir und denke als Wir, selbst wenn ich das Ich als Begriff verwende. Die Philosophie lebender Systeme sieht bei Kriegen zwischen Staaten auch nicht das Individuum als entscheidende und handelnde Einheit an, sondern den Staat, das System Staat. Dennoch ist parallel dazu eine Entwicklung des Individuums zum System Mensch zu beobachten, das immer selbstbewusster wird und seine Interessen denen des Staats immer deutlicher entgegensetzt. Ein derartiges gestärktes System Mensch kann nun allerdings auch die Unterordnung in einer Hierarchie zur Entlastung seines schlechten Gewissens benutzen. Die Hierarchie bietet sich sogar als Möglichkeit zur Verdrängung bestimmter Bewusstseininhalte an, so dass ein Interesse des Individuums, eine zusätzliche Motivation, angenommen werden kann, eine Hierarchie zu schaffen und sich in ihr einzuordnen.

Als primären körperinternen Grund für die Einordnung des Individuums in eine Gesellschaft sieht die Philosophie lebender Systeme den narzisstischen Befriedigungshaushalt an. Der Mensch sucht Bestätigung seiner Mitmenschen, weil er ein genetisch programmiertes Belohnungssystem hat, das ihm bei Lob und Bestätigung durch seine Mitmenschen Befriedigung durch Ausschüttung von Glückshormonen verschafft. Die Psychoanalyse nennt dies „narzisstische Befriedigung“. Diese stellt ein Selbstwertgefühl her, weil die Identität des Individuums von den Menschen seines Umfeldes bestätigt wird. Das Individuum erlebt sich selbst so, wie es auch von seinen Mitmenschen bestätigt wird. Der tiefere Grund für diese Unterordnung zum Zweck der Zufuhr narzisstischer Befriedigung liegt natürlich in den Genen. Die Suche nach Bestätigung ist angeboren durch das hormonvermittelte Glücksgefühl. Das Anpassungsverhalten des Individuums innerhalb einer Gemeinschaft wird gesteuert durch die Ausschüttung von Glückshormonen, so wie unser Vermehrungsverhalten durch die Ausschüttung von Sexualhormonen gesteuert wird. Letzteres macht uns zum Sklaven des genetisch determinierten Fortpflanzungstriebes, ersteres zum Sklaven der gesellschaftlichen Vorgaben für Anerkennung. Diese Sklavennatur des Menschen bedeutet, dass das Individuum als Effektor einer Gruppe entstanden ist und als Effektor stirbt, wenn es sich nicht irgendwann aus dieser Rolle emanzipiert. Der lebende Körper des Individuums ist einerseits der Effektor der Gene, deren Natur darin besteht, Kopien von sich anzulegen, sich zu vermehren. Er ist selbstkopierender Datenträger, wie ich einmal formuliert habe. Andererseits ist er Effektor der Systeme höherer Ordnung, dessen Element er ist. Hier steht die Nation an oberster Stelle, die Selektionsaufgaben erfüllt und ihn zum Werkzeug ihrer Kriegsführung degradiert. Die Identifikation mit ihr und ihrer Ideologie, sei sie weltlich oder religiös, macht ihn zum willigen Werkzeug, zum Effektor, der innerhalb der Gesellschaft möglichst unauffällig und reibungslos funktioniert. Diese Effektorenrolle bestimmt auch sein Denken. Begriffliches Denken hat sich nicht nur zusammen mit dem gemeinschaftlichen Spracherwerb entwickelt, sondern es entspricht auch der objektiven Rolle des Individuums innerhalb einer Gemeinschaft. Die Position eines Menschen innerhalb einer Hierarchie bestimmt sein Denken und seine Entscheidungen, die nicht mehr individuell sind. Hier stimme ich Marx zu wenn er sagt, das gesellschaftliche Sein des Menschen bestimme sein Bewusstsein.

Diese Einordnung in eine Gemeinschaft, in der das Individuum dann auch eine Aufgabe innerhalb dieser Gemeinschaft übernimmt, die es ausfüllen kann und für die es finanziell belohnt wird, ist genetisch durch eine Glückshormonausschüttung programmiert.

Hinzu kommt jedoch die Abwehr des schlechten Gewissens wegen der Tötungen dieser Gemeinschaft. Und diese Abwehr begünstigt die Installierung einer Befehlshierarchie, die den Sinn hat, Verantwortung jeweils an den Vorgesetzten abzuschieben.

Der Zivilisationstheorie der Philosophie lebender Systeme zufolge ist die Hemmung von gefühlsbedingten Handlungsimpulsen und die damit verbundene Unterbrechung natürlicher Handlungsabläufe der wesentliche Punkt.

Das schlechte Gewissen bei der Tötung des Mitmenschen ist nach Ansicht der Philosophie lebender Systeme eine natürliche Reaktion, die auftritt, wenn das Verhalten eines Individuums von angeborenen Verhaltensimpulsen abweicht. Ein wesentlicher natürlicher Impuls ist die Tötungshemmung in Bezug auf Lebewesen der gleichen Art, andere Impulse betreffen die Partnersuche (Imponierverhalten) und die Sorge um den Nachwuchs (Brutpflegeverhalten). Eltern haben den natürlichen Impuls, ihre Kinder zu schützen, sie vor Schaden zu bewahren. Handeln sie dem zuwider, tritt ein schlechtes Gewissen auf. Der Übergang von erstem rituellen Verhalten, das den Sinn hat, das Individuum vom schlechten Gewissen (beim Brudermord) zu reinigen, zur Bildung von Religion, hängt allerdings womöglich mit einer Umkehr dieses Vorgangs zusammen. Das Ritual der Beschneidung von Knaben ist objektiv ein aggressiver Vorgang, der dem betroffenen Kind Schmerzen bereitet und es körperlich schädigt. Es stellt zunächst eine Körperverletzung dar. Kein Vater und keine Mutter würde auf die Idee kommen, sein Kind auf diese Weise zu verletzen und ihm Schmerzen zuzufügen. Ein derartiges aggressives Verhalten dem eigenen Kind gegenüber widerspricht der natürlichen Verhaltensweise von Eltern. Religiöse Führer, die derartiges Verlangen, bewirken damit eine systematische Traumatisierung der Opfer, die damit zu Mitgliedern der Glaubensgemeinschaft werden. Einerseits muss das Erleben von Angst und Schmerz des Kindes zu Wut- und Hassgefühlen den Tätern und den eigenen Eltern gegenüber führen, die ihn nicht geschützt haben, und andererseits führt Schmerzerleben zur Bildung einer Hypothese, die im Kern besagt, dass ich etwas falsch gemacht habe. Der Organismus vermeidet Schmerz, weil er eine Gefahr für das Überleben darstellen kann, und versucht deshalb, den Schmerz in Zukunft zu vermeiden. Dazu muss er jedoch eine Theorie über die Schmerzursache haben. Findet er keine Ursache im eigenen Fehlverhalten, wie im Fall der Beschneidung, kann ein schlechtes Gewissen resultieren. Nach dem Motto: "Irgendetwas muss ich falsch gemacht haben, wenn ich auf diese Weise körperlich bestraft werde", bleibt ein Schuldgefühl beim Kind. Aber auch die Eltern entwickeln ein natürliches Schuldgefühl, weil sie die Verletzung ihres Kindes zugelassen haben. Sie müssen ihre angeborenen Schutzimpulsen hemmen. Auch bei ihnen erzeugt dieses widernatürliche Handeln ihrem Kind gegenüber ein Schuldgefühl. Darüber hinaus handelt es sich um eine Unterwerfung. Die Handelnden degradieren sich zu Effektoren eines höheren Wesens, die

Eltern unterwerfen sich den Religionsführern und diese unterwerfen sich einem Willen, den sie Gott angedichtet haben. Es wird also ein übernatürlicher Wille mit der Folge konstruiert, dass in den Gläubigen ein schlechtes Gewissen erzeugt wird. Die beschnittenen Kinder werden zu Bestraften, die sich irgendeine Schuld phantasieren können, für die sie büßen müssen, und als Väter werden sie aus Rücksicht auf die Gemeinschaft der Gläubigen zu Misshandlern ihrer eigenen Kinder degradiert. Einem gesunden Selbstwertgefühl kann das nicht dienlich sein. Religionsgemeinschaften mit Beschneidungsritual schädigen auf diese Weise systematisch das Selbstwertgefühl ihrer Mitglieder, indem sie sie zu widernatürlichen Handlungen zwingen und erzeugen so eine kulturell induzierte Depressivität. Die Betroffenen verleugnen die objektive Schuld und wehren ihr Schuldgefühl selbstverständlich ab. Sie werden zu Untertanen ihrer Religionsführer, indem sie deren Interpretation der Beschneidung als "heilig" übernehmen. Dafür erhalten sie narzisstische Bestätigung, deren höchste Form die Liebe eines selbsterfundenen Gottes ist, dessen angeblichen Willen sie sich unterwerfen. Im Ergebnis führt die Erzeugung des kollektiven schlechten Gewissens (Depressivität) zur kompensatorischen Stärkung der Gemeinschaft (Identifikation mit dem Aggressor), was im Kampf gegen konkurrierende Gemeinschaften diesen gegenüber zu einem Überlegenheitsgefühl führt und die Bereitschaft erhöht, den Fremden abzuwerten und im Kriegsfall ohne moralische Hemmungen zu töten. Die Erniedrigung der Individuen des eigenen lebenden Systems höherer Ordnung (z.B. Staat) führt auf diese Weise zu einem Überlebensvorteil im Kampf mit konkurrierenden Gemeinschaften.

Die Beschneidung ist nur ein Beispiel für die Erzeugung von Schuldgefühl und schlechtem Gewissen, eine andere Methode ist das Onanieverbot des Christentums oder andere sogenannte Tabus. Interessant sind immer auch die Begriffe, mit denen diejenigen bezeichnet werden, die nicht zu dem lebenden System höherer Ordnung gehören, das sich mit Hilfe derartiger religiöser Denkinhalte definiert. Die "Wilden" (siehe Freud) war dafür einige Zeit ein Begriff, aus dem hervorgeht, dass die christlich europäische Form der Zivilisation auf der Beherrschung von Impulsen und Gefühlen, insbesondere auch sexuellen Wünschen, basiert.

Die Philosophie lebender Systeme betrachtet die Nichtbefriedigung sexueller Bedürfnisse bzw. den Aufschub von sexueller Befriedigung nur als einen Teil einer Grundfähigkeit, nämlich der Fähigkeit, einer natürlichen Regung nicht nachzugeben. Diese Hemmungsfähigkeit, die kybernetisch als das Einschieben eines Umwegs in einen bestehenden Regelkreis beschrieben werden könnte, ist die Voraussetzung und Bedingung für den Prozess der Zivilisation.

Der Handlungsdruck, der der Aufrechterhaltung der Homöostase dient, der also dazu dient, Regelkreise mit negativer Rückkopplung schließen, liefert die Energie, die dann vom Ich des Individuums in eine spezifische Richtung gelenkt wird. Der Mensch hat die Fähigkeit und ist von der Natur gezwungen, Entscheidungen darüber zu treffen, wann der Regelkreis geschlossen wird. Es handelt sich im Grunde also zunächst um die Frage, ob ein Regelkreis sofort oder später geschlossen wird und danach um die Frage, mit welchen Mitteln er geschlossen wird.

Zivilisation besteht darin, dauerhaftere Lösungen zur Schließung dieser Regelkreise zu finden. Das Aufschieben einer Bedürfnisbefriedigung auf einen späteren Zeitpunkt setzt die vom Körper zur Verfügung gestellte Energie dafür ein, mit Hilfe der Kombinationsfähigkeit des Hirns dauerhaftere Lösungen zu finden. Insofern hat auch Popper völlig Recht, wenn er Leben als Problemlösen beschreibt.

Der Grundgedanke, dass der Ursprung der Zivilisation in diesem Vorgang des Ersetzens der Sofortbefriedigung durch sicherere spätere Befriedigung der Bedürfnisse nach Selbsterhaltung und auch nach sexueller Betätigung liegt, ist nicht neu. Auch der Gedanke, dass der Mensch das Tier ist, das Nein-sagen kann, ist bekannt. Ich würde es anders ausdrücken und formulieren: der Mensch ist das Tier, das Nein-handeln kann. Und mit diesem Neinhandeln beginnt auch seine zivilisatorische Entwicklung, die parallel dazu verläuft, dass er weiterhin als Effektor seiner Gene und Effektor seines Staats, seiner Nation, denkt und handelt. Einerseits hat sich das Individuum noch nicht von seiner Natur als Effektor der Gene und Effektor des Systems höherer Ordnung befreit, andererseits jedoch hat es bereits große Schritte dahin gemacht, seine geistigen Produkte, nämlich seine Ideen, Hypothesen und Theorien, in Realität umzusetzen und hat vor allem einen neuen Vererbungsweg installiert, der zellextern in der Außenwelt des Individuums vor sich geht, indem diese Ideen und Hypothesen hirnextern in Büchern, auf Festplatten und anderen Datenträgern gespeichert werden.

2.10. Die Grundlage der zivilisatorischen Entwicklung

Der Mensch hat Rezeptoren, Sinnesorgane, die ihm Daten über die **Vorgänge außerhalb seines Körpers** melden. Das sind die Wahrnehmungen, sehen, hören, riechen, schmecken usw..

Der Mensch hat jedoch auch Rezeptoren, die ihm Daten über die **Vorgänge innerhalb seines Körpers** melden: Schmerz, Angst, Furcht, Trauer, Glück, Zufriedenheit usw.

Der Wahrheitsgehalt der von innen ins Gehirn kommenden Daten unterscheidet sich nicht vom Wahrheitsgehalt der Daten, die von außen kommen. Die Gefühlszustände des Körpers sind ebenso empirische Realität (Kant) wie die von außen über die Sinnesorgane kommenden.

Beide Inputs des Hirns, die Wahrnehmungen (von außen) und die Gefühle (von innerhalb des Körpers), werden, bevor sie das Großhirn erreichen, in niederen (entwicklungsgeschichtlich älteren) Hirnarealen miteinander verknüpft und verrechnet, so dass im Großhirn bereits verrechnete Daten ankommen. Diese Vermischung ist nun keine zufällige, sondern eine, die sich im Lauf der Evolution durch Selektion entwickelt hat. Und das wesentliche Merkmal dieser Verknüpfung ist eine kausale: Gefühlsqualitäten werden als Folge innerer Veränderungen erlebt und als Bedürfnisse, Ängste usw. wahrgenommen. Die von außen hervorgerufenen Wahrnehmungsdaten werden mit diesen Gefühlsqualitäten kombiniert. Erst die Veränderungen im Außen, in deren zeitlicher Folge die inneren Veränderungen als Wahrnehmung. Hinzu kommen Gefühlsbeimengungen, die von innen kommenden Daten (Gefühle). Also: erst fliegt ein Pfeil durch die Luft und trifft mich, danach empfinde ich Schmerz; empfinde ich ohne eine derartige Beobachtung Schmerz auf der Haut, vermute ich ein vorausgegangenes Treffen eines spitzen Gegenstandes auf meine Haut (ein Rosendorn?). Auch wenn ich einen Schmerz innerhalb meines Körpers spüre, vermute ich eine körperliche Veränderung innerhalb meines Körpers als Ursache dieses Schmerzes. Nun stelle ich natürlich nicht hypothetische Vermutungen an, sondern im Lauf der Evolution sind derartige Vermutungen zur Gewissheit geworden. Ein derartig konstruiertes Wahrnehmungs- und Gefühlserleben kann im übrigen auch bei allen Tieren angenommen werden, die über ein gleichartiges Hirn wie der Mensch verfügen.

Als theoretische Regel kann man sagen: Veränderungen der materiellen Welt außerhalb meines Körpers werden als Wahrnehmungen registriert, materielle Veränderungen innerhalb des lebenden Körpers als Gefühle. Beides beeinflusst sich jedoch ohne mein bewusstes Zutun gegenseitig. Im Fall eines Mangels (Sauerstoffmangel, Nahrungsmangel, Mangel an Sexualität, Mangel an narzisstischer Befriedigung) melden die inneren Rezeptoren Bedürfnisse, Wünsche usw., dies wirkt seinerseits auf die Wahrnehmung, die Aufmerksamkeit richtet sich auf die Vorgänge im Außen, die eine Befriedigung versprechen. Meine Wahrnehmungen werden in jedem Fall von meinem Unbewussten nach evolutionär erworbenen Regeln konstruiert.

Die Evolution ist beim Menschen nun inzwischen so weit vorangeschritten, dass er nicht nur natürliche Organe innerhalb seines Körpers hat, sondern zusätzlich über künstliche Organe verfügt, die außerhalb seines Körpers liegen. Dies sind zunächst keine zusätzlichen Wahrnehmungsorgane, wie das Fernrohr oder das Mikroskop, sondern effektorische Organe.

Der eben bereits erwähnte Pfeil und der dazugehörige Bogen ist ein derartiges Organ, aber auch sein Haus, sein Auto, sein Fernsehapparat und sein Computer sind zusätzliche (Hass) körperexterne Organe des materiellen menschlichen Körpers.

Gefühle, die immer eine Veränderung innerhalb des lebenden Körpers anzeigen, wirken stets auf die Motorik. Sie zeigen im Falle von Regelkreisen mit negativer Rückkopplung eine Abweichung des Istwerts eines Parameters von seinem Sollwert an und lösen einen Impuls aus, der durch eine Aktion zur Herstellung des Sollwerts führen soll. Sie bewirken einen Antrieb und mobilisieren z.B. die Bereitstellung von Energielieferanten im Blut (Glucose).

Die allgemeine Grundlage der Zivilisation ist nun nach Ansicht der Philosophie lebender Systeme eine Hemmung dieser Handlungsimpulse, die mit Gefühlen verbunden sind bzw. die Fähigkeit des Menschen, den von ihnen intendierten Handlungsdruck nicht zu vollziehen.

Der von Gefühlen intendierte natürliche Handlungsdruck geht in eine Richtung. Sich diesem Handlungsdruck zu widersetzen und eine andere Handlung zu vollziehen, die eventuell als paradox oder unnatürlich bezeichnet werden könnte, ist der Ausgangspunkt menschlicher Zivilisation. Die Energie für die Impulshemmung wird vermutlich einem Gegenantrieb entnommen, nämlich dem Vermeidungsimpuls im Falle von Angst oder Furcht.

Dazu einige Beispiele.

Der Mensch befriedigt seinen Wunsch, etwas zu verzehren, nicht oder nur notdürftig, sondern verwendet gerade die besonders groß geratenen nahrhaften Körner dazu, sie wieder in die Erde einzusetzen. Er beginnt einen Ackerbau, er züchtet Kulturpflanzen. Voraussetzung dafür ist der Aufschub von besonderer Befriedigung von Hunger. Dem natürlichen Handlungsdruck zum sofortigen Verzehr widersetzt sich der Mensch. Er wartet mit der Befriedigung des Bedürfnisses, weil er antizipatorisch später (im Winter) Hunger befürchtet. Durch diesen Aufschub von Befriedigung, diesen Verzicht auf sofortige Bedürfnisbefriedigung, erreicht er sogar etwas Neues: der spätere Verzehr der langersehnte Nahrung ändert den Charakter des Essens, das Essen wird zum Genuss. Die Spannung, die über einen längeren Zeitraum aufrecht erhalten wird, bewirkt eine Steigerung des Befriedigungsgefühls. Die Stillung des Hungers wird zu einem Ereignis, das genossen werden kann, auf das man sich bereits vorher freuen kann. Auf den späteren narzisstischen Gewinn durch die Anerkennung seiner Mitmenschen habe ich bereits hingewiesen.

Ähnlich ist es mit der Tötung von Beutetieren. Sie werden nicht zum sofortigen Verzehr getötet, sondern als Jungtier gefangen und sogar gefüttert. Die Furcht vor dem späteren Hungertod überwiegt über den momentanen Hunger. Diese Verzichtsleistung ist Ursprung der zivilisatorischen Entwicklung des Menschen.

Dieses dem natürlichen momentane Handlungsdruck Widerstehen und Zuwiderhandeln ist der Ausgangspunkt der Zivilisation.

Das Zuwiderhandeln gegen den natürlichen Handlungsdruck der Tötungshemmung (des Artgenossen) ist also nur ein Beispiel, das jedoch für die Bildung des schlechten Gewissens und der Schaffung von Religionen mit dem Zweck, das schlechte Gewissen zu überwinden, verantwortlich ist.

Im Grunde ist es immer so, dass zunächst Verzicht geleistet werden muss, dass zunächst der natürliche Handlungsantrieb, das natürliche Gefühl, überwunden werden muss. Um ein Schneidewerkzeug herzustellen, musste der Mensch zunächst Zeit investieren und in dieser Zeit auf Befriedigungen verzichten. Im Grunde hat sich daran bis in die Gegenwart nichts verändert.

Auch der heutige Wissenschaftler muss zunächst auf schnelles Geldverdienen verzichten und anstatt zu arbeiten weiter die Schule besuchen und lernen. Er muss, wahrscheinlich ebenso wie der erste Steinwerkzeughersteller, zunächst auf sexuelle Betätigung und Familiengründung verzichten und stattdessen (in der Jetztzeit) jahrelang eine Universität besuchen, auf der er keinen Cent verdient.

Die Gesellschaft ist sich natürlich der Vorteile einer derartigen Spezialisierung für die Allgemeinheit bewusst und übernimmt in dieser Zeit seine Alimentierung (die Kosten für seine Ernährung).

Den biologischen Vorgang des Zur-Verfügung-Stellens von Energie durch orale, aggressive oder sexuelle Versuchungen oder Versagungen beschreibt die Philosophie lebender Systeme folgendermaßen:

Orale und aggressive Triebenergie: das Absinken des Blutzuckerspiegels oder das Registrieren des Leeregefühls im Magen durch entsprechende körperinterne Rezeptoren, kurz: das Abweichen der Istwerte der Nahrungszufuhr-Regelkreise vom Sollwertmittel, führt zu Hungergefühl. Objektiv handelt es sich um eine Situation der Notwendigkeit von Nahrungszufuhr, subjektiv verwandelt unser Hirn die physiologisch durch Rezeptoren (sensible Nervenendigungen) registrierte und durch Nerven zum Hirn weitergeleiteten Informationen über den körperinternen Substanzmangel in ein Hungergefühl um, das bei fortgesetztem Nahrungsmangel ansteigt. Um den Regelkreis zu schließen und den Istwert wieder in den Sollwertmittelbereich zurückzubringen, muss der lebende Körper nun Aktionen zum Aufsuchen und Vereinnahmen von Nahrung durchführen. Zu diesem Zweck stellt der Organismus Energie zur Verfügung und alarmiert bestimmte Bereitschaften. Bis dahin handelt es sich um einen automatisch bzw. unbewusst ablaufenden Vorgang, der dem Körper Energie zur Verfügung stellt und die Aufmerksamkeit der Sinnesorgane in eine bestimmte Richtung lenkt. Die Sinnesorgane registrieren Vorgänge außerhalb des Körpers, die Aufmerksamkeit der Augen wird auf bewegliche Objekte der Außenwelt gelenkt, die als tierische Beute oder pflanzliche Nahrung in Betracht kommen, die Aufmerksamkeit der Ohren wird auf Geräusche gelenkt, die von Beutetieren verursacht werden könnten, die Aufmerksamkeit der Nase auf Gerüche usw. (letzteres hat für den Menschen eine geringere Bedeutung). Wird nun beispielsweise vom Urmenschen eine tierische Beute registriert, stellt der Körper aggressive Triebenergie zur Verfügung, weil tierische Beute sich nicht einfach wehrlos und freiwillig zum Gefressenwerden zur Verfügung stellt. Dies geschieht über Ausschüttung bestimmter chemischer Substanzen, die in Körperdrüsen produziert werden (z.B. Adrenalin). Nun erfolgen Bewegungen zum Fangen des Beutetiers und zu seinem Aufessen. Anschließend gelangen die Istwerte der Nahrungsaufnahme-Regelkreise wieder in ihren Sollwert, der Mensch ist gesättigt, empfindet Zufriedenheit. Philosophisch interessant sind bei diesem physiologischen Vorgang zwei Punkte. Der erste Punkt ist die Frage, wo die Energie herkommt, die zweite Frage ist die, wie der lebende Körper seine Bewegungsrichtung steuert. Zunächst können wir diesem Regelkreis in einen sensorischen oder rezeptiven Schenkel und einen effektorischen Schenkel teilen. Die Kraft, die beim Fangen der Beute benötigt wird, wird von der Muskulatur aufgewendet. Der Körper stellt der Muskulatur den Energielieferanten, die Glucose (Zucker), zur Verfügung. Die Muskulatur ist der Motor, das Benzin wird dem Motor über das Kreislaufsystem zur Verfügung gestellt, das Blut transportiert den Energieträger in die Muskulatur. Das Nervensystem, das einerseits die Istwerte registriert und andererseits die Muskelaktionen koordiniert, benötigt vergleichsweise wenig oder gar keine Energie. Die Reize, die von außerhalb oder von innerhalb des Körpers kommen, führen nämlich lediglich zu einem vorübergehenden Funktionsverlust der sensiblen Nervenzellen. Ihr Ruhemembranpotenzial, also die elektrische Spannung zwischen dem Zellinneren und der umgebenden extrazellulären Flüssigkeit bricht zusammen. Dieser vorübergehende Zusammenbruch der Funktionsfähigkeit der Nervenzelle ist die Tatsache, die weitergeleitet wird und dadurch Information trägt. Die Arbeit der Zelle, die Energie benötigt, beginnt hinterher, nämlich wenn die Natrium-Kalium-Pumpen den Ruhezustand der Nervenzellen wieder herstellen. Ebenso ist es mit den motorischen Nervenzellen, die Daten vom Zentralnervensystem an die Muskulatur senden. Der einfache Nervenreflex vom Finger, dessen sensible Nervenfasern die Hitze einer brennenden Kerze registrieren und an den motorischen Nerven im Rückenmark (Zentralnervensystem) melden, der das Zurückziehen des Arms veranlasst, verbraucht praktisch keine Energie, sondern der Energieverbrauch findet im Effektor, in der Muskulatur, statt, und erst anschließend in den Nerven zur Wiederherstellung ihres „normalen" Ruhezustands. Kommen wir nun aber zum interessanten Teil der Geschichte, nämlich zu der Frage, was passiert, wenn nicht nur ein Beutetier vorhanden ist, sondern mehrere Nahrungsquellen von den Sinnesorganen registriert werden. Schon der Löwe - und vor ihm bereits Millionen von Tieren Millionen Jahre lang - kann, wenn er eine Gnuherde sieht, nicht alle Tiere verfolgen, sondern muss sich für ein Tier entscheiden, wenn er erfolgreich jagen will. Da der Mensch ein Allesfresser ist, hat er noch mehr Entscheidungsmöglichkeiten, wenn er Hunger verspürt. Die Muskulatur kann also nicht von sich aus automatisch tätig werden, wie bei einem (unbedingten) Reflex, sondern es muss eine Entscheidung über die Bewegungsrichtung getroffen werden, darüber, welche Aktion der lebende Körper, der sich ja nicht teilen kann, ausführen soll. Anders gesprochen: es muss eine Instanz vorhanden sein, die darüber entscheidet, zu welchem Zweck und an welchem Organ, an welchen Muskelgruppen, die Energie verbraucht wird, die der Körper zur Verfügung stellt.

Sexuelle Triebenergie: hier handelt es sich um einen vergleichbaren Vorgang. Durch Ausschüttung bestimmter chemischer Substanzen (Sexualhormone) ins Blut wird die Aufmerksamkeit der Sinnesorgane in Bereitschaft versetzt und dem Körper wird Energie zur Verfügung gestellt. Hier sind es nun nicht Beuteobjekte, die der Nahrungszufuhr dienen, sondern der mögliche Sexualpartner, auf dessen Ortung sich die Aufmerksamkeit der Sinnesorgane (Augen und Nase usw.) richtet. Die Entscheidungsfrage tritt auch hier ein, nämlich für welches Sexualobjekt sich der lebende Körper entscheidet, also in welche Richtung die Entscheidungsinstanz die vom Körper zur Verfügung gestellte Energie richtet.

Kommen wir zurück der Frage des Ausgangspunkts der Zivilisation.

Bereits im Tierreich hat das Hirn die Fähigkeit zur Informationsspeicherung. Das Hirn speichert Bilder über die optische Erscheinungsform von Beutetieren oder Sexualpartnern, damit diese später in Situationen von Hunger oder von sexueller Erregung identifiziert werden können. Diese Fähigkeit sowie die eben geschilderte Entscheidungsfähigkeit über das Objekt, dem sich der lebende Körper zum Zweck der Nahrungsaufnahme oder des Geschlechtsverkehrs annähert, sind die Voraussetzungen für die Entstehung von Zivilisation. Lediglich die Schnittstelle zwischen dem sensorischen Teil der Regelkreise, die der Selbsterhaltung der Individuen dienen und damit dem Wachstum des Systems höherer Ordnung (der Vermehrung der Individuen) und dem effektorischen Schenkel wird komplizierter. Zwischen diesen beiden Teilen dieser Regelkreise liegt das Hirn.

Die Notwendigkeit des lebenden Körpers, sich im Falle des Vorhandenseins mehrerer Objekte für ein Objekt zu entscheiden, ist damit verbunden, dass zwischen dem Erkennen eines Objekts und dem Handeln auch eine Umschaltung von einem sensorischen auf einen motorischen Nerven und damit ein kleines Zeitintervall eingeschoben werden muss, das der Abwägung dient. Auch dieses Abwägen, also das Denken, erfordert Energie. Die biologische Energie in Form einer Bereitstellung von Glucose im Blut wird bereits zur Verfügung gestellt, wenn die Sinnesorgane ein Objekt identifiziert haben. Die Energie, die im Falle einer Muskelaktion zum Fangen des Beutetieres oder für Balzrituale im Falle der Partnersuche (auch beim Menschen) von der Muskulatur (dem Effektor) benötigt wird, wird teilweise für Denkprozesse eingesetzt, also in geistige Energie verwandelt. Sie wird, je nach der getroffenen Entscheidung des Ichs, auch dafür verwendet, reflektorische Bewegungsabläufe zu hemmen, also Befriedigung von Bedürfnissen aufzuschieben. Subjektiv wird dies als Unlust (Freud) erlebt.

In vielen Fällen wird die beispielsweise durch Adrenalinausschüttung freigesetzte Energie nicht vollständig verbraucht, so dass körperliche Funktionsstörungen, wie ein Bluthochdruck hervorgerufen werden können.

Die steuernde Instanz der Psyche ist das Ich. Dieses wird beim

Menschen westlicher Kultur in besonderem Maß beansprucht, wodurch es andererseits einer hohen Zufuhr an narzisstischer Befriedigung bedarf. Die Trennung von Arbeitszeit und Freizeit führt bereits täglich dazu, dass Lustbefriedigung aufgeschoben, auf die Freizeit verlegt werden muss. Das Geld tut ein übriges, weil seine Menge begrenzt ist und das Individuum dadurch gezwungen wird, selbst und autonom zu entscheiden, welche Befriedigung ihm wichtiger ist und welche Befriedigung es auf einen späteren Zeitpunkt verschieben kann. Diese Fähigkeit zur Selbststeuerung von Bedürfnisbefriedigung wird durch das Geld besonders seit der Industrialisierung vorgenommen, die die arbeitende Bevölkerung zwingt, in den Fabriken als Lohnarbeiter ihren Lebensunterhalt zu verdienen und mit dem darüber hinaus verdienten Einkommen ihr Genussstreben zu finanzieren. Dieses Genussstreben ist ein zusätzlicher Industriefaktor geworden, der Menschen Arbeit und Geldeinkommen verschafft. Das Luststreben hat sich dadurch verfeinert. Nicht nur die Befriedigung aggressiver Bedürfnisse ist durch die moderne Computertechnik ohne Schädigung von Mitmenschen möglich, sondern auch alle sexuellen Bedürfnisse können via Internet befriedigt werden, allerdings ohne körperlichen Kontakt. Die Befriedigung sexueller Bedürfnisse ist jederzeit möglich geworden, auch aufwändige Werbemaßnahmen um einen Partner, der Befriedigungszeitpunkt aggressiver und sexueller Bedürfnisse kann vom Individuum frei gewählt werden, jedes Individuum kann jederzeit virtuell Krieg führen ohne dass es einer Kriegserklärung eines Staates bedarf. Wie schon gesagt, betrifft dies allerdings nur den Bereich der Freizeit. Die erhöhten Anforderungen an die Selbstkontrolle und die Verschiebung von Bedürfnisbefriedigung auf die Freizeit ist also kombiniert mit einer verbesserten Entscheidungsfreiheit während dieses Zeitraums. Wir sehen also einerseits gestiegene Anforderungen an die Selbstkontrolle und andererseits verbesserte Befriedigungsmöglichkeiten. Das betrifft das Triebleben und dessen Kontrolle. Andererseits hat Elias bereits darauf hingewiesen, dass im sozialen Leben, was in unserer Gesellschaft nun nicht mehr das Leben am Hof ist, sondern das Berufsleben, erhöhte Anforderungen an die Affektkontrolle stellt. Höflichkeit ist nicht mehr auf den Hof beschränkt. Dem Chef gegenüber können aggressive Affekte nicht entladen werden, den Mitarbeitern und den Kunden gegenüber ist Höflichkeit und Zuvorkommenheit wichtig, je nachdem in welchem Bereich man arbeitet. Die gegenseitigen Abhängigkeiten und Beziehungen haben sich vervielfältigt. Affektsteuerung ist ebenfalls eine wichtige Steuerungsaufgabe des Ich. Das Individuum ist heute von arbeitenden Menschen in anderen Erdteilen abhängig. Dieses Geflecht von Beziehungen kann gar nicht mehr überblickt werden. Zusammen mit der Affektkontrolle gegenüber den real existierenden Mitmenschen, die im konkreten Zusammenleben auf immer enger werdenden Raum erforderlich ist und den virtuellen Befriedigungsmöglichkeiten führt dies zu Betonung des Individuellen.

Über die Bedeutung der Tötungshemmung bzw. der Überwindung der Tötungshemmung oder der Vermeidung des Brudermordes für den Prozess der Zivilisation habe ich bereits gesprochen. Die angeborene Tötungshemmung „verbietet" es einem Individuum, ein körperlich unterlegenes, schwächeres Individuum der gleichen Art zu töten. Überwindet das Individuum seine Tötungshemmung und tötet in einer Konfliktsituation ein artgleiches Wesen (weil vielleicht der Hunger eine stärkere Wirkung als die Tötungshemmung hatte), so tritt ein schlechtes Gewissen auf, das der Mensch zunächst mittels Ritualen, später mittels Religionen überwunden hat. Das Gefühl, das nicht zur Handlung zugelassen wurde (hier die Tötungshemmung) entfaltet in der Psyche eine störende Kraft. Diese störende Kraft kann in der Zukunft zu Handlungsproblemen führen, zu einem schlechten Gewissen und zu zukünftigen Entscheidungsschwierigkeiten. Deshalb muss es abgewehrt werden, es muss in Vergessenheit gebracht werden, ins Unbewusste verdrängt werden. Diesen Mechanismus hat die Psychoanalyse aufgeklärt. Sie kommt zu dem Ergebnis, dass die verdrängten Erinnerungen (an innere Gefühle oder äußere Wahrnehmungen) auch im Unbewussten eine störende Kraft entfalten, die zu Funktionsstörungen (z.B. Blutdruckerhöhung) oder seelischen Krankheiten (Neurosen) führen kann.

Während Freud im schlechten Gewissen (anderer Genese) den Ausgangspunkt der zivilisatorischen Entwicklung ansieht, sieht die PhilS hierin lediglich einen Abwehrvorgang. Die Abwehr des schlechten Gewissens hat einerseits eine Funktion bei der Entwicklung von „Moral" und „Religion". Dies im Sinn einer Abwehr. Die Abwehr führt auch zur Entwicklung von bestimmten körperexternen Effektoren.

Die Evolution und deren Fortsetzung beim Menschen, die Zivilisation, hat zur Entwicklung vom körperexternen Effektoren geführt, die eine Fernwirkung haben: der Speer, der Pfeil, das Geschoss, die Rakete, sind ein Beispiel für Effektoren, die zum Töten eingesetzt werden können und deren Fernwirkung immer weiter gesteigert wurde. Darauf hat bereits Kirschmann hingewiesen, der den Menschen als Werfer charakterisiert (Eduard Kirschmann: Das Zeitalter der Werfer – eine neue Sicht des Menschen. Hannover. 1999. ISBN 3-00-004783-2). Arthur Koestler bezeichnet den Menschen daher als Irrläufer der Evolution (Arthur Koestler 1989).

Ich möchte hier auf eine besondere und augenfällige Folge der zivilisatorischen Entwicklung hinweisen, nämlich darauf, dass der Tatort der Tötung des Artgenossen durch die Entwicklung dieser körperexternen Tötungsorgane des Menschen in immer weitere Ferne gerückt ist, bis er schließlich völlig außer Sichtweite gekommen ist. Der Täter, der die Massenmorde befiehlt, hat seine menschlichen Effektoren (die ihm befehlshörigen Soldaten). Diese schießen Bomben tragende Raketen ab und die Tötungen der Artgenossen finden in einem anderen Land statt. Der Täter kann das Sterben und die Qualen seiner hundert, tausend oder millionen Opfer und die Qualen deren Nachfahren gar nicht mehr beobachten. Er hat daher kein Mitgefühl und es kann auch keine natürliche Tötungshemmung ausgelöst werden. Diese Fernwaffen stellen also die perfekte Lösung der Probleme dar, die von der angeborenen Tötungshemmung in der Psyche des Täters ausgelöst werden können, wenn dieser die Tötung eigenhändig vornimmt. Die Tötungshemmung muss erst gar nicht verdrängt werden, weil die Tode und die Qualen der Opfer vom Täter gar nicht wahrgenommen werden müssen.

Die modernen Fernwaffen machen also eine wesentliche Aufgabe der Religionen überflüssig, nämlich das schlechte Gewissen der Mörder zu beruhigen.

Die Entwicklung von Wissenschaft und Technik und in diesem Rahmen von Ferntötungswaffen hat das schlechte Gewissen des Menschen abgeschafft. Die Abschaffung des schlechten Gewissens durch Fernwaffen ist jedoch nicht völlig gelungen.

Hierfür sind zwei wesentliche Gründen anzuführen: der erste ist

das Wissen.

Die Zivilisation hat u.a. zu einer neuen psychischen Dimension geführt, zum Wissen.

Das Wissen ist an die Stelle der Wahrnehmung getreten.

Mit Hilfe der Wissenschaften und deren Instrumente können wir Dimensionen erforschen, die sich unserer Wahrnehmung und der daraus resultierenden Vorstellung entziehen. Wir können zum Beispiel mit dem Licht Experimente durchführen, die uns beweisen, dass Licht Teilcheneigenschaften hat, aber auch Experimente veranstalten, die die Welleneigenschaft des Lichts beweisen. Wir wissen also, dass das Licht Teilchen- und Welleneigenschaften besitzt, aber vorstellen können wir uns dies nicht. Unser Wissen geht über unsere Wahrnehmungsfähigkeit und selbst über unsere Vorstellungsfähigkeit hinaus.

Und leider ist es so, dass zur Herstellung des schlechten Gewissens das Wissen ausreicht. Wir müssen die Tötung und wir müssen die Qualen unserer Opfer gar nicht sehen oder sinnlich erfahren; das Wissen reicht aus, um das schlechte Gewissen zu erzeugen. Deshalb birgt das Gewissen wohl auch den Begriff „Wissen". Es heißt ja nicht schlechte Ge-Wahrnehmung, sondern schlechtes Ge-Wissen.

Der zweite Grund ist natürlich die gleichzeitige Entwicklung von Fernwahrnehmungsorganen.

Die Handelnden im Krieg wollen schließlich auch wissen, ob ihre Bomben getroffen haben und filmen dies mit Akribie. Und den Erfolg ihrer Unternehmungen wollen sie natürlich auch der Öffentlichkeit vorführen und deren Neugier befriedigen. Deshalb wird auch viel Geld damit verdient, der Öffentlichkeit in den Medien die Erfolge beim Töten zu präsentieren, wenn auch aus einer Entfernung, aus der der einzelne sterbende und leidende Mensch unsichtbar bleibt.

Im Ergebnis führt die zivilisatorische Technik zwar zu einer Distanzierung von der Wahrnehmung des Leidens und Sterbens des Mitmenschen, das handelnde Individuum nimmt den Schaden, den es anrichtet, nicht mehr optisch wahr, so dass die Tötungshemmung bei der Tatausführung keine Bedeutung hat. Es bleibt jedoch ein Wissen um die fatalen Folgen der Tat für die Artgenossen, so dass ein schlechtes Gewissen durchaus noch möglich ist und Religion mit ihrer Rechtfertigung der Morde nicht völlig überflüssig ist.

Wir können jedoch unter diesem Blickwinkel auf die Zivilisation noch einen weiteren Mechanismus identifizieren, der das schlechte Gewissen beruhigt, nämlich die Distanzierung vom schlechten Gewissen durch den Untertanengeist (siehe 2.9.).

Ich möchte noch auf den Gesichtspunkt der Theoriebildung hinweisen. Von seiner biologischen Aufgabe her ist das Hirn ein Rechen- und Speicherorgan. Es speichert Wahrnehmungen (z.B. Bilder) und Gefühle und berechnet daraus unter Berücksichtigung gegenwärtiger Wahrnehmungen zukünftige Möglichkeiten. Das Ich hat sich aus der Notwendigkeit entwickelt, in Konfliktsituationen eine Entscheidung treffen zu müssen. Die später in der Gemeinschaft kommunikativ erlernten Begriffe ermöglichen Theoriebildung. Die ersten Naturreligionen stellen aus Sicht der PhilS Theoriebildungen dar, bei denen der Mensch Kraftwirkungen, die er in der Natur sieht, nicht als „Kraft", sondern als „Gott" bezeichnet. Da die Naturkräfte des Windes, des Wassers, des Himmels (Blitz usw.) spontan (schicksalhaft) sind und nicht geändert werden können, muss deren Ursache im Jenseits vermutet werden. Verschiene Kraftentfaltungen werden Göttern zugeordnet. Es besteht jedoch bereits die Grundhypothese, dass Kräfte eine Ursache haben müssen, insofern stellen Naturreligionen erste naturwissenschaftliche Erklärungen dar. Im Fall eines Zuwiderhandelns gegen natürliche Hemmungen (Tötungshemmung) werden ungünstige Witterungen oder ungünstige klimatische Veränderung als Bestrafung erlebt. Hieraus entwickeln sich Rituale. Die aktuellen Religionen betrachten bei allem angeblichen Gottesglauben derartige Naturkräfte, wie einen Tsunami, ein Erdbeben oder einen Vulkanausbruch nicht mehr als Strafe Gottes, sondern als Naturphänomen, weil sie sich vom begründeten schlechten Gewissen weitgehend befreit haben. Es ist nämlich zunächst das schlechte Gewissen da, und anschließend die Theorie, dass das schlechte Wetter und die schlechte Ernte Folge des Brudermordes (der Überwindung der natürlichen Tötungshemmung) war. Der monotheistische Gott hingegen ist gar kein strafender Gott mehr, sondern ein Verbündeter, der den Gläubigen sogar die schlimmsten Übeltaten (Massenmorde in Kriegen oder auch ohne Kriege) verzeiht. Die religiösen Theorien haben sich grundlegend verändert, indem sie den Wissenschaften darin folgen, die auf der Erde wirkenden Kräfte physikalisch zu erklären. In den gegenwärtigen monotheistischen Religionen hat der Glaube die gegenteilige Funktion bekommen, da lediglich die Anhänger der eigenen Religion ein Paradies im Jenseits erwarten dürfen. Nur die Rechtgläubigen sind Gewinner der Unterwerfung unter eine angeblich höherer Macht, die Ungläubigen erwartet das Fegefeuer. Die Naturgötter der „Wilden" straften im Diesseits, während des Lebens, die modernen Götter belohnen und strafen angeblich erst nach dem Tod. „Gott" entfaltet im Diesseits keine Kraft mehr, sondern erst im Jenseits. Die Entfaltung der barbarischen Kräfte bei der Massentötung von Mitmenschen, die als Ungläubige, Nichtgläubige oder Andersgläubige identifiziert werden, ist zwar Menschenwerk, jedoch durch die Entscheidung für die „richtige" religiöse Theorie, die Unterwerfung unter den Willen des „wahren" Gottes, gerechtfertigt, so dass es sich um gute Taten handelt, die im Jenseits belohnen werden. Die Abwehr von Schuldgefühlen bei den Tötungen von Mitmenschen ist hier verbessert, weil die ausführenden Menschen ohne eigenen Willen als Effektoren eines höheren Wesens handeln und im Jenseits belohnt werden, anstatt im Diesseits wegen der Tötungen durch eine schlechte Ernte bestraft zu werden.

Einen Punkt möchte ich klarstellen: Übervermehrung und Kriege (Tötungen des Mitmenschen) sind die Mittel der biologischen Evolution, sind natürliche, genetisch determinierte Vorgänge. Die religiösen und weltanschaulichen Theoriebildungen dienen lediglich der Begründung oder Entschuldigung, sind aber nicht deren Ursache. Der Prozess der Zivilisation hat seine Ursache in der friedlichen Lösung des Konflikts zwischen dem Überlebenswunsch und der Vermeidung von Gewalt gegen den Mitmenschen.

2.11. Ideen und Waren als Maß für Zivilisation

Der energetische Effekt der zivilisatorischen Entwicklung ist bereits analysiert worden. Hierfür gebührt dem Biochemiker Ostwald Dank, der zu dem Ergebnis kam, dass jeder technische Fortschritt mit einem Energiegewinn verbunden ist. Dieser Energiegewinn bedeutet dem Individuum Erleichterung und eine Steigerung seiner Fähigkeiten, was zu einer Stabilisierung des Ich führt, weil sich das Selbstwertgefühl steigert.

Der Philosoph Karl Marx hatte bereits zuvor die Theorie aufgestellt, dass die Differenz zwischen dem Arbeitslohn der Werktätigen, der lediglich das Existenzminimum sichere, und dem Wert der Waren, einen Mehrwert produziere (daher Mehrwerttheorie).

Die PhilS meint, dass bisher der eigentliche Grund für die Gewinnsteigerung der Wirtschaft im menschlichen „Erfindergeist" (eine Formulierung Albert Einsteins) zu suchen ist.

Einen Punkt habe ich bisher nicht ausdrücklich erwähnt, und das ist der Geist. Der Mensch ist nicht nur ein körperliches Wesen, das vorübergehend in einer materiellen Welt existiert, sondern der Mensch ist auch ein Geistwesen. Die Ideen der Wissenschaftler und Techniker, die in den Waren stecken, führen zur Senkung des Herstellungspreises durch Personaleinsparung und dies ist Grund für die Schaffung von Mehrwert, nicht die „Ausbeutung" der Arbeiter.

Aus der Sicht der Philosophie lebender Systeme ist Geistiges immer dort zu finden, wo Regeln herrschen, jede Regel ist etwas Geistiges. Eine Vorschrift, die besagt, dass B auf A folgt, ist etwas Geistiges.

Ganz allgemein kann man auch sagen, dass es sinnvolle Regeln gibt und dass theoretisch massenhaft nicht sinnvolle Regeln denkbar sind. Ob eine Regel sinnvoll ist, entscheidet sich in der Praxis, also in der realen Auseinandersetzung. Letzterer Begriff (Auseinandersetzung) impliziert bereits, dass vieles existent ist und dass dieses Existierende miteinander interagiert.

Historisch betrachtet existierten im Universum vor der Entwicklung lebender Systeme andere, nämlich nicht-lebende Systeme, die selbstverständlich weiterexistieren. Man kann sogar sagen, Materie/Energie existiert ewig, kann nicht aus dem Universum verschwinden oder von außen hineinkommen.

Bereits diese nicht-lebenden Systeme verkörpern Regeln. Wenn ich von den Atomen ausgehe, sind diese Verkörperung von Regeln über das Zusammenwirken von bestimmten Mengen von Neutronen, Protonen und Elektronen. Diese Regeln werden von Kräften bewirkt. In kleineren Bereichen gibt es wiederum andere Realitäten und Kräfte, die noch nicht ganz erforscht sind. Für den Physiker sind Kräfte die Ursache von Bewegungen und Bewegungsänderungen. Da diese nach Regeln oder „gesetzmäßig" ablaufen, könnte man sagen, dass Kräfte die Ursache von Geistigem sind. Hier interessieren lebende Systeme. Dies sind zunächst Einzeller, dann Pflanzen und Tiere, die sich aus Zellen zusammensetzen.

Die Energiegewinnung lasse ich mal beiseite und betrachte nur die Speicherung von Daten und Regeln, nämlich das Geistige. Alle Daten und Regeln dieser lebenden Systeme sind in jeder Zelle gespeichert, nämlich im genetischen Code. Dieser enthält die Anweisungen, welche Aminosäuren zu Eiweißen zusammengesetzt werden. Die Summe dessen ergibt ein lebendes System, das jeweils bestimmte Verhaltensweisen zeigt, die Resultat seiner materiellen Zusammensetzung und deren Reaktion auf äußere Ereignisse sind. So ist es auch beim Menschen. Der Mensch gehört nun zu den lebenden Systemen mit einem Hirn, also mit einem zentralen Datenspeicher für geistige Daten. Das Hirn speichert nicht nur bildhafte und begriffliche Erinnerungen, sondern auch Regeln.

Aufgabe dieses Organs ist zunächst einmal die Koordination der Bewegungen, die im Tierreich immer komplizierter werden. Pflanzen verändern ihren Standort nicht und benötigen dieses Organ deshalb nicht. Daneben hat das menschliche Gehirn auch die bereits erwähnte Fähigkeit zur Antizipation, was das gleiche ist wie das Gedächtnis, nur in anderer Richtung. Der Mensch kann sich Vergangenes merken und in die Zukunft extrapolieren. Bereits Tiere können sich sprachlich verständigen, also ihr Verhalten aufeinander abstimmen. Dies muss keine verbale Sprache sein, es kann eine Bewegungssprache (Tanzsprache) sein, wie bei den Bienen.

Jeder Begriff, der in Sprache umgesetzt wird, ist ebenfalls etwas Geistiges. Jede Wahrnehmung ist etwas Geistiges. Auch über diese Fähigkeit verfügen viele Tiere. Aus den verschiedenen Wahrnehmungen bilden wir Begriffe, über die wir uns im Zusammenleben verständigen. Jeder Begriff ist eine Idee, etwas Geistiges.

Nun kommt das für den Menschen charakteristische, das ihn aus der Tierwelt heraushebt:

Der Mensch hat die Fähigkeit, seine Ideen in sichtbare Zeichen umzuwandeln und dadurch die Fähigkeit, diese Zeichen, die Schriftsprache, aus außerhalb seines Hirns zu speichern.

Während also Einzeller, Pflanzen und Tiere ihre Ideen, ein wichtiger Teil des Geistigen, nur in Form genetisch gespeicherter Anweisungen in die Zukunft zu transportieren, kann der Mensch seine

Ideen durch deren Speicherung außerhalb seines Körpers in die Zukunft transportieren. Zum Bedauern für den Interessierten am Fortschritt verwenden die Menschen allerdings sehr viele unterschiedliche Sprachen, jede Wissenschaft entwickelt und verwendet ihre Sprache, die Mathematik, die Physik, die Biologie usw.. Das muss wohl so sein.

Der Mensch speichert seine Ideen zu unterschiedlichen Problemfeldern in verschiedenen wissenschaftlichen Lehrbüchern und vererbt auf diese Weise seine Ideen an die gesamte lebende Menschheit, die lesen kann - und an die Nachwelt.

Aber nicht nur das. Speichermedium sind nicht nur die sogenannten Lehrbücher, sondern auch die technischen Anwendungen dieser Ideen. In jedem technischen Produkt sind alle Ideen der Menschen gespeichert, die irgendwie an der Konstruktion dieses Produkts beteiligt waren, egal, wann sie gelebt haben. Ebenso ist es mit der Arbeitskraft: Die Produkte, die Waren, speichern nicht nur die Ideen der Erfinder und Konstrukteure, sondern auch die Arbeitskraft derjenigen, die in den Fabriken gearbeitet haben und selbstverständlich die Ideen der Erfinder und Konstrukteure der Maschinen, die an der Produktion der Waren beteiligt waren. Diese enorme Datenmenge, bzw. Ideenmenge geht natürlich gar nicht in den Preis des Produktes ein.

Es ist sogar umgekehrt: die Verbilligung eines Produkts ist Ausdruck dieser Ideen. Jede Idee eines Erfinders oder Konstrukteurs, führt nicht nur zu einer Energieersparnis, was Ostwald betont, sondern sie führt auch, wenn sie die Herstellungsmethode betrifft, zu einer Senkung der Produktionskosten, wodurch das Produkt dann preiswerter verkauft werden kann. Die Folge dieser Erniedrigung des Verkaufspreises ist dann eine schnellere und räumlich weitere Ausbreitung dieser Idee. Je besser eine Idee ist, desto schneller breitet sie sich über die Erde aus.

Diese Eigenschaft haben die (geistigen) Ideen an sich: auch eine genetisch gespeicherte Idee breitet sich in dem Bereich schnell aus, für den sie geschaffen ist, obwohl die Ausbreitung genetisch gespeicherter Ideen durch die Produkte dieser Ideen, die lebenden Systeme, grundsätzlich bedeutend langsamer verläuft als die Ausbreitung geistig geschaffener Ideen in deren Produkten, den Maschinen, der Technik, den körperexternen Organen des Menschen.

Genetisch gespeicherte Ideen können sich nur auf die Kindergeneration der lebenden Systeme übertragen. Da diese sich je nach der Güte der Idee besser innerhalb eines Mediums ausbreitet, weil sie Vermehrungsvorteile bietet, ist auch dies eine Ideenausbreitung.

Die Gene schaffen sich ein Produkt, das lebende System vom Typ Individuum (Löwe, Kastanienbaum usw.), und dieses Produkt sorgt für den Weitertransport der genetisch gespeicherten Ideen an die nächste Generation. Die geistig geschaffenen Ideen der Menschen werden durch die menschliche Tätigkeit in körperexternen Produkten gespeichert. Diese Produkte können sich innerhalb der Lebenszeit deren Schöpfer um ein Vielfaches vermehren und sich bereits innerhalb dieser Lebensperiode über die gesamte Erde ausbreiten, was bei genetisch gespeicherten Ideen nur in vielen Generationen möglich ist. Die Ausbreitung nicht-lebender Produkte menschlicher Schaffenskraft ist daher der Ausbreitung genetisch gespeicherter Ideen in deren Produkten, den Lebewesen, überlegen. Geistig geschaffene Ideen breiten sich in Raum und Zeit schneller aus als genetisch gespeicherte, weil sie außerhalb dieser sterblichen Systeme (lebende Systeme vom Typ Individuum sind naturgesetzlich sterblich, dennoch nenne ich sie, da sie vorübergehend leben, lebende Systeme) gespeichert werden können.

Was bedeutet hier jedoch „geistige Schöpfung“?

Eine Idee ist zunächst ein Einfall, der völlig wertneutral oder bedeutungslos ist. Ein Einfall kann völlig nutzlos sein. Oder sinnlos. Einfälle haben wir auch in anderen lebenden Systemen. Dort werden sie von den Biologen „Mutation“ genannt. Einfälle sind nichts weiter als Abweichungen vom bisherigen Denken. Derartige Einfälle oder Denkabweichungen können in Handlung umgesetzt werden. Diese Handlungen sind zunächst Probehandlungen in einem Labor. Der Wissenschaftler nennt dies einen Versuch. Dieser Versuch entscheidet darüber, ob die Idee einen Sinn hat, dann wird sie als „wahr“ bezeichnet. Die Idee oder deren Ausarbeitung als Hypothese ist dann „verifiziert“. Entscheidet der Versuch, dass die Idee unsinnig war, ist sie „falsifiziert“.

Über richtig (wahr) oder falsch (unwahr) entscheidet nicht derjenige, der die Idee, den Einfall, hatte, sondern die Realität, die Versuchsanordnung, die Umwelt. Nicht anders ist es bei Mutationen im Bereich der Lebewesen. Auch hier entscheidet die Umwelt, ob eine genetisch gespeicherte Idee gut ist, was heißt: sie führt zur Verbesserung der Überlebenschancen. Das Entwicklungsgesetz der Wirtschaft unterscheidet sich ebenfalls nicht vom Evolutionsgesetz: auch die Wirtschaft produziert einen Überschuss, nämlich einen Überschuss an Waren, und dieser wird einer Selektion unterworfen. Diese Selektion nimmt der Käufer vor. Der Mensch als Käufer selektiert also die Ideen und die daraus resultierenden Produkte.

Die Philosophie lebender Systeme beschreibt nicht nur die wissenschaftliche Entwicklung der Menschheit als Fortsetzung der Evolution genetisch gespeicherter Daten mit Hilfe eines neuen Datenspeichers, sondern auch die Regeln der Wirtschaft. Bislang waren die Gene der Datenspeicher für Ideen, die das Überleben erleichtern und zu Energieersparnis (Ostwald) führen, nunmehr sind es Bücher aus Papier, Festplatten usw. (Disketten, CD`s, DVD`s), auf denen Ideen geistigen Ursprungs gespeichert werden.

Interessant ist auch, das diese neue Speichermethode die Datenspeicherung von ihrem Produkt trennt.

Der Datenspeicher „genetischer Code“ ist von seinem Produkt, dem Individuum, nicht trennbar. Der Datenspeicher Buch oder Festplatte ist räumlich nicht mehr in seinem Produkt angesiedelt und stirbt nicht mehr mit dem Tod seines Produkts. Die Herstellung des Produkts ist auch immer noch von menschlicher Arbeitskraft abhängig. Die Parallelität von (genetischer) Evolution und wissenschaftlicher Entwicklung (Evolution des Geistes) geht noch weiter: so wie sich Lebewesen differenzieren, sich ändern, wandeln und eventuell neue Arten bilden, so entwickelt sich die Wissenschaft weiter, vervollkommnet ihre technischen Produkte und erfindet neue, bisweilen entstehen auch neue Wissenschaften (sozusagen neue Arten, die nicht mehr miteinander kommunizieren können). Auch die Produkte (die Waren), sind einer Entwicklung unterworfen, die die Regeln der Evolution fortsetzt.

Nun zurück zur Fragestellung: was verursacht die zivilisatorische Entwicklung?

Aus Sicht der Philosophie lebender Systeme ist die zivilisatorische Entwicklung die materielle Seite der neuen Art der Datenausbreitung. Je stärker sich geistig geschaffene Daten in wissenschaftlicher Weise und in Form besserer technischer Produkte ausbreiten, desto höher ist der zivilisatorische Fortschritt eines Landes.

Dies zeigt sich auch bei einem Vergleich der Ausbreitungsmethoden von Ideen: die biologische Methode der genetischen Speicherung und Verbesserung von Ideen beruht nach Darwin und seinen Nachfolgern darauf, dass die Träger gleicher genetischer Daten (die Individuen einer Art) mehr Nachkommen (Datenträger, Produkte) produzieren, als zum Überleben der Art erforderlich ist und dass die Umwelt für die Auslese sorgt: die schwächeren dienen den Fressfeinden als Futter oder überleben die physikalischen Umweltbedingungen nicht. Diese Ausbreitungsmethode wurde auch bei der Tierart „Mensch" weitergeführt, wobei nicht eine Teilung in Arten, sondern in Staaten erfolgte und die Umwelt im wesentlichen in konkurrierenden Staaten bestand (und nur nebenbei in klimatischen Schwankungen und Naturkatastrophen). Die Konkurrenz zwischen den Tierarten wurde beim Menschen durch die Konkurrenz der Staaten ersetzt, die außenpolitische Entscheidungsgewalt hatten und Kriege führten. Die Überproduktion der Bevölkerung eines Staates und die Kriegführung mit der dadurch vollzogenen Vernichtung von Menschenmassen ist die biologische Fortsetzung der Evolutionsmethode der Überproduktion von Nachkommen und Selektion.

Die Höhe einer Zivilisation zeigt sich demnach im Bevölkerungswachstum eines Staates (Grad der Überproduktion von Nachkommen) und in der Effizienz der Vernichtungswaffen (der Selektionsmittel).

Je intensiver ein Staat die steinzeitliche biologische Methode der Ideenausbreitung mit genetischer Datenspeicherung anwendet, je stärker also eine Bevölkerung wächst, desto niedriger ist seine zivilisatorische Entwicklung. Da die Erdoberfläche, die Wassermenge und die Menge an fossilen Energieträgern auf der Erde begrenzt ist, bedeutet jedes Wachstum einer Bevölkerung die Provokation von Kampf und Krieg um die begrenzten Ressourcen. Das ist die Strategie der Evolution genetisch gespeicherter Daten. Die zivilisatorische Strategie der Datenausbreitung besteht hingegen in der Förderung von Wissenschaft und Technik und der Vervollkommnung technischer Produkte, die das Leben der Individuen erleichtern und zur Energieersparnis der Menschen beitragen. Die eingesparte Energie (und Zeit) kann dann beispielsweise zur Genussoptimierung („Spaßgesellschaft") verwendet werden.

Grundlage dieser Entwicklung sind die Ideen. Diese sind zunächst genetisch innerhalb der lebenden Individuen gespeichert, mit dem zivilisatorischen Prozess jedoch außerhalb dieser. Die hirnexterne – und damit köperexterne – Speicherung der Ideen auf Datenträgern, die vom Leben des Individuums unabhängig sind, ist die Ursache für die Beschleunigung der Datenausbreitung und -vervollkommnung, mit der der zivilisatorische Prozess einhergeht. Die wissenschaftliche Entwicklung in diesen Staaten ist die Fortsetzung der Evolution mit geistigen Mitteln.

3. Zivilisationsgeschichte

3.1. Die Weltgeschichte als Überlagerung von Zivilisation und Evolution

Die Evolution lässt sich unter Beachtung der Darwinschen Evolutionsmitteln sehr einfach schildern. Diese Faktoren oder Mittel der Evolution sind Übervermehrung und Selektion. In den philosophischen Veröffentlichungen zu diesem Thema (z.B. Dewey, oder Dupré) fehlt in der Regel die Auseinandersetzung mit diesen beiden Faktoren der Evolution, speziell der Selektion.

Nachdem sich erste Menschen an verschiedenen Orten zu verschiedenen Zeiten entwickelt hatten, vermehrten sie sich entsprechend dem ersten Faktor und mussten sich daraufhin gegen Nahrungskonkurrenten und Fressfeinde durchsetzen (Selektion). In diesem Kampf ums Dasein (Darwin) verschwanden einige Horden, weil es ihnen nicht gelang, konkurrierende Gemeinschaften zu verdrängen. Anderen gelang es, sich durch akustische Zeichen (Worte) zu verständigen und dadurch den Erfolg der kollektiven Jagd zu verbessern. Diese begrifflich denkenden Horden vermehrten sich.

Der Selektionsvorteil dieser Tiere lag in der Verbesserung der Verständigung mittels Sprache. Die Entwicklung von Sprache bedeutete gleichzeitig, dass die Individuen ihre Individualität in bestimmter Hinsicht aufgaben und sich der Gemeinschaft unterwarfen. Die Unterwerfung unter die Gemeinschaft bestand darin, gemeinschaftlich entwickelte Begriffe zu übernehmen. Die Verständigung betraf nicht mehr allein die kollektiven Jagdmethoden, sondern auch die Aufgabenteilung innerhalb der Gemeinschaften hinsichtlich der Herstellung von Jagdwaffen und Methoden zum Überstehen von Perioden geringer Nahrungsreserven (Winter oder Naturkatastrophen). Es wurden neben Waffen auch Kleidung zum Kälteschutz hergestellt, Tiere gezüchtet, um bei auftretendem Hunger jederzeit fleischliche Nahrung zur Verfügung zu haben und Pflanzen wurden kultiviert. Die Bevölkerung hatte nun Sprache, eine organisierte innere Struktur und konnte sich nun unabhängig vom natürlichen Nahrungsangebot übervermehren. Sie verfügte über Kleidung, Häuser, Werkzeuge und Waffen, also über individuelle und kollektive körperexterne Organe, mit deren Hilfe sie den Mangel an körpereigenen Organen (Fell, natürliche Waffen wie Hörner usw.) kompensierte.

Durch die Übervermehrung der verschiedenen menschlichen Stämme änderte sich nun jedoch die Art und Weise der Selektion. Nicht mehr natürliche Fressfeinde oder Nahrungskonkurrenten waren die selektiven Faktoren, sondern die weitere Vermehrung wurde durch die Übervermehrung der Nachbarstämme eingeschränkt, es trat Konkurrenz zwischen den menschlichen Stämmen auf. Die Menschheit trat in die bis vor kurzem noch bestehende Evolutionsphase der Selektion mittels Kriegen ein.

Die verschiedenen Stämme traten in Konkurrenz und vernichteten sich möglichst gegenseitig, wobei wahrscheinlich gegebenenfalls auch die getöteten Feinde als Nahrung verwendet wurden. Hierzu musste nach der Hypothese der PhilS die natürliche Hemmung, den Artgenossen zu töten, überwunden werden, was zur Schaffung des „Heiligen" (Rappaport), zu Ritenbildung und Religion führte. Der tiefenpsychologische Sinn dieser religiösen Theorien liegt in der Bekämpfung des schlechten Gewissens, der Umdeutung der Massenmorde zu Heldentaten und der Vorbereitung weiterer derartiger Selektionsmaßnahmen ohne lästige Schuldgefühle.

Die Geschichtsschreibung leistete ihren Beitrag zur Umdeutung der Kriege in Heldentaten der jeweiligen Massenmörder. Die PhilS betrachtet ihrerseits Kriege nicht als Aktionen von Individuen, sondern als Handlung der Systeme höherer Ordnung, der Staaten. Die verschiedenen Systeme Staat, deren Bevölkerungsentwicklung dem Evolutionsmechanismus der Übervermehrung unterliegt, werden auch zu Vollstreckern der selektiven Maßnahmen.

Über einen Zeitraum einiger Jahrtausende kam es nun immer wieder zu Übervermehrung von Bevölkerungen der Staaten und zu Kriegen. Besonders haben sich die westlichen Industrienationen bei dieser Umsetzung der von Darwin erkannten Evolutionsmethoden hervorgetan. Die Erfindung neuer Messmethoden (z.B. der Uhr als Zeitmesser) führte zu einer naturwissenschaftlichen Entwicklung, die weitere Überbevölkerung ermöglichte. Die moderne Medizin trug ebenfalls dazu bei, dass sich die Bevölkerung beispielweise gegen Mikroorganismen (Bakterien wie Pesterreger) durchsetzen konnte und sich weiter vermehrte. Es erfolgte eine Ausbreitung von Europa nach Amerika, Asien, Afrika und Australien, wo die einheimische Bevölkerung mittels überlegener Waffentechnik mehr oder weniger ausgerottet wurde, als Arbeitssklaven benutzt wurde oder die Bodenschätze fremder Länder ausgebeutet wurden. Die Geschichtswissenschaft spricht bei der Beschreibung dieser Selektionsprozesse von „Kolonialisierung". Die Ausrottung der Indianer Nord- und Südamerikas und der Ureinwohner Australiens stellt tatsächlich eine ganz direkte selektive Evolutionsmaßnahme dar, während bei der Benutzung von Artgenossen als Sklaven und der Aneignung fremder Bodenschätze ein neuer Aspekt der Selektion zutage tritt. Bereits Aristoteles beschrieb Sklaven (Kriegsgefangene) als lebendes Werkzeug, ähnlich wie Pferde. Durch die industrielle Warenproduktion, die im 19. Jahrhundert einsetzte, änderte sich nun die Erscheinungsform dessen, was von Darwin als Übervermehrung beschrieben wurde.

Übervermehrung besteht seitdem nicht mehr ausschließlich in der Vermehrung lebender Systeme des Typs „Individuum", sondern auch in der Vermehrung seiner nichtorganischen körperexternen Bestandteile, also seiner Werkzeuge oder Waren. Die Warenproduktion führt zum Wachstum der Individuen durch Vermehrung ihrer körperexternen Organe, wie Autos, Fernseher, Kühlschrank usw.. „Übervermehrung" hat seine Erscheinungsform geändert und wird durch das wirtschaftliche-industrielle Wachstum ergänzt. „Übervermehrung" ist inzwischen nicht nur Vermehrung von Menschen, sondern auch Vermehrung von Waren.

Zur Erinnerung möchte ich noch einmal die Grundlage der modernen Evolutionstheorie verdeutlichen, nämlich die Genetik, die Darwin noch unbekannt war. Darwin wusste noch nicht, wie Übervermehrung und Selektion gesteuert werden. Heute weiß die Biologie, dass die Übervermehrung durch genetisch vererbte Verhaltensdispositionen gesteuert wird, die „Sexualtrieb" genannt werden. Das Sexualverhalten der Individuen wird durch Ausschüttung von Sexualhormonen gesteuert, die unabhängig von den Möglichkeiten, Nachwuchs ernähren oder erziehen zu können, wirken. Der Sexualtrieb steuert das Sexualverhalten der Individuen nicht im Sinne der Individuen, die mit der Ernährung und Erziehung des Nachwuchses eventuell völlig überfordert sind, sondern im Interesse der Art und der Evolution. Die Tierart ist die Entität, die durch diese genetische

Programmierung wächst, also in unserem Fall die Menschheit als Tierart. Diese Übervermehrung können wir heute direkt beobachten. Im Zeitalter der Selektion mittels Kriegen und Kolonialisierung wurde die Übervermehrung noch einigermaßen beherrscht, stellte noch keine Bedrohung für das Überleben der Menschheit dar. Inzwischen schreitet die Überproduktion von Menschen und Technikprodukten (körperexternen Teilen der Menschen) relativ ungebremst voran. Ersteres ist der evolutionäre Prozess, letzteres der zivilisatorische.

In den industrialisierten Ländern lässt sich jedoch beobachten, dass die Übervermehrung der Menschen nachlässt, und als Grund dafür führt die PhilS an, dass das Größenwachstum der Individuen um das Wachstum der körperexternen Organe ergänzt wird. Das derzeitige Zeitalter wird dementsprechend als Zeitalter des wirtschaftlichen Wachstums charakterisiert. Während die Bevölkerung in den Industriestaaten die vorhandenen Empfängnisverhütungsmittel wirksam nutzt und auf diese Weise die Darwinsche Übervermehrung stagniert und durch Wirtschaftswachstum kompensiert wird, wird in den wirtschaftlich unterentwickelten Ländern (mit einer Ausnahme) weiterhin die Darwinsche Übervermehrung betrieben und mit religiösen Ideologien begründet. Die wirtschaftliche Ideologie des Produktionswachstums (Zivilisation) trifft also auf eine religiöse Ideologie des Menschheitswachstums (Evolution). Beides zusammen führt zu einem beschleunigten Wachstum des modernen „Übermenschen" (Nietzsche), der nicht nur aus seinem lebenden Körper, sondern auch aus seinen zusätzlichen Organen (Hass) besteht.

Die im ausgehenden Zeitalter der Kriege durchgeführten Selektionsmaßnahmen fehlen hingegen in der Gegenwart deshalb, weil das wirtschaftliche Wachstum die Menschen als Konsumenten benötigt. Die zivilisatorische Vermehrung körperexterner Organen (also die Entwicklung von Waren) benötigt für ihre Überproduktion die Individuen als Käufer (= Selektoren) dieser Waren, so dass deren Massenvernichtung durch kriegerische Selektionsmaßnahmen zu einer Verminderung der Nachfrage führen würde.

Da also der Mensch die erforderlichen Selektionsmaßnahmen nicht mehr durchführt, muss die Natur diese wieder ergreifen. Hierbei handelt es sich selbstverständlich nicht darum, dass die Natur irgendwelche Überlegungen anstellen und gezielt handeln würde, sondern es sind natürliche Regulationsmechanismen negativer Rückkopplung, die früher oder später zu einem Aussterben der Menschheit führen werden. Die steigende Industrieproduktion führt zu einer Veränderung der Erdatmosphäre, die mit weiterem Leben von Menschen und anderen Tieren nicht mehr in Einklang zu bringen ist, so dass ein entsprechender Selektionsvorgang einsetzt, der nur die Tierarten selektiert, die unter den Bedingungen der Erderwärmung und Änderung der Erdatmosphäre lebensfähig sind. Zu denen wird die Menschheit wohl kaum gehören. Dieser Prozess wird noch einige Jahre dauern, was in Anbetracht der evolutionären Zeiträume keine Rolle spielt.

Dieser natürliche Selektionsprozess wäre vermeidbar, wenn die Menschheit auf Überproduktion von Menschen und Wirtschaftsgütern verzichten und beides auf einem Niveau in Homöostase halten würde, das die Erdatmosphäre unbeeinträchtigt lässt. In Anbetracht der gegenwärtigen wirtschaftlichen und religiösen Ideologien ist allerdings an eine Einigung der Menschheit auf eine Menschenzahl und entsprechende globale Begrenzung der Industrieproduktion, also eine neudefinierte und -praktizierte „Planwirtschaft“, nicht zu denken.

Ein wichtiger Faktor, der zu einer Änderung der selektiven Prozesse in Kriegsform führte, soll noch eindeutiger benannt werden.

Bis zum sogenannten 2. Weltkrieg wurde die Selektion durch Einsatz von Waffen durchgeführt, die nicht eine Bedrohung der Menschheit darstellten. Es wurde bis dahin ein relativ geringer Anteil der Weltbevölkerung ausgerottet (z.B. im 1. Weltkrieg), der vor allem die bewaffneten Individuen, die sogenannten „Soldaten“ betraf, während im Krieg von 1939 bis 1945 die unbewaffnete Zivilbevölkerung zum Angriffsziel wurde. Deutschland setzte sich die Ausrottung der Juden in Europa zum Ziel und war dabei, die Massentötungen von Individuen mit industriellen Methoden umzusetzen. Nach diesem Krieg ebbten die Massenmorde durch Staaten an Individuen ab, in Korea und Vietnam wurden Zivilisten lediglich noch insbesondere mittels Einsatz von Napalm in relativ kleiner Zahl ermordet. Auch in den Angriffen auf die Zivilbevölkerung der letzten Zeit, beispielsweise im Irak, wurden nur relativ wenig Menschen beseitigt im Vergleich zu den Erfordernissen der Selektion. Die Menschzahl steigt weiter und damit auch die Notwendigkeit des Anstiegs der Opfertiere des Menschen (der Nutztiere), die gezüchtet werden, und der Notwendigkeit des Anstiegs der Pflanzenmenge, die zur Ernährung der Tierwelt und Menschenwelt erforderlich ist. Die Natur wird also wieder die Selektion übernehmen müssen.

Die Ursache dieses Rückgangs kriegsbedingter Massenmorde ist die Erfindung der Nuklearwaffen. Dies bedarf der Erläuterung.

Nach Ende des 2. Weltkriegs löste sich die Allianz zwischen dem Kommunismus und den westlichen Industriestaaten auf und jede der neu entstandenen Staatsverbindungen („Blöcke") entwickelte die Nuklearwaffen und die Raketentechnik weiter, so dass ein weiterer Krieg als nuklearer Krieg hätte geführt werden müssen, der im Ergebnis zur Ausrottung der Menschheit geführt hätte. In dieser Situation waren offensichtlich die Selbsterhaltungskräfte stärker als die genetische Programmierung der Menschen zur Selbstentfaltung und damit zur Durchführung selektiv wirkender Kriegsmaßnahmen. Kriegsursache waren bis dahin diese Selbstentfaltungskräfte der Systeme höherer Ordnung (z.B. Staaten). Jede Nation hat als lebendes System höherer Ordnung die Tendenz, die Anzahl der in ihm lebenden Individuen und ihren Energieverbrauch zu vergrößern (Parallelität von Evolution und Zivilisation). Das führt zur Konkurrenz der Nationen, bzw. in der Steinzeit der Stämme, die zum Krieg führt. Aus evolutionärer Sicht besteht das Ergebnis dieser Kriege in einer Reduzierung der männlichen Bevölkerung, die sich anschließend mit der weiblichen Bevölkerung des besiegten Stammes oder Staates (und umgekehrt) paart, also in einer genetischen Durchmischung. Diese Vermischung genetisch gespeicherter Daten war bis zum Massenvernichtungskrieg der evolutionäre Zweck der Kriege. Der Evolution liegt nichts an den Erhalt von Individuen und deren Gemeinschaften, sondern an der Erzeugung neuer Varianten von Individuen. Dies treibt die Evolution voran, eben mit den Mitteln der Überproduktion von Nachkommen und der Selektion – beim Menschen mittels Krieg.

Der „kalte Krieg" nach Ende des 2. Weltkriegs ist, evolutionär betrachtet, erklärlich durch das Überwiegen des Selbsterhaltungsantriebs über den Selbstentfaltungsantrieb, der beim Menschen Ursache des Angriffskrieges ist. „Offiziell" wurde der kalte Krieg damit begründet, dass nun Einsicht obsiegt habe, eben die Einsicht, dass das Überleben der Menschheit wichtiger sei als die Durchsetzung der Selbstentfaltung eines der beiden Wirtschaftssysteme. Folge des nun einsetzenden relativen Friedens und des wirtschaftlichen Wachstums war ein seitdem zu beobachtender exponentieller Anstieg der Weltbevölkerung. Inzwischen hat sich die Konkurrenz der beiden Blöcke durch den wirtschaftlichen Niedergang des Systems der Planwirtschaft aufgelöst, nunmehr zeigt sich jedoch ein neuer Widerspruch. Während die industrialisierten Staaten ihr Wachstum (ihre Selbstentfaltung) wirtschaftlich vorantreiben und auf Bevölkerungswachstum weitgehend verzichten, treiben die wirtschaftlich wenig entwickelten Staaten weiterhin in steinzeitlicher Weise durch eine hohe Geburtenrate die Überproduktion von lebenden Nachkommen (Individuen) voran. Wie wir aufgrund der Kenntnis der Prinzipien der Evolution jedoch wissen, muss der Überproduktion von Individuen eine Selektion folgen. Erfolgt diese nicht durch Maßnahmen des Menschen, da keine Massenvernichtungskriege mehr geführt werden, und steigt der Energieverbrauch weiter, so reagiert das System Erde auf die steigende Umweltbelastung auf seine Weise mit einer negativen Rückkopplung. Diesen Prozess können wir derzeit beobachten.

Es gäbe ein einfaches Mittel, den absehbaren Untergang der Menschheit zu verhindern, und auf dieses Mittel habe ich bereits mehrfach hingewiesen. Der eine Teil dieses Weges bestände darin, die Überbevölkerung der Erde mit Menschen durch eine globale Geburtenregelung zu verringern, so dass Selektionsmaßnahmen des Systems Erde überflüssig werden. Der andere darin, den Energieverbrauch der Individuen und die Produktion von umweltschädigendem Abfall zu senken.

3.2. Spannungen zwischen Zivilisation und Evolution

Im Prozess der Zivilisation treten durch unterschiedliche Zivilisationsgrade der Nationen Spannungen auf.

Der Übergang von der genetischen intraindividuellen (bzw. intrazellulären) Speicherung von Daten zur extraindividuellen Speicherung vollzieht sich in den unterschiedlichen Kulturen, Gesellschaften und Gesellschaftsschichten (also in verschiedenen lebenden Systemen höherer Ordnung) mit unterschiedlicher Geschwindigkeit.

Die Erweiterung des menschlichen lebenden Körpers um körperexterne Werkzeuge und Maschinen durch die technische Anwendung wissenschaftlicher Ergebnisse, und damit verbunden die hirnexterne Datenspeicherung, schritt besonders in Europa schnell voran. Das hatte auf die intrazelluläre (genetische) Datenspeicherung und deren Ausbreitungsmechanismen zunächst keinen entscheidenden Einfluss, so dass die Bevölkerung in Europa gleichzeitig – trotz reduzierender äußerer Einflüsse in Form von Kriegen und Epidemien (z.B. Pest) - wuchs.

Die Entwicklung neuer Fortbewegungsmittel, zunächst überseetaugliche Segelschiffe, später Dampfschiffe und Eisenbahnen, danach Elektrifizierung und Entwicklung von Flugzeugen, gestattete die Entdeckung der amerikanischen Kontinente. Durch die Entwicklung der Waffentechnik wurde die Inbesitznahme dieser Kontinente und die Vernichtung der dortigen Bevölkerung, deren Ausraubung (zunächst Goldbesitz in Südamerika, später Erdölaneignung in Nordamerika) zum „Kinderspiel". Die Unterjochung der afrikanischen Bevölkerung als Sklaven und die Inbesitznahme von Kolonien und die Eroberung des australischen Kontinents mit den damit verbundenen Massenmorden an der dortigen Bevölkerung und der menschenunwürdigen Behandlung der andersfarbigen Bevölkerungen der anderen Kontinente war dem rücksichtslosen Einsatz der überlegenen Technik zu verdanken.

Die zivilisatorische Entwicklung in den westeuropäischen Staaten war in den letzten zwei Jahrhunderten geprägt von der neuen hirnexternen Datenausbreitung und deren technischen Anwendungsmöglichkeiten. Das Verhalten des europäischen Menschen war erfolgsgesteuert, es handelt sich hierbei um ein sogenanntes positives Feedback, quasi um einen Regelkreis mit positiver Rückkopplung: die Entwicklung der körperexternen Organe „Dampfschiff", „Schusswaffe" usw. führte zu einer Ausbreitung der hirnextern in ihnen gespeicherten Ideen und dieser Ausbreitungserfolg stellt einen Belohnungseffekt dar, der zur weiteren Schöpfung von Ideen führt, die hirnextern in wissenschaftlichen Büchern und anderen Datenträgern wie Flugzeugen, Raketen, Bomben usw. führt. Diese wiederum treiben die weitere Datenausbreitung voran.

Inzwischen sehen wir einen Zustand in dieser hochentwickelten

Zivilisation, der dadurch charakterisiert ist, dass sich die Ausbreitung der genetisch gespeicherten Daten zurückentwickelt. Die Produktion von intrazellulär/intraindividuell genetisch gespeicherten Daten sinkt, die Bevölkerung in diesen Zivilisationen wächst nicht mehr. Sie produziert weniger Nachkommen.

Die ungehinderte Ausbreitung der hirnextern gespeicherten Daten in dieser westlichen Zivilisation muss selbstverständlich auch Auswirkungen auf die Psyche der Individuen haben.

Einerseits führt die Ausbreitung und der damit erlebte Erfolg zu einer Stärkung des Selbstwertgefühls und damit des Ichs, der steuernden Instanz der menschlichen Psyche.

Andererseits führt jedoch die Ermordung der Bevölkerung ganzer Kontinente (Amerika, Australien), die Misshandlung und Unterjochung andersfarbiger Menschen (Afrika, Asien) und die Inbesitznahme und Ausbeutung deren Länder als Kolonien zu Schuldgefühl. Nimmt man die würdevolle und gleichberechtigte Behandlung des Mitmenschen als natürlichen Maßstab für moralisches Handeln und das Ausmaß der Anwendung körperliche Gewalt gegen den Mitmenschen als natürliches menschliches Maß für die Unmoral, stellt das Handeln der europäischen Menschen in dieser Zeit ein Höchstmaß an Unmoral dar. Es stellt sich daher die Frage, wie diese Menschen und deren Nachkommen mit der daraus erwachsenen Schuld der Erdbevölkerung gegenüber umgegangen sind und umgehen.

Diese Schuld wird mit Hilfe einer Massenreligion, dem Christentum, abgewehrt.

Dies gelang - und gelingt immer noch - durch eine kollektive Umdeutung der Lehre des historischen Christus. Während dieser Nächstenliebe und Ablassen vom Erfolgswunsch und vom materiellen Besitzstreben gepredigt hat, jagt der Mensch westlicher Kultur dem wirtschaftlichen Erfolg hinterher und nimmt keinerlei Rücksicht auf die körperlichen und seelischen Qualen und die Gesundheit sowie das Leben der Opfer dieses Erfolgsstrebens.

Die seinerzeitige Verurteilung und Hinrichtung des historischen Christus am Kreuz wurde und wird dahingehend umgedeutet, dass dieser damit als Sohn Gottes alle Qualen der Menschen auf sich genommen hat und die Gläubigen damit von ihrer Schuld erlöst hat. Der Glaube an Jesus als der Erlöser von Schuld entlastet somit das eigene schlechte Gewissen.

Die Verwendung dieses Jesusbildes durch die Führer der verschiedenen christlichen religiösen Ideologien (eine Religion ist eine religiöse Ideologie im Gegensatz zu einer weltlichen Ideologie) ist eine wichtige Voraussetzung dafür, dass der Mensch westlicher Zivilisation die Ausbreitung der hirnexternen Datenspeicherung so rücksichtslos und ohne schlechtes Gewissen betreiben konnte.

Worin bestehen nun die Spannungen im gegenwärtigen Zustand des zivilisatorischen Prozesses?

Sie bestehen einerseits darin, dass die Aneignung hirnextern gespeicherter Daten, also die Aneignung der Produkte der Technik, insbesondere der modernsten technischen Geräte, ungleich auf die Menschen des Systems Erde verteilt ist. Der Mensch westlicher Kultur und die Menschen, die ihm zivilisatorisch nahe stehen, hat einen sehr großen materiellen Körper, der sich in seinem materiellen Besitz und ihrem Geldeigentum messen lässt. Diese Art Mensch produziert dementsprechend relativ wenig Nachkommen mit intrazellulär/intraindividuell genetisch gespeicherten Daten. Die materielle Kluft zwischen diesem zivilisatorisch weit entwickelten Menschen und dem Menschen, der nicht so weit entwickelt ist und weiterhin einen Überschuss an genetisch gespeicherten Daten produziert, wird offensichtlich immer größer.

Andererseits wird die Kluft zwischen der Schuld und Schuldabwehr dieses Menschen und den Kritikern dieser Unmoral immer größer. Die Kritiker der Unmoral des westeuropäisch zivilisierten Menschen, die sich in seinem Handeln zeigt, formieren sich immer stärker mit Hilfe religiöser Ideologien.

Anstatt den Weg, der durch die Benutzung des Verstands und der Vernunft in der europäischen Aufklärung beschritten wurde, fortzusetzen, ist derzeit das Denken der verschiedenen Kulturen von irrationalen christlichen und islamischen Glaubensvorstellungen (also religiösen Ideologien) geprägt. Da durch Glauben die Frage danach nicht beantwortet werden kann, welcher Weg in die Zukunft der richtige für die Menschheit ist, werde ich diese Frage aus Sicht der Philosophie lebender Systeme, die eine rationalwissenschaftliche ist, beantworten.

Zuvor noch ein Grundsatz zur wissenschaftlichen Denkweise der

Philosophie lebender Systeme und zur Moral. Wissenschaftliches Denken muss sich von moralischen Einschränkungen lösen, oder es ist nicht wissenschaftlich. Der Wissenschaftler muss die Welt und die Vorgänge betrachten, ohne ethische Bewertungen vorzunehmen. Der Mathematiker und der Physiker hat damit keine Probleme, der Biologe schon eher. Er kann die Entwicklungsprinzipien intrazellulär gespeicherter und durch ein- oder zweigeschlechtliche Vermehrung, Überproduktion von Nachkommen und massenhafte Vernichtung dieser Nachkommen durch Umweltveränderungen, natürliche Katastrophen und massenhaftes Auffressen dieser Nachkommen durch andere Tiere, wertfrei beschreiben. Die Folgerung aus der wissenschaftlichen Erkenntnis, dass der Mensch vom Affen abstammt, wird allerdings immer noch von Menschen mit religiöser Ideologie heftig bekämpft, sogar im westlichen Zivilisationsbereich mit steigender Tendenz (z.B. sog. Kreationismus). Dies kann man quasi als normal ansehen. Was weitaus bedenklicher ist, ist die Verleugnung der Fortsetzung der Evolution beim Menschen durch die offizielle Wissenschaft. Die Tatsache, dass sich die Darwinschen Evolutionsprinzipien der Überproduktion von Nachkommen und Selektion beim Menschen fortsetzen, wird wissenschaftlich verleugnet, indem menschliches Verhalten als Folge rationaler Entschlüsse dargestellt wird, so dass beispielweise Kriege nicht als Konsequenz genetisch gesteuerten Verhaltens, sondern als Folge rationaler Motive dargestellt werden. Die Wahrheit über den Menschen zu sagen, war immer gefährlich und ist es auch heute. Heutzutage wird allerdings zunächst versucht, die Wahrheit durch Missachtung und Nichtveröffentlichung zu unterdrücken, weil man selbst durch Morde, auch wenn sie durch offizielle Todesurteile (also „legal") erfolgen, nicht verhindern kann, dass sich die Wahrheit schließlich doch durchsetzt und verbreitet.

Das ist der Gang der Evolution des Geistes. Denn Ideen verbreiten und entwickeln sich ebenso wie Gene. Die Evolution des Geistes ist die Fortsetzung der Evolution genetisch gespeicherter Ideen.

Es gibt jedoch auch heute immer noch Eiferer, die Morde im vermeintlichen Auftrag des Staats oder einer Glaubensgemeinschaft auch ohne offizielles Urteil durchführen. Die staatstreuen Medien unterstützen sie dabei kräftig. Deshalb besteht auch heute stets Lebensgefahr für Menschen, die eine neue Wahrheit aussprechen.

Im Bereich der Biologie befindet sich der Wissenschaftler jedoch auf ruhigem Gewässer, so dass sein Leben nicht durch moralische Bewertungen von Mördern gefährdet ist, anders ist es im Bereich der Wissenschaften vom Menschen. Selbst die Evolution des Menschen, an sich ein sehr gefährliches Thema, kann nur von Biologen gefahrlos so bezeichnet werden. Kürzlich veröffentlichte ein Biologe ein Buch mit dem Titel „Die Evolution des Menschen". Was dabei herauskommt, ist eine Beschreibung der Evolution des Affen, nämlich Evolutionsweg vom Affen zum Mensch, es endet jedoch dort, wo es anfangen sollte, nämlich bei den evolutionären Fortschritten, die die Menschheit seitdem gemacht hat. (Junker, Thomas: Die Evolution des Menschen. C.H.Beck Wissen, München 2006, ISBN-10: 3 406 53609 3). Das Problem der Wissenschaftler besteht darin, dass sie die Wahrheit in Bezug auf den Menschen verdrängen bzw. verschweigen müssen. Natürlich ändern sich mit der Entwicklung des Menschen aus einem Tiervorgänger nicht die Gesetze der Evolution. Die Evolution der genetisch gespeicherten Idee erfolgt weiterhin unter Anwendung der beiden Mittel, die „Übervermehrung" und „Selektion" genannt werden. Ich nenne sie in Bezug auf den Menschen Produktion von Geburtenüberschuss und Krieg.

So ist im Menschenreich der Krieg die primäre Form der Ausbreitung des Systems höherer Ordnung (Stamm, Volk, Staat) und der Handel ist daraus entstanden, ist eine Sublimation (Freud) des Krieges. Der Handel ist sozusagen aus der Not heraus entstanden, weil Krieg einen zu hohen Energieaufwand (Ostwald) erfordert hätte. Deshalb verwundert es auch nicht, dass auch heute in den Fällen, in denen ein Staat durch Handel nicht den gewünschten Erfolg erzielt, immer wieder zum Krieg gegriffen wird. Entscheidend ist immer der Wunsch nach Vergrößerung, Ausbreitung, also der Antrieb zur Selbstentfaltung (Zimmerman). Wie diese Selbstentfaltung realisiert wird, ob durch Krieg oder Handel, ist eine Frage des „Preises", nämlich eine Frage des Energieaufwandes.

Das System Staat wendet immer die Methode zur Ausbreitung an, die energetisch betrachtet am billigsten ist, wobei Geld ein Energieträger ist. Es sei denn, es verrechnet sich, was man für den gegenwärtigen Irakkrieg annehmen könnte.

Zur Inbesitznahme Amerikas, also der sogenannten „Neuen Welt", war nicht einmal eine Kriegserklärung erforderlich, da die Eigentümer Nord-, Mittel- und Südamerikas den Waffen der Europäer nichts gleichwertiges entgegenzusetzen hatten. Die dortigen Einwohner konnten ohne Kriegserklärung niedergemetzelt oder ihrer Nahrung (Büffelherden, die abgeschossen wurden) beraubt werden und ihr Land in Besitz genommen werden, ohne eine angemessenen Preis zu zahlen. Der „Preis" besteht einerseits in Menschenopfer, die das System Staat in Kauf nimmt und einkalkuliert, wenn ein Krieg begonnen wird, andererseits auch in Geld, wenn ein Stück Land käuflich erworben wird, wie z.B. Alaska.

So rotteten die Europäischen Staaten die Bevölkerung dieses Kontinents aus und eigneten sich deren Reichtümer (Gold) und Bodenschätze (Erdöl) an. Später wollte die dort lebende weiße Bevölkerung die angeeigneten Reichtümer selbst ausbeuten, erklärten sich unabhängig von ihren Mutterstaaten (vor allem von England, Frankreich, Spanien und Portugal, also den „Seefahrernationen") und gründeten eigene Staaten. Das entspräche einer Vermehrung durch Teilung in der Biologie. In Afrika nahmen sie Menschen gefangen und benutzten sie als Sklaven. Auch dieser Menschenhandel sowie die Gründung von Kolonien in Afrika und Asien und die Inbesitznahme Australiens sind aggressive Verhaltensweisen, die der Verbreitung genetisch gespeicherter Daten dienen, die also biologisch erklärlich sind, sie stellen eine Fortsetzung tierischen Verhaltens im Reich des Menschen dar. Das ist phänomenologisch die direkte Fortsetzung der Evolution beim Menschen mit biologisch genetisch gesteuertem Verhalten, das Freud als Ausdruck eines Destruktionstriebes fehlinterpretierte.

Der Prozess der Zivilisation hingegen, den ich hier beschreibe, ist dadurch gekennzeichnet, dass eine „Evolution des Geistes" stattfindet, die sich in einer hirnexternen Speicherung von Ideen zeigt und der darin sichtbar wird, dass der Mensch nicht nur Organe innerhalb seines Körpers hat, wie die Tiere, sondern sich selbst zusätzliche Organe schafft, die außerhalb seines Körpers liegen. Es werden somit nicht nur intrazellulär (genetisch) gespeicherte Ideen an die eigenen Kinder vererbt, sondern auch Ideen außerhalb des Körpers in Büchern auf Festplatten und indirekt in den Schöpfungen des Menschen gespeichert und an die Menschheit vererbt. Mit dieser grundlegenden Änderung der Datenspeicherung und -weitergabe ändert sich allerdings nicht automatisch das biologisch-genetisch determinierte Verhalten des Menschen.

Seit Beginn der industriellen Revolution und auch schon davor mit der Schöpfung neuer überseefähiger Schiffe und der Erfindung von Schusswaffen hat sich am genetisch gesteuertem Verhalten des Menschen kaum etwas verändert, da die biologische Evolution sehr langsam voranschreitet. Der Mensch in seiner Gesamtheit als Art produziert wie jede andere Tierart weiterhin einen Überschuss an Nachkommen.

Lediglich an der Elimination dieses Überschusses hat sich etwas geändert. Der Mensch hat, wenn auch nur zum geringen Teil, die Beseitigung des Überschusses selbst übernommen. Die Beseitigung des Überschusses der Tierart „Mensch" betraf in erster Linie nichtweiße Menschen, besonders Menschen mit roter und schwarzer Hautfarbe.

Das Schuldgefühl, das damit verbunden sein müsste, wenn man friedfertiges Verhalten als moralisch hochwertig betrachten würde, verarbeitete dieser hochzivilisierte Mensch durch seine christliche Religion. Das habe ich oben bereits beschrieben. Die PhilS selbst sieht und schildert die Entwicklung der Menschheit ohne moralische Wertungen, möglichst wissenschaftlich, und möchte auch so verstanden werden.

Die Spannungen, die sich derzeit global zwischen den Menschen zeigen, haben also nicht nur ihre Ursache in der derzeitigen Verteilung des Geldreichtums und der ungleichen Verteilung des Reichtums an Bodenschätzen, sondern sie haben ihre tiefere Ursache auch in diesem „tierischen" genetisch gesteuertem Verhalten des Menschen, das er trotz der Entwicklung von Zivilisation zeigt.

Der Mensch hat auch stets versucht, das Problem, das in der genetischen Verhaltenssteuerung liegt, die Freud auch mit den Begriffen Sexualtrieb und Destruktionstrieb beschrieben hat, zu bekämpfen. Ein Problemlösungslösungsversuch bestände darin, die Bevölkerung einer Gruppe möglichst klein zu halten, also die sexuelle Betätigung der Mitglieder einzuschränken. Denn im Falle eines Wachstums der Gruppe wären aggressive Auseinandersetzungen mit der Nachbargruppe vorprogrammiert. Da ein Konstanthalten einer Gruppe jedoch voraussetzt, dass die Nachbargruppe ebenfalls auf eine derartige Homöostase bedacht ist, weil anderenfalls eine Gruppe stärker wird und die vernünftige Gruppe ausmerzt, muss einerseits ein Wachstum und andererseits eine Optimierung der Verteidigungs- und Tötungsmöglichkeiten (Waffenproduktion) erfolgen. Wachstum bedeutet eben auch größere Kraft in der Auseinandersetzung mit konkurrierenden Systemen. Lebende Systeme höherer Ordnung, die miteinander konkurrieren, müssen also wachsen und sich aufrüsten, wenn sie überleben wollen. Dennoch scheint es gruppenintern seit geraumer Zeit immer Bestrebungen gegeben zu haben, das Bevölkerungswachstum einzuschränken, um Kriege zu vermeiden.

Die Einschränkung der sexuellen Betätigung ist also auch ein Erfordernis der Vernunft, nicht nur der Abwehr sexueller Wünsche aus Angst vor der Bestrafung durch den Vater (Freuds „Ödipuskomplex“).

Auf welche Weise haben nun verschiedene Kulturen die Bevölkerungsvermehrung eingeschränkt? Von welchen Möglichkeiten wurde bisher in der Geschichte der Menschheit Gebrauch gemacht?

Zu nennen sind:

1. Verbote und Verhinderung der sexuellen Betätigung
2. Maßnahmen zur Minderung der sexuellen Versuchung
3. Maßnahmen zur Umlenkung der sexuellen Triebenergie
4. Maßnahmen zur Kindstötung

zu 1.
Verbote und Verhinderung der sexuellen Betätigung sind bisher nur in kleineren Gruppen, insbesondere in religiösen Gemeinschaften realisiert worden. Oder aber bestimmte Gruppen innerhalb einer Bevölkerung wurden durch Kastration an ihrer Vermehrung gehindert. Innerhalb religiöser Sekten oder Ordensgemeinschaften entwickelt sich aus diesem Verbot bisweilen homosexuelle Betätigung, die ja auch den Zweck erfüllt. Interessant ist, dass in derartigen Gemeinschaften neben dem Beten, also der religiösen Betätigung, oft die Arbeit eine besondere Rolle spielt und insbesondere die geistige Arbeit gepflegt wird. Es hat den Anschein, als ob das Unterbinden von Sexualität, also die Aufrechterhaltung eines bestimmten natürlichen Drucks ohne Vollzug der natürlicherweise vorgesehenen Handlung, der ja Energie zur Verfügung stellt, tatsächlich dazu führt, das andere Entfaltungsmöglichkeiten des Menschen mit stärkerer Energie betrieben werden. Die Triebumleitung

bzw. das Umlenken von Energie auf andere Ziele, insbesondere auch auf selbst gesetzte geistige Ziele, scheint also lange praktiziert worden zu sein, bevor die Psychoanalyse auf die Idee kam, kulturelle Leistungen als Sublimierung sexueller Triebenergie zu bezeichnen. Die Verteufelung der Sexualität als Sünde im christlichen Glauben hat hier einen rationalen Grund, weil sie den Bevölkerungsüberschuss verkleinert.

zu 2.
In manchen Kulturen spielt diese Maßnahme eine wichtige Rolle, wobei hier die sexuelle Aktivität dem männlichen Geschlecht zugeordnet wird, was wohl auch den biologischen Tatsachen entspricht. Das männliche Geschlecht hat die Aufgabe, sein erigiertes Glied in eine Scheide einzuführen, und dieses Eindringen in einen anderen Körper ist ein aggressiver Akt. Deshalb fällt dem männlichen Geschlecht eine stärker aggressive und motorisch akzentuierte Rolle zu. Die Ausschüttung männlicher Geschlechtshormone in Situationen sexueller Versuchung stellt offensichtlich auch die entsprechenden Energien zur Verfügung, so dass die männliche Rolle aktiver ist und es sinnvoll sein könnte, ihn vor dieser Versuchung zu bewahren. Die Frauen werden in derartigen Kulturen daher mehr oder weniger den Blicken verborgen, verschleiert, je nachdem, wie stark die durchschnittliche sexuelle Erregung des Mannes beim Anblick eines weiblichen Sexualobjekts ist. Die Verschleierung der weiblichen Sexualobjekte schützt also den Mann vor sexueller Versuchung, vor sexueller Erregung. Die Psychoanalyse würde hier von einer Abwehr sprechen. Die Art der Verschleierung kann im Einzelfall selbstverständlich den gegenteiligen Effekt haben, also besonders reizvoll sein. Aber das steht auf einem anderen Blatt.

Auch in den westlichen Kulturen wurden, besonders im Alter der Pubertät, Maßnahmen zum Schutz der männlichen Kinder vor sexueller Versuchung getroffen. Nach Einführung der Schulpflicht wurden zunächst männliche und weibliche Kinder getrennt unterrichtet. Durch die Erfindung der „Antibabypille" sind alle derartigen Maßnahmen jedoch an sich überflüssig geworden, da bei ihrer Anwendung Geschlechtsverkehr seitdem der Lustbefriedigung dient und die Zeugung von Kindern eine rationale Entscheidung geworden ist.

zu 3.
Umlenkung der sexuellen Triebenergie ist vermutlich selten bewusst durchgeführt worden, sondern eher unbewusst und umgekehrt, nämlich in der Weise, dass pubertierende männliche Kinder in besonderen Einrichtungen, wie Internaten oder Klöstern, beschult wurden, in denen keine weiblichen Sexualobjekte vorhanden waren (oder geschlechtlich umgekehrt). Auffällig ist jedenfalls, dass intensive wissenschaftliche, also geistige Betätigung, und sexuelle Abstinenz häufig gekoppelt sind. Ein Problem in den angesprochenen Einrichtungen besteht allerdings darin, dass die aggressive Versuchung durch das enge Beisammensein aktiviert werden könnte, so dass die Möglichkeit der Klausen geschaffen wurde.

Lange Zeit war die Erziehung der Kinder in vielen Kulturen auch asexuell, d.h. sexuelle Betätigung in Form von sexueller Beschäftigung mit dem eigenen Körper war tabu, war verpönt und verboten. Auch dies fördert wohl die Beschäftigung mit Geistigem.

zu 4.
Maßnahmen zur Kindstötung wurden schon zu biblischer Zeit getroffen, sind jedoch besonders in der Gegenwart die Methode der Wahl zur Verminderung der Geburtenrate. Allerdings werden die Kinder bereits im Mutterleib getötet, ohne dass der Akt des Tötens ins Bewusstsein tritt (wie oben für den Krieg mit Fernwaffen beschrieben). Sie werden auch von anderen Personen getötet, nicht von der Mutter selbst. Hier hat die „Frauenbewegung“ der westlichen Welt, die „Emanzipationsbewegung“, einen besonderen Beitrag zur Herstellung des Gleichgewichts innerhalb lebender Systeme höherer Ordnung (= Staaten) geleistet, die das Kind im Mutterleib als Eigentum der Mutter betrachtet, mit dem sie machen könne, was sie wolle.

Soweit zu kulturspezifischen Maßnahmen, die die Konstanz oder zumindest die Verringerung des Wachstums des lebenden Systems höherer Ordnung als Forderung der Vernunft zum Ziel haben. Die Liste ließe sich sicher verlängern und soll auch nur der Anregung zum eigenen Weiterdenken dienen.

Ich möchte hier lediglich am Beispiel der Sexualität zeigen, dass die Einschränkung von natürlicher Bedürfnisbefriedigung einen Beitrag zur Entwicklung der Zivilisation leisten kann und geleistet hat. Dieser Beitrag ist von der Psychoanalyse bereits beschrieben worden. (Der interessierte Leser mag darüber im Internet weitere Informationen suchen). Was bisher jedoch nicht ausreichend gewürdigt wurde, das ist der Vorgang, der nun als Zivilisation vor sich geht.

Es handelt sich nämlich bei diesem zivilisatorischen Prozess um einen Wachstumsprozess.

Die einsetzende wissenschaftliche Entwicklung mit ihren Methoden der Hypothesenbildung und deren Verifizierung/Falsifizierung stellt eine Fortsetzung der Evolution mit ihren Methoden Überproduktion von Nachkommen und Selektion dar. Die Datenvervollkommnung, die bislang mit der Speicherung im genetischen Code durchgeführt wurde, geschieht nunmehr zellextern und außerhalb der lebenden Systeme. Die vom Menschen geschaffenen geistigen Daten werden zwar wiederum auf einem materiellen Datenträger gespeichert, in Büchern, auf Festplatten usw., aber sie können nunmehr außerhalb des lebenden Körpers so gespeichert werden, dass sie das Leben dieses Körpers überdauern. Die genetische Evolution ist in die Evolution des Geistes übergegangen.

Auf die entscheidende Frage, ob sich in der Gegenwart Änderungen der bisherigen Verfahrensweise zeigen, möchte ich nun angehen. Ausgangspunkt der bisherigen zivilisatorischen Entwicklung war die menschliche Fähigkeit, Bedürfnisse nicht sofort zu befriedigen, sondern die Umsetzung der vom Körper zur Verfügung gestellten Energie in Motorik sozusagen zu bremsen, und die vorhandene Energie in geistige Leistung umzuleiten.

Es ist also kein eigentliches Bremsen, der vorhandenen Energie wird keine eigene Energie des menschlichen Ichs entgegengesetzt, sondern die vorhandene Energie wird umgeleitet. Energie, die an sich für motorische Leistung vorgesehen ist, wird in geistige Leistung verwandelt. Der Energieerhaltungssatz der Physik wird nicht etwa umgangen oder aufgehoben. Es handelt sich praktisch um eine Energieumwandlung. Eine Weiche wird umgelegt. Die Energie fließt in anderer Form weiter. Weiter nichts. Voraussetzung war jedoch ein Energiestau dadurch, dass Befriedigung nicht sofort vollzogen wurde (oben als Nein-handeln bezeichnet). Dies möglicherweise nicht einmal bewusst, sondern aus einem Konflikt heraus. Soll ich erst meinen Hunger befriedigen, oder erst mein sexuelles Bedürfnis? Soll ich mich in Sicherheit bringen und vor dem Feuer fliehen oder soll ich mein Kind retten, das sich noch im brennenden Haus befindet? In derartigen Konflikten ist der Mensch schicksalhaft gezwungen, eine Entscheidung darüber zu treffen, einem der beiden Handlungsimpulse nicht nachzugeben. Die Motorik kann immer nur eine Handlung in einem Moment vollziehen. Auch die Begrenzung der Geldmenge stellt einen Zwang zur Hemmung von Antrieben dar. Wünsche und die daraus resultierenden Handlungsdrucke können in der Mehrzahl gleichzeitig vorliegen. Der Mensch kann gleichzeitig in verschiedene Richtungen gedrückt werden, nicht nur durch mehrere Drucke von außen, sondern auch von innen („Motivationen" für verschiedene Bedürfnisse und Befürchtungen) und daraus entsteht ein Entscheidungsmuss, ein Zwang zur Entscheidung. Der Mensch ist also nicht frei oder unfrei, sondern er ist zur Entscheidung, zur Freiheit, gezwungen. Und die Bevorzugung der dauerhaften zukünftigen Lösung anstelle der aktuellen Befriedigung ist der Beginn der Zivilisation.

Die Psychoanalyse hat die Instanz, die die Entscheidung über den Einsatz der Energie trifft, das „Ich" genannt. Dieses verfügt über keine eigene Energie, sondern entscheidet lediglich über den Einsatzort und den Einsatzzeitpunkt der Kraftentfaltung, die mit Hilfe dieser biologisch vorhandenen Energie möglich ist. Die sexuelle Energie nennt Freud Libido, die andere Triebenergie manifestiert sich in aggressiven mörderischen Verhaltensweisen und wurde daher auch „Destrudo" genannt, Freud entwickelte die Vorstellung eines „Todestriebes". Das Instanzenmodell der Psychoanalyse übernimmt die PhilS und spricht ebenfalls vom Ich als der steuernden Instanz. Auch die Bezeichnung des „Es" für den biologischen Bereich der Energielieferung durch Groddeck hält sie für angebracht, wie auch die Bezeichnung „Über-Ich" für die introjizierten Vorschriften der Gesellschaft.

Die Fähigkeit, Unlust, also Mangel an sexueller und narzisstischer Befriedigung, vorübergehend zu ertragen, ist nach Ansicht der Philosophie lebender Systeme entscheidend für den Prozess der Zivilisation. Es ist die Fähigkeit, die umgangssprachlich auch Selbstbeherrschung genannt wird.

Im Ergebnis ist die Hemmung von Sofortbefriedigung, die Selbstbeherrschung oder das Ertragen vorübergehender Unlust ein Vorgang, durch den ein gewisser Teil der Energie durch Hemmung von Antrieben verbraucht wird und ein anderer Teil der Energie in geistige Vorgänge umgelenkt wird, also als geistige Kraft benutzt wird

Die Energie, die durch die Triebhemmung nicht für körperliche Muskelaktivität genutzt wird, wird zu geistiger Aktivität genutzt, zu Theoriebildung oder auch künstlerischer Tätigkeit. Dieser Vorgang hält den Prozess der Zivilisation in Gang, der zu Ideen, zu wissenschaftlicher und technischer Entwicklung und letztlich zur Bildung körperexterner zusätzlicher Organe führt. Die Muskelkraft wird nun nicht mehr zur Jagd oder zum Sammeln von Beeren und Früchten benutzt, sondern zum Herstellen von Werkzeugen und Maschinen, die mit körperexternen Energien, wie Benzin oder Strom, betrieben werden und die Körperfunktionen erweitern.

3.3. Integration und Identifizierung

Aufgrund der ständig wirksamen Wachstumstendenz lebender Systeme ist die Geschichte der Menschheit von Wanderungsbewegungen der Individuen geprägt, die aus armen Ländern in Richtung reiche Länder geht bzw. in Länder, in denen Reichtum in Form materiellen Wachstums erwartet werden kann. Die Erwartung materiellen Reichtums wirkt als Magnet für menschliches Wachstum und Fortbewegung. Deshalb können immer Auswanderungsländer und Einwanderungsländer unterschieden werden. Noch vor 150 bis 200 Jahren waren die westlichen Industriestaaten Auswanderungsländer, weil die Bevölkerung sich entsprechend dem genetisch gesteuerten Paarungsverhalten übervermehrte, die Bevölkerungen dieser Länder in Armut lebten und sich in Übersee bessere Entfaltungsmöglichkeiten erhofften. Nach Ende des zweiten Weltkrieges kam es zu einer Umkehr dieser Bevölkerungsbewegung. Durch den Krieg war die Bevölkerung dezimiert, hinzu kam etwas später die Möglichkeit, sich durch medikamentöse Empfängnisverhütung sexuelle Lust im Überfluss zu verschaffen, ohne dabei Kinder zu zeugen, wovon die westeuropäischen Frauen auch regen Gebrauch machten. Das Bevölkerungswachstum stagnierte, der Reichtum der Bevölkerung wuchs und wurde zum Reiz für die sogenannten „Entwicklungsländer“ und die ärmeren Länder Europas, in die westeuropäischen Industriestaaten einzuwandern. Sie wurden zu Einwanderungsländern und sind es bis heute geblieben. Von den eingewanderten Menschen wird erwartet, dass sie sich in der neuen Heimat integrieren und nicht nur deshalb einwandern, um von deren Sozialsystemen zu profitieren und dort als Parasiten zu leben. Zur Beurteilung der Weiterentwicklung der Zivilisation ist daher von großem Interesse, sich einmal die Praxis dieser „Integration" anzusehen.

Integration beschränkte sich zunächst auf den beruflichen Aspekt, inzwischen wurde auch etwas die sprachliche Seite der Integration einbezogen. Völlig ausgeklammert ist bisher die geistige Integration.

Zunächst betraf die Einwanderung vor allem arbeitsfähige Männer, die von den neuen Einwanderungsländern als Arbeitskräfte benötigt wurden. Ob diese die Landessprache des Staates sprachen, in welchem sie beruflich tätig wurden, spielte keine Rolle. Integration wurde daher auf den wirtschaftlichen Gesichtspunkt beschränkt. Dies ist ein Indiz für die Änderung der Denkweise in den fortschrittlich zivilisierten Staaten. Das menschliche Individuum wird im Rahmen der Industrialisierung vom Staat lediglich als Effektor betrachtet, dessen Aufgabe darin besteht, Produktionsmaschinen in Gang zu halten oder Dienstleistungen zu erbringen. Als Dominator, also als Geldausgeber, der mit seinen Kaufentscheidungen die Produktion steuert, wurde er nicht wahrgenommen. Die eingewanderten Arbeitskräfte lebten in den neuen Einwanderungsländern auch mehr oder weniger am Existenzminimum und schickten das nicht benötigte Geld in ihre Heimat zu ihren Familien. Die Dominatortätigkeit wurde dort ausgeübt. Im nächsten Entwicklungsschritt zogen jedoch die Familien der Einwanderer zusätzlich in die Einwanderungsländer. Diese betätigten sich nun häufig nicht beruflich, sondern als Empfänger von Sozialleistungen. Die „Oma" bezog Sozialhilfe, die Kinder wurden Kindergeldempfänger, die zugezogenen chronisch Kranken bezogen medizinische Hilfe über das Sozialsystem, hinzu kamen politisch Verfolgte, die als Asylanten aufgenommen werden mussten und gar nicht arbeiten durften und gezwungen waren, Sozialhilfe zu beziehen oder sich illegal zu betätigen. Es entwickelte sich ein finanzielles Problem für die arbeitende Bevölkerung, von deren Sozialabgaben die Zuwanderer finanziert werden mussten, so dass die Sozialabgaben, Krankenkassenbeiträge, Rentenbeiträge und Steuern erhöht werden mussten, was die Einkommen schmälerte. Nun trat andererseits das Sprachproblem deutlicher in Erscheinung, besonders die schulpflichtigen Kinder wurden zu einem Bildungsproblem. Zusätzlich zeigte sich, dass Sprachunterschiede auch mit anderem kulturellen Verhalten verbunden sind. Andere Begriffe erwiesen sich als Ausdruck einer anderen Denkweise und eines anderen sozialen Umgangs miteinander. Die Rolle des Mannes und der Frau innerhalb der Familie, die Regeln des Anstands, die Frauen betreffen und die Freizügigkeit der Männer im Umgang mit den Mädchen und Frauen der westlichen Kultur, die bestimmte Kleidungsstücke nicht tragen (Schleier) und somit als unreines Freiwild gelten, das nach Belieben ohne moralische Hemmungen sexuell attackiert werden kann, kurz: die differierenden kulturellen Denk- und Verhaltensweisen, manifestieren sich inzwischen und führen gegenwärtig zu Konflikten, die nicht nur sprachlicher Art sind. Die Einwanderungsstaaten fordern von den Einwanderern inzwischen zwar den Nachweis besserer Sprachkenntnisse, eine kulturelle Anpassung des Denkens und Handelns wird jedoch nicht gefordert. Die westlichen Kulturen werden multikulturell. Die kulturellen Spannungen, die bis dahin zwischen den Staaten und Kulturen bestanden haben, werden daher innerhalb dieser Einwanderungsstaaten sichtbar.

Es kommt ein weiterer Gesichtspunkt hinzu. Die Trennung der Menschheit in Religionsgemeinschaften mit unterschiedlichen religiösen Denkinhalten und Ideologien bleibt ebenfalls bestehen, da die Einwanderungsstaaten religiöse Freizügigkeit gestatten. In den westlichen hochzivilisierten Staaten hatte sich eine Trennung von Kirche und Staat etabliert. Der Staat überlässt es jeder Religionsgemeinschaft, ihre unbewiesenen religiösen Hypothesen zu vertreten und überlässt es den Individuen, an diese zu glauben oder nicht. Es hat sich das Wissen durchgesetzt, dass Glaubensinhalte nicht verifizierbar/falsifizierbar und daher beliebig sind.

Die hochzivilisierten westlichen Einwanderungsstaaten verstehen unter Integration nicht, dass sich die Einwanderer dieser Freiheit des Denkens anpassen und religiöse Denkinhalte als beliebig austauschbar betrachten, die ohne Folgen aufgegeben und ausgetauscht werden können, da irgendwelche negative Konsequenzen im phantasierten Jenseits nach dem Tode gar nicht zu erwarten sind. Das Predigen von Trennung, also der Teilung der Menschen in gute

Gläubige und böse Ungläubige ist daher in die westlichen Zivilisationen reimportiert worden und führt im Gegenzug sogar dazu, dass die christlichen Religionen ebenfalls eine Tendenz zeigen, erneut Trennung zu vertiefen.

Die Bruchlinien der unterschiedlichen Sprachen, Kulturen und Religionen, die die Menschheit trennen, führen derzeit innerhalb der zivilisierten westlichen Staaten zu Konflikten. Sie zeugen von der Schwäche der hochzivilisierten Staaten, die sich unfähig erweisen, Integration und Gleichbehandlung im vollen Wortsinn durchzusetzen.

Diese Konflikte haben allerdings auch einen positiven Gesichtspunkt für die Zivilisation der Menschen in diesen Staaten. Während sich die Menschheit in der zurückliegenden Zivilisationsgeschichte durch Sprachbildung, Trennung in Sprachgemeinschaften, Religionsgemeinschaften und Kulturen in Entitäten in Form von Staaten und Staatsverbindungen geteilt hat, die gegeneinander nach evolutionären Regeln Kriege mit selektierendem Charakter geführt haben, führen die innerstaatlichen Konflikte in den westlichen Industrienationen der Gegenwart zu einer Auflösung der nationalen Identitäten ihrer Bewohner. Zur Blütezeit der Nationalstaaten hatte das lebende System Mensch A eine eindeutige nationale Identität, die sich aus der Identifizierung mit seinem Geburtsland, dessen Geschichte, der Landesreligion, der Kultur seines Landes und den Grundwerten des Umgangs mit seinen Landsleuten zusammensetzte. Im Ausland erkannte dieses Individuum seine „Landsleute“ sofort wieder und fühlte sich diesen näher als den Einheimischen. In der Gegenwart hat dieses Individuum A jedoch eine unsichere Identität. Seine Heimat ist nicht mehr die, die es einmal war, in ihr leben Individuen unterschiedlicher Kulturen, unterschiedlichen Glaubens und unterschiedlichen Benehmens zusammen. Das Individuum "weiß" nicht mehr, womit es sich identifizieren soll. Ebenso geht es jedoch den Einwanderern, die sich mit der Kultur ihres Geburtslandes ebenfalls nicht mehr völlig identifizieren und deren Denken die durch die neue Umgangssprache ebenfalls verändert wird, so dass keine eindeutige Identifizierung mehr möglich ist. Unsicherheit wird bisweilen damit bekämpft, dass irrationale Glaubensüberzeugungen reaktiviert werden. Die innere Auflösung von Identität mit einem staatlichen lebenden System höherer Ordnung kann zu persönlicher Verunsicherung führen, was zu erhöhter Neigung zu körperlicher Gewaltanwendung oder zu depressiver Reaktion führen kann.

Der Gleichheitsgedanke, von dem jetzt hier die Rede ist, durchzieht die europäische Denkgeschichte und findet sich auch im Marxismus. Es handelt sich nicht um ein religiöses Dogma, obwohl es auch im Rahmen der christlichen Religion verbal vertreten wird, sondern um eine Forderung des Humanismus und der Menschlichkeit. Eine wesentliche Konsequenz dieses Gleichheitsgedankens wird allerdings stets übersehen: Gleichheit hat die Konsequenz, dass die eigene Meinung, Überzeugung und auch der eigene Glaube und das eigene Interesse nicht unter Androhung oder Anwendung von Gewalt dem Mitmenschen oder dem Mitkonkurrenten aufgezwungen wird, weil der Mitmensch mit mir gleich ist. Die Forderung Jesu Christi "liebe Deinen Nächsten" ist eben keine Forderung einer Religion, sondern war und ist die Forderung eines Individuums, die schon seinerzeit dem herrschenden religiösen Dogma (dem jüdischen Glauben) diametral entgegengesetzt war. Sie sollte auch heute der Grundwert einer globalen Umgangsweise sein, die nicht nur Individuen, sondern auch alle lebenden Systeme höherer Ordnung, wie Staaten, Wirtschaftsunternehmen, Konzerne, Banken usw. betreffen. Diese Forderung geht auch weiter als der reine Verzicht auf Anwendung körperlicher Gewalt. "Liebe Deinen Nächsten" schließt Verzicht auf Durchsetzung von Interessen mit dem Mittel, dem Anderen, dem Konkurrenten, irgendeinen Schaden zuzufügen. Ein vermeidbarer Schaden kann auch in der Produktion von Schadstoffabfall bestehen.

Die Philosophie lebender Systeme definiert den Menschen, das System Mensch, als Summe alles dessen, was ihm zugeordnet werden kann: sein lebender Körper, sein materieller Körper, sein Geld und sein Geist. Beschädigung dieses "Systems Mensch" bedeutet demnach nicht nur Verletzung des lebenden Körpers, sondern auch Beschädigung seines Eigentums (seines Autos usw.), Beschädigung seines finanziellen Besitzes und Beschädigung seines Geistes. Das gesamte System, sei es ein Individuum oder ein lebendes System höherer Ordnung, das ebenfalls nicht nur aus lebenden Anteilen (den arbeitenden Menschen), sondern auch aus materiellen Dingen (den Maschinen usw.), Geld und Geist (Aufgaben, Unternehmensphilosophie, Glaubensvorstellungen usw.) zusammengesetzt ist, darf nicht durch Beschädigung verletzt werden. Als Mittel zur

Durchsetzung von Interessen sollte global nur die Werbung und das Geben anerkannt werden. In diesem Punkt kann die Menschheit etwas von den Pflanzen lernen, die sich mit Hilfe von Blüten (Werbung) und Gaben durchsetzen (sie geben den Bienen etwas zu essen, damit diese im Gegenzug ihren Samen verbreiten). Auf eine Herabsetzung des Mitbewerbers und die Zufügung eines materiellen, finanziellen oder seelischen Schadens muss verzichtet werden. Auf einen derartigen Umgang miteinander muss sich die Menschheit global einigen, aber auch innerhalb staatlicher Gemeinschaften muss dieses Prinzip herrschen, und insbesondere auch für den Umgang mit unterschiedlichen Denk- und Glaubensinhalten muss dieser Grundwert als moralische Übereinkunft gelten. Gleichheit muss jedoch auch innerhalb von Glaubensgemeinschaften beispielsweise für die verschiedengeschlechtlichen Mitglieder der jeweiligen Glaubensgemeinschaft gelten, oder allgemein für ein lebendes System höherer Ordnung. In Bezug auf eine Glaubensgemeinschaft muss gelten, dass Frauen und Männern gleiche Rechte, gleiche Freiheiten, gleiche Vergnügungsmöglichkeiten usw. haben und im Falle einer Zuwiderhandlung Frauen und Männer oder einfache Mitglieder oder Mitglieder in Leitungsfunktion gleich bestraft werden, oder gleiche Leistung in einem Unternehmen auch gleich entlohnt wird. Ein lebendes System höherer Ordnung, ob Religionsgemeinschaft, Staat oder Wirtschaftskonzern, kann seinerseits keine Gleichbehandlung mit konkurrierenden lebenden Systemen gleicher Systemhöhe für sich in Anspruch nehmen, wenn es nach innen Gleichbehandlung seiner Teile, seiner Individuen, seiner Systeme Mensch, nicht realisiert.

So lange es keine weltweite "globale" Einigung über einen derartigen Gleichbehandlungsgrundsatz gibt, wird es keinen Frieden auf dem System Erde geben. Entweder wird diese Gleichbehandlung umfassend realisiert, oder die Zivilisation als Ausbreitung des Geistigen mit Hilfe extrazelluläre Datenträger wird untergehen.

Auch wenn die Chancen für ein Überleben angesichts der gegenwärtigen Konflikte schlecht zu sein scheinen, besteht eine begründete Hoffnung auf eine Fortsetzung der zivilisatorischen Entwicklung im Sinne der Philosophie lebender Systeme. Ich habe bereits auf den Vorgang der Lockerung der Identifizierung mit dem Staat und der Religionsgemeinschaft hingewiesen. Die Erfahrung zeigt, dass sich die Identifizierung des menschlichen Individuums mit einem System höherer Ordnung und seinen Denkinhalten sehr schnell ändern kann. In Deutschland haben wir die besten Beispiele dafür. Die führenden Raketentechniker des Nazis identifizierten sich nach der Niederlage Deutschlands sehr rasch mit den Idealen der zusammenarbeitenden Kommunisten und Kapitalisten und kooperierten nach dem Aufheben dieser Allianz mit der Weltanschauung der jeweiligen Siegermacht. Für einen Wissenschaftler oder einen Forscher spielt zwar die Identifizierung mit einer Weltanschauung keine wesentliche Rolle, aber auch die deutsche Bevölkerung änderte ihre Identität 1945 sehr zügig in beide Richtungen, je nach dem, auf welcher Seite des neuen „eisernen Vorhangs" sie sich nach dem Krieg aufhielt. Aus Nazis wurden sehr schnell Kommunisten, wenn sie in Ostdeutschland unter dem Einfluss des Kommunismus lebten, oder Anhänger einer freien Marktwirtschaft, wenn sie im Westen lebten. Es gab quasi über Nacht gar keine Nazis mehr in Deutschland. Nach der "Wende" 1989/1990 in Deutschland und der Vereinigung der beiden Teile Deutschlands unter Führung des Westens änderte sich die durchschnittliche kommunistische bzw. sozialistische Identität der ostdeutschen Bevölkerung ebenfalls sehr rasch.

Der nun global erforderliche Identitätswechsel von den verschiedenen trennenden Religion und menschheitsspaltenden regionalen Weltanschauungen und staatlichen Identitäten zu einer globalen Identität der Menschheit, die das Gleichheitsprinzip in den Mittelpunkt einer übergeordneten Identifizierung mit der Menschheit als Ganzem stellt, kann sich sehr schnell vollziehen. Die trennenden Institutionen werden dem erfahrungsgemäß mit dem Einsatz körperlicher Gewalt entgegentreten und wie immer versuchen, mit Morden, die selbstverständlich legalisiert werden, die Ausbreitung der Wahrheit zu verhindern. Ein derartiger Rückfall in genetisch gesteuerte Verhaltenweisen zur Aufrechterhaltung der Trennung der Menschheit in Staaten und Religionsgemeinschaften könnte allerdings bei dem Stand der gegenwärtigen Mordtechnik fatal enden. Möglicherweise müsste die Evolution dann erneut mit der Bildung lebender Systeme, die zunächst eine genetische Datenspeicherung vornehmen, beginnen. Mit Sicherheit würde auch diese wieder in lebende Systeme münden, die ihre geistigen Daten extrazellulär speichern und vererben. Diese Entwicklung ist naturgesetzlich und wird sich so lange wiederholen, bis diese Individuen in ihren verschiedenen Strömen unterschiedlicher kultureller Färbung in einem gemeinsamen Meer einer globalen Identität verschmelzen.

3.4. Der Sündenfall durch Kreditvergabe

Entscheidend für die Geschwindigkeit dieses Prozesses der Zivilisation ist die geistig-wissenschaftliche Entwicklung. Die Forschungstätigkeit ist also ein Maß für den zivilisatorischen Prozess. Diese wird in den Staaten, in denen sich die Menschen organisiert haben, mit unterschiedlicher Intensität betrieben.

Ausschlaggebend dafür ist das Ausmaß der Verinnerlichung der Fähigkeit, Bedürfnisbefriedigung aufzuschieben.

Der „normale" Weg der Bedürfnisbefriedigung in den hochentwickelten westlichen Zivilisation besteht darin, dass das Individuum als Kind lernt, in die Schule und auf die Universität geht und/oder eine Ausbildung macht, irgendwo im Berufsleben einen Platz findet, auf dem es entsprechend seinen Fähigkeiten für seine Mitmenschen tätig ist, dafür Geld erhält und damit die Möglichkeit der Entscheidung darüber, für welche Bedürfnisbefriedigungen es das Geld ausgibt.

Die Zeit der „Erwachsenwerdens" ist also in den westlichen Kulturen ein Zeitraum, in dem das Kind und der Jugendliche lernt und übt, auf Bedürfnisbefriedigung zu verzichten. Je länger er dies tut, desto mehr konnte er lernen und desto besser konnte er später verdienen. Je früher er diese Übungszeit für die Hemmung von Bedürfnissen beendet, meist bedingt durch das frühe Eingehen sexueller Beziehungen und den einsetzenden Kinderwunsch, desto schlechtere Verdienstmöglichkeiten ergaben sich in der Folge. Je schlechter die Geldeinkünfte im Berufsleben sind, desto mehr erhöht sich allerdings die Notwendigkeit, Bedürfnisbefriedigung nichtsexueller Art, die Geld kostet, einzuschränken. Dies die Kurzbeschreibung der Verhältnisse, die für den zivilisatorischen Prozess bisher entscheidend waren und derzeit entscheidend sind.

Dieses Verhältnis zwischen äußeren Bedingungen und inneren Notwendigkeiten hat sich jedoch in der Gegenwart geändert.

Während bisher die knappen äußeren Bedingungen eine Notwendigkeit der Steuerung besonders der Antriebe, deren Befriedigung Geld kostet, erforderlich machte und damit Kraft für die Evolution des Geistes bereit gestellt hat, haben sich durch die Entwicklung des Kreditwesens die Verhältnisse drastisch geändert.

Die Banken offerieren heutzutage bereits Kindern die Möglichkeit, einen Kredit zu erhalten, Jugendliche sind bereits vor Beendigung ihrer Ausbildung die Hauptansprechpartner der Banken für eine Vergabe von Krediten, weil diese Kreditinstitute natürlich an der Sicherung der Zukunft ihrer eigenen Existenz als lebendes System höherer Ordnung interessiert sind.

Dem Individuum wird also in der Gegenwart bereits als Jugendlicher die Möglichkeit gegeben, kostenintensive Befriedigungsmöglichkeiten in Anspruch zu nehmen, für die sie erst später bezahlen müssen.

Während der Mensch bis zum heutigen Ausbau des Kreditwesens gezwungen war, zunächst Selbstbeherrschung zu üben und damit sein Ich zu stärken, und erst später im Leben kostenintensive Bedürfnisbefriedigung betreiben konnte, haben sich die Verhältnisse umgekehrt. Die Kreditinstitute offerieren ihm die Möglichkeit, Bedürfnisse sofort zu befriedigen, bezahlen muss er erst später.

Die Fähigkeit, Bedürfnisbefriedigung zu verschieben, die dem Ich Energie für die geistige Entwicklung zur Verfügung gestellt hat, muss also nicht mehr geübt werden, so dass sich der Prozess der Zivilisation verlangsamt.

Wer die Philosophie lebender System kennt, weiß, dass sie die Verhältnisse zwischen den Menschen als Dominator-Effektor-Beziehungen beschreibt.

Der Regelkreis mit negativer Rückkopplung hat einen rezeptorischen Schenkel und einen effektorischen. Die Aufgabe der Effektoren besteht darin, Aktionen auszuführen, die eine Abweichung des Istwertes vom Sollwert des Regelkreises wieder rückgängig machen, so dass der Sollwert möglichst konstant eingehalten bleibt.

Die Instanz, die im menschlichen lebenden Körper die Sollwerte bestimmt, nennt die Philosophie lebender Systeme den Dominator, die handelnde Instanz, die den Sollwert einpegelt, den Effektor. Die Effektoren müssen über Energie verfügen (im Körper die Muskeln), der Dominator benötigt selbst keine Energie, er trifft lediglich Entscheidungen.

Die Sollwerte für bestimmte Stoffkonzentrationen im Blut sind genetisch gespeichert, so dass hier die genetische Programmierung der Dominator ist. In den zwischenmenschlichen Beziehungen ist der Dominator derjenige, der Geld ausgibt. Wer Geld ausgibt, bestimmt über das, was nachproduziert werden muss und ist damit der Dominator. Der Produzent von Waren oder der, der Dienstleistungen ausführt, ist der Effektor.

In der Zeit, in der der Mensch für einen anderen oder die Gesellschaft arbeitet, ist er Effektor. Für diese Effektorentätigkeit wird er bezahlt. In dem Augenblick, in dem er Geld für etwas bezahlt, ist er Dominator, bestimmt den Sollwert einer Gegenleistung.

So kann man also sagen, dass diese Dominatortätigkeit, die mit dem Treffen von Entscheidungen verbunden ist, Grundlage des Prozesses der Zivilisation ist. Der Dominator, im Individuum also das ICH, entscheidet über den Aufschub einer Bedürfnisbefriedigung und darüber, wann welches Bedürfnis befriedigt werden kann. Der Dominator, das ICH, entscheidet, ob Energie in die Befriedigung geistiger Bedürfnisse fließt. Das ICH steuert den Energiefluss, verfügt jedoch über keine eigene Energie. Es kann keine Energie aus dem Nichts herbeizaubern.

Ist dieses ICH durch die äußeren Umstände, konkret also dadurch, dass kein Geld vorhanden ist, zu Blockade von Befriedigung gezwungen, stärkt diese Übung das ICH. Eröffnet sich jedoch durch die Vergabe von Krediten die Möglichkeit, kostspielige Bedürfnisbefriedigung zuzulassen, so stellt dies eine Versuchungssituation dar, der der junge Mensch natürlich leicht erliegt. Erhält der Mensch ohne vorherige Leistung Geld, wird er quasi zum Dominator, ohne vorher sein ICH-Stärke durch Verzicht trainiert zu haben.

Er wird jedoch nur quasi zum Dominator, denn das Geld gehört ihm nicht, er muss es zurückzahlen. Er muss sogar mehr Geld zurückzahlen. Er kann zwar das Geld für bestimmte Dinge ausgeben und darüber auch entscheiden, aber letztlich hat der Kreditgeber die Entscheidung über dieses Geld und damit in gewisser Weise über seine Verwendung. So werden Kleinkredite für Anschaffung von Einrichtungsgegenständen oder Fortbewegungsmittel (Effektoren) vergeben oder Darlehen zum Hausbau. Letztlich hat der Kreditnehmer aber doch die Möglichkeit, jedem Bedürfnis nachzugeben und den Kredit auch für die Befriedigung momentaner Bedürfnisse auszugeben und dabei auch seine Freiheit zu genießen.

Sein Problem ist aber nun, den Kredit zurückzuzahlen. Während er vor der Kreditvergabe auch eine Entscheidungsfreiheit darüber hatte, seine Arbeitskraft auch für eine Art der Selbstentfaltung einzusetzen, die nicht oder schlecht bezahlt wird, wird nun der Gedanke der Selbstentfaltung nebensächlich, weil es um das Geldverdienen geht. Die Selbstentfaltung, also die Entfaltung der im Menschen vorhandenen Fähigkeiten, tritt gegenüber dem Zwang zum Gelderwerb in den Hintergrund. Die Effektorentätigkeit, die bislang auch eine Tätigkeit war, die den Fähigkeiten des Individuums entsprach, wird nunmehr gleichzeitig zu einer Effektorentätigkeit für den Kreditgeber. Während vorher eine Leistung für einen anderen Menschen oder für die Gesellschaft erbracht wurde, wird die Arbeitsleistung nunmehr für einen Kreditgeber erbracht und ändert damit ihren Charakter.

Nebenbei wird der Kreditgeber zu einem übergeordneten Dominator, der unter Umständen über das Schicksal des Kreditnehmers entscheiden kann. **Das Individuum wird von seinem ursprünglichen Sein als Teil einer arbeitsteiligen Gesellschaft entfremdet und wird zum Effektor eines Kreditgebers**.

Von diesem Rollenwechsel ist jedoch nicht nur das Individuum betroffen, sondern auch lebende Systeme höherer Ordnung.

Die produzierenden Betriebe, deren Eigentümer für Marx die Klasse der Produktionsmittelbesitzer darstellten, stellen Einheiten dar, in denen viele Menschen mit Hilfe entsprechender Maschinen (körperexternen gemeinsamen Effektoren) zusammenarbeiten, um eine Ware herzustellen, die andere Menschen benötigen, seien es Effektoren oder andere zusätzliche Organe (Hass) oder Dinge, die dem Konsum diesen. Derartige Betriebe benötigten seit jeher Kapital, das geliehen wurde. Während aus der Sicht der Philosophie lebender Systeme alle im Betrieb zusammen arbeitenden Menschen, auch die Leitung, eine Einheit darstellt, die nicht in Klassen zerfällt, besteht ein entscheidender Unterschied zwischen dem Betrieb und seinem Geldgeber. Die Bank oder der Geldgeber entscheidet, wem er einen Kredit gibt, also welchem Betrieb er die Möglichkeit gibt, zu produzieren. Damit ist die Bank der Dominator und der Betrieb ihr Effektor. Individuum oder Betrieb, die auf Darlehensbasis tätig sind, werden zu Geldpumpen des Darlehengebers.

Was also schon seit der Industrialisierung im Bereich der seinerzeit entstandenen Betriebe gängige Praxis war, dass nämlich die Banken eine Dominatorenrolle hatten und die Betriebe Effektoren der Banken (und der Menschen) waren, hat sich inzwischen sozusagen mehr und mehr individualisiert. Inzwischen sind also nicht nur die Wirtschaftsunternehmen Effektoren der Banken, sondern auch in großem Umfang die Individuen. Zu ergänzen wäre noch: die Systeme Staat, also die höchsten der bislang tätigen lebenden Systeme höherer Ordnung, begaben sich auch schon zu früheren Zeiten in die Rolle von Effektoren der Geldgeber, man denke an die Zeiten der Fugger und Welser, sondern sie sind auch heute die größten Schuldner der Großbanken. Damit haben auch die Staaten eine Effektorenrolle in einem globalen System, in dem die Banken die Dominatorenrolle übernommen haben.

Kennzeichen der heutigen Situation der Entwicklung von Zivilisation ist also, dass die Großbanken die Dominatorenrolle im Gesamtsystem der lebenden Systeme auf dem Planeten Erde haben, während Staaten, Betriebe und Individuen mehr oder weniger deren Effektoren geworden sind. Dieser Rollenwechsel begann damit, dass zunächst lebende Systeme der Größenordnung Staat in die Effektorenrolle gegenüber Geldverleihern gekommen sind, später - im Rahmen der Industrialisierung - Betriebe und Großbetriebe und zuletzt Individuen. Damit hat die Zivilisierung ihren Höhepunkt erreicht und überschritten. Denn die Evolution des Geistes, der wissenschaftliche Fortschritt, die hirnexterne Speicherung und Verbreitung von Daten als Kennzeichen der Übergangs von der genetischen Erbfolge zur geistigen Erbfolge, ist der Bedürfnishemmung des Individuums zu verdanken, die nunmehr nicht mehr erforderlich ist.

Dadurch, dass das Individuum seine Bedürfnisse sofort, ohne vorherige Arbeit und Bedürfnishemmung, befriedigen kann, benötigt und trainiert es diese Fähigkeit nicht mehr, so dass die Voraussetzung für eine weitere Evolution des Geistes fehlt.

Wahrscheinlich ist diese auch nicht mehr erforderlich.

Was die Entwicklung der Kulturen anbetrifft, leben wir in einer Zeit, in der einige Kulturen diesen Entwicklungsstand der Evolution des Geistes noch gar nicht erreicht haben, in alten Glaubensvorstellungen leben und noch mit veralteten Mitteln der Verschleierung von Frauen gegen ihre Wünsche nach sexueller Sofortbefriedigung ankämpfen, die durch die Wissenschaft längst überholt sind, und andere Kulturen sind im Abstieg begriffen, weil sie durch die Umkehr der Geldvergabe die Hemmung von Sofortbefriedigung überflüssig gemacht haben.

Letzteres führt zu einem enormen Energieverbrauch der Individuen. Dieser Anstieg des Energieverbrauchs führt dadurch, dass andererseits (in überholten Kulturen) das Bevölkerungswachstum weiter vorangetrieben wird, zu einem globalen Anstieg des Energieverbrauchs und einem Ungleichgewicht zwischen den vorhandenen lebenden Systemen, der/das die Weiterexistenz des Systems Menschheit in Frage stellt.

In der westlichen Kultur können wir derzeit sehr schön beobachten, dass ein Wechsel von der Aufschiebung von Bedürfnissen zu ihrer Sofortbefriedigung stattfindet. In den Schulen wird zwar weiterhin vorzugsweise mit dem völlig insuffizienten Mittel der Bestrafung durch Notengebung und der damit verbundenen Kränkung und seelischen Misshandlung der Kinder versucht, sie zur Aufschiebung von Bedürfnisbefriedigung zu erziehen. Folgerichtig wendet sich jedoch die Jugend von dieser freiheitseinschränkenden Pädagogik immer mehr ab und richtet ihr Interesse dorthin, wo ihr Selbstentfaltungsinteresse anscheinend sofort befriedigt wird. Sie verbringt ihre Zeit zunehmend am Computer und betätigt sich vorzugsweise mit Spielen, in denen das Individuum sich eine Identität zulegen kann, die ihren Wünschen entspricht. Dort kann sich das Individuum virtuell entfalten, sich und seinen Einfluss vergrößern, sich Eigenschaften und Waffen aneignen, kämpfen und Welten erobern. Während in der Schule die Würde des Menschen systematisch durch Notengebung missachtet wird und lediglich seine Leistung im Auswendiglernen von Übereinkünften und Vorgekautem belohnt wird, sucht sich vor allem die männliche Jugend im Internet Selbstbestätigung.

Das führt in Zusammenhang damit, dass bereits Kinder Kredite aufnehmen können, dazu, dass die Individuen es verlernen, Bedürfnisaufschiebung zu steuern. Sie begeben sich immer früher in eine Abhängigkeit von Geldverleihern, Banken, so dass ihre Zukunft darin besteht, im Berufsleben als Effektoren der Banken tätig zu werden, anstatt im Berufsleben ihre persönlichen Fähigkeiten zu entwickeln und zu entfalten. Das Berufsleben wird nicht mehr als Möglichkeit der Selbstentfaltung wahrgenommen, es wird sogar tatsächlich zu einer Vertragspflicht gegenüber dem Kreditgeber, weil das Individuum auf die Erfüllung seiner Lebenswünsche nicht warten konnte. Das Leben wird zu einem Pakt mit dem Teufel, dem man schon in seiner Jugend seine Seele verkauft hat. Das mag individuelles Übel sein. Für die Entwicklung der Zivilisation ist jedoch maßgeblich, dass das Interesse daran, sich geistig zu entwickelt und wissenschaftlich tätig zu werden, nachlässt. Die Energie, die im Höhepunkt der zivilisatorischen Entwicklung dazu verwendet wurde, Problemlösungen zu finden, die dauerhafter waren und wissenschaftliche/technische Ideen produziert hat, wird nun zur Sofortbefriedigung verwendet, so dass die zivilisatorische Entwicklung abwärts verläuft.

Ich habe bereits die Unterwerfung der Kinder unter ein Benotungssystem in der Schule kritisiert, das die Kinder in ihrer Mehrheit kränkt, entmutigt und entwürdigt. Es sind jedoch auch die Inhalte der Schulpläne der höheren Schulen, die das wissenschaftliche Interesse der Kinder unterdrücken, anstatt es zu fördern. Wer später studieren möchte und es geistig auch könnte, wird in der Schule erst einmal gezwungen, mit dem Lernen von Fremdsprachen und dem Auswendiglernen von Übereinkünften seine Zeit zu vergeuden, anstatt schon früh mit den immer noch ungeklärten Problemen der Wissenschaften konfrontiert zu werden. Das Lehrpersonal ist offensichtlich nicht in der Lage, diese zu verstehen und zu vermitteln. Wissenschaft wird nur als Forschung in die Tiefe des Fachs verstanden und bezahlt, anstatt ihre Allgemeinverständlichkeit zu fördern und die einfache Darstellung eines wissenschaftlichen Grundproblems für Jedermann und speziell für Kinder als den wesentlichen Punkt der Erkenntnis zu begreifen. Wissenschaft wird immer unverständlicher, weil sie zu sehr an spezielle Wissenschaftssprachen gebunden wird, die zwar global innerhalb der Disziplinen verständlich sind, aber ihre Sprachsymbolik wird immer mehr zum Geheimwissen, anstatt bereits den Schulkindern vermittelt zu werden. Anstatt Fremdsprachen lernen zu müssen, sollte den Schulkinder Wissenschaftssprachen oder Computersprachen gelehrt werden, anstatt Geschichte als Verherrlichung von Massenmördern, die sich mit Kronen schmücken, zu lehren und das Auswendiglernen von Jahreszahlen zu belohnen, sollte die Ideengeschichte und die Geschichte der wissenschaftlichen Ideen und der Wissenschaftler, die bisweilen von den Herrschenden ermordet wurden, weil sie die Wahrheit sagten, gelehrt werden. Das Verstehen von Funktionen unserer technischen Produkte sollte gelehrt werden. Das Problem ist, das die Bedienung von Apparaten kinderleicht ist. Sie müssen funktionieren und wenn sie nicht tun, werden sie weggeschmissen. Kindern sollte in der Schule, vielleicht anhand der Reparatur defekter technischer Geräte, gelehrt werden, wie diese Geräte funktionieren.

Ich bin etwas vom Thema abgekommen und bei der anderen Seite der Entwicklung gelandet, an der die geistige Entwicklung nicht mehr gefördert wird. Sie wird durch das Angebot der Sofortbefriedigung, das durch Kreditvergabe und Werbung unterstützt wird, unterdrückt und auf der anderen Seite nicht gefördert.

Die Aufgabe der Werbung besteht darin, den Verkauf von Produkten dadurch zu fördern, dass Bedürfnisbefriedigung in Aussicht gestellt wird. Werbung appelliert an die Bedürfnisse der Menschen und der Verkauf von Produkten, die Bedürfnisse befriedigen, erhöht sich, wenn die Befriedigung möglichst schnell erfolgt. Werbung ist also dem Ausgangspunkt des zivilisatorischen Prozesses genau entgegengesetzt. Dieser begann damit, dass spontane Impulse gehemmt wurden. Der Mensch gab dem ersten Impuls nicht nach und flüchtete nicht mehr vor dem Feuer, er gab dem ersten Impuls nicht nach, tötete sein Beutetier nicht (weil er vielleicht Mitleid mit dem kleinen Tier hatte) und züchtete es. Ein spezieller spontaner Impuls, den unterlegenen Angehörigen der eigenen Art nicht zu töten, also die angeborene Tötungshemmung zu überwinden, führte zum schlechten Gewissen und zur Bildung von Religionen.

Nunmehr geht es darum, dem ersten Impuls nachzugeben und möglichst viel zu kaufen, weil die Wirtschaft angekurbelt werden muss. Dieses materielle Wachstum wird von der Werbung und der Politik propagiert, weil es angeblich Arbeitsplätze schafft. Tatsächlich schafft es nur in bestimmten Bereichen Arbeitsplätze und führt zwangsläufig in den Untergang der Menschheit. Diese Propaganda ist jedoch erfolgreich, weil sie an die Natur des Menschen appelliert, an seine genetische Ausstattung. Sie trägt jedoch zum Niedergang der zivilisatorischen Entwicklung bei. Werbung und Propaganda für die Steigerung der Produktion von Verbrauchsgütern appelliert an genetisch gespeicherte Verhaltensprogramme des Individuums und boykottiert damit das geistige Wachstum. Sie kehrt der zivilisatorischen Prozess wieder um.

Wer mich kennt, weiß, dass ich gern die Symbolik der Bibel daraufhin untersuche, ob sie meine Ideen unterstützt. So habe ich entdeckt, das die Scheide zwischen den Wassern als die Entwicklung der Zellwand im Prozess der Evolution zu verstehen ist. Dabei muss lediglich einmal davon abgesehen werden, dass nur makroskopisch sichtbare Prozesse in der Bibel beschrieben werden. Nun möchte ich einmal von der Vorstellung abgehen, dass die Genesis nur die Vergangenheit beschreibt. Sie beschreibt auch die Gegenwart.

Die Menschen der westlichen Zivilisation könnten derzeit in einem Paradies leben. Dieses Paradies hätte sich daraus entwickelt, dass die Menschen auf etwas verzichten. Sie haben auf die Befriedigung spontaner Impulse verzichtet, woraufhin eine geistige Entwicklung in Gang kam, die zur Entwicklung von Wissenschaft und Technik und zur Schaffung der körperexternen Organe der Individuen geführt hat. Die menschlichen Individuen konnten ihren lebenden Körper um einen nicht lebenden technischen Körper erweitern.

Nunmehr meldet sich die Schlange mit ihrer Verführungskunst, nämlich der Werbung für Sofortbefriedigung und der Vergabe von Krediten. Wir sollen möglichst sofort alle Konsumgüter anschaffen und möglichst gleich alle körperexternen Organe (Auto, Einfamilienhaus usw.) erwerben, für deren Erwerb wir eigentlich jahrelange oder lebenslange Arbeit benötigen würden. Wer zugreift und diesen Apfel verspeist, begibt sich in lebenslängliche Abhängigkeit und muss lebenslänglich für seine Kreditgeber und dessen Geldvermehrung arbeiten.

Das wäre die Vertreibung aus dem Paradies. Wer diesen Apfel isst, muss seine Blöße verdecken. Diese Blöße ist jedoch nicht das Genitale, wie uns die Kirche lehrt, sondern es ist der Verlust der Selbstbeherrschung, die Unfähigkeit, seine momentanen Impulse zu steuern.

Die Sünde besteht darin, Bedürfnisbefriedigung sofort zu vollziehen. Und zwar nicht nur sexuell, sondern generell, also speziell besonders auch hinsichtlich oraler Genüsse. Es geht deshalb bei der biblischen Versuchung um das Essen, also um eine Befriedigung des oralen Antriebs, grundsätzlich ist jedoch der Konsum von Produkten gemeint, die wir nicht benötigen, und die insbesondere zu narzisstischer Befriedigung führen. Die Menschen (hier als Adam und Eva symbolisiert) haben in Folge der zivilisatorischen Entwicklung alles, was sie benötigen. Das sogar im Überfluss. Erich Fromm hat das Gemeinte sehr präzise in seiner Schrift „Die psychologischen und geistigen Probleme des Überflusses“ (1970, in Gesamtausgabe, Band 5, dtv, München, April 1989, ISBN 3-423-59003-3, Seite 317ff) beschrieben und den Menschen bereits seinerzeit sehr pessimistisch als „homo consumens“ und als „ewigen Säugling“ bezeichnet. Der Niedergang der Selbststeuerung ist die Umkehrung des Ursprungs der Zivilisation. Die Hemmung der Sofortbefriedigung hat zivilisatorisch zur Verstärkung der Geistestätigkeit, letztlich zur Entwicklung der Wissenschaften geführt. Im sogenannten „Mittelalter“ der westlichen Kultur waren es speziell die Klöster, in denen die Hemmung der sexuellen Befriedigung und der oralen Bedürfnisse (Fasten) in Geistestätigkeit umgesetzt wurde, also - physikalisch gesprochen - die sexuelle und die orale Energie in geistige Energie verwandelt wurde. Offensicht hat dies zusätzlich auch die aggressive Triebenergie verstärkt. Historisch ist zu beobachten, dass sich in den zurückliegenden Jahrhunderten die westliche Zivilisation mit enormer Anwendung körperlicher Gewalt ausgedehnt hat.

Die wissenschaftliche Entwicklung schreitet jedoch im westlichen Kulturbereich nicht mehr voran, wenn die Individuen durch Werbung und Kreditvergabe zu Konsum und Sofortbefriedigung animiert werden und dem nachgeben. Diese Entwicklung hat - übrigens ebenso wie die weiter steigende Nachkommenzahl bei ungehemmter sexueller Betätigung - einen steigenden Energiebedarf zur Folge und führt letztlich zur Veränderungen der Erdatmosphäre, die mit dem Leben größerer Menschenmengen auf dem Planeten Erde schließlich unvereinbar wird.

Nun weiter zum biblischen Sündenfall.

Der Sündenfall, der in der christlichen Bibel geschildert wird, besteht darin, dass sich „Eva“ verführen lässt, einen Apfel zu essen. Hier wird eine Werbeaktion (durch die Schlange) beschrieben, der Eva erliegt.

Das Erliegen der Versuchung zur Sofortbefriedigung macht grundsätzlich den Prozess der Zivilisation wieder rückgängig, die Zivilisation schreitet nicht weiter voran, wenn Unlust nicht mehr ertragen wird. Das gegenwärtige Bestreben der Werbung, die Menschen zu mehr Konsum und zu Sofortbefriedigung zu verleiten, ist hier bereits in der Bibel als Sünde beschrieben worden, die zur Vertreibung aus dem Paradies führt. Der weitere Faktor, der die Zivilisation vorangetrieben hat, ist der Faktor der längerfristigen Verwendung von Triebenergie zur Arbeit.

Der zivilisierte Mensch wendet erhebliche Mühen auf, um zu lernen, Fähigkeiten zu erwerben und für die Gesellschaft tätig zu werden und sich später im Arbeitsprozess für seine Mitmenschen nützlich zu machen. Hierfür wird er bezahlt und kann später dadurch weiterwachsen, indem er sich körperexterne Effektoren anschafft, wie ein Auto, oder zusätzliche Organe erwirbt. Dieser Prozess des Wachstums in Form der Aneignung körperexterner Materie, über die verfügt werden kann, ist ein Teil dessen, was die Philosophie lebender Systeme als Selbstentfaltung bezeichnet. Diese Selbstentfaltung des Individuums wird in der gegenwärtigen westlichen Kultur, die jedoch weltweit um sich greift, dadurch umgekehrt, dass dem Individuum Kredite zur Verfügung gestellt werden, die ihm diese Selbstentfaltung sofort ohne Triebhemmung und Ertragen von Mühen ermöglichen. Es erfolgt sofortige Bedürfnisbefriedigung und späterer Arbeitsaufwand, so dass die Arbeit ihren Charakter ändert. Im Prozess der Zivilisation ist nämlich die Selbstbeherrschung und die Aufschiebung der Bedürfnisbefriedigung der Ausgangspunkt zum Erwerb von Geld, das dann die Freiheit des Individuums vergrößert, seine Entscheidungsmöglichkeiten vermehrt. Nunmehr wird das Individuum durch Kreditvergabe zur Sofortbefriedigung von Bedürfnissen verleitet und macht sich zum Sklaven des Kreditgebers, zum Sklaven seiner Banken. An sich wird das Individuum zum Sklaven seiner Wünsche. Er steuert nicht mehr seinen Konsum, sondern es wird von seinen Wünschen gesteuert. Es verliert seine Dominatorfunktion. Die Steigerung der Genussfähigkeit und der Genussmöglichkeiten, die die Zivilisation bietet, wird nicht genutzt, indem die Produkte konsumiert werden, einverleibt und damit vernichtet werden, anstatt zur Selbstentfaltung des Individuums durch Genusssteigerung beizutragen. Durch die Finanzierung des Konsums mittels Krediten ändert sich auch der Charakter der Arbeit. Auch dies wird im biblischen Gleichnis des Sündenfalls vorwegnehmend beschrieben. Die Arbeit trägt nicht mehr zur Selbstentfaltung bei, sondern dient der Finanzierung des bereits Konsumierten, sie wird zur Sklaventätigkeit, zur Qual.

Auch der zweite Faktor, der den Prozess der Zivilisation rückläufig macht, wird hier angesprochen. Während die Menschenzahl im Paradies konstant ist (im biblischen Gleichnis beträgt sie 2, was für dieses Gedankenexperiment völlig ausreicht), beginnt nun in diesem Gedankenexperiment des biblischen Sündenfalls eine Vermehrung. „Adam“ und „Eva“ entdecken ihren Sexualtrieb und vermehren sich deshalb. Die ungezügelte Vermehrung der Menschen und ihres Energieverbrauchs ist ein weiterer Faktor der Gegenwart, der den Prozess der Zivilisation bedroht, eine „Vertreibung aus dem Paradies“ nach sich zieht. Die Sexualität steht hier auch nur sinnbildlich für die Sofortbefriedigung von Bedürfnissen, die durch Werbung und Kreditvergabe gefördert wird und zum Untergang der Zivilisation führt, wenn keine Gegensteuerung erfolgt.

Betrachtet man das Geschehen anstatt von der psychodynamischen Seite einmal aus der kybernetischen Sicht der Regelkreise, ist das Ergebnis erstaunlich gleich.

Kybernetisch gesehen stellt sich ein Gleichgewicht zwischen Angebot und Nachfrage, zwischen Produktion und Verbrauch von Gütern ein. Anscheinend ging es im biblischen Paradies zunächst nur um das Überleben, also speziell um die Nahrungszufuhr, die im Garten Eden, sozusagen im Naturzustand, gesichert war. Nach christlicher Interpretation aß die Menschheit nun vom Baum der Erkenntnis. Die Philosophie lebender Systeme beschreibt das Paradies als Hemmung der Sofortbefriedigung zugunsten einer zukünftigen Nahrungssicherung, der dadurch zur Zivilisation führte, dass Wissenschaft betrieben wurde, die Menschheit eine geistige Entwicklung genommen hat und sich in die Lage versetzt hat, körperlich-materiell weiter zu wachsen. Die Versuchung, die in der Bibel beschrieben wird, besteht nun nach Ansicht der Philosophie lebender Systeme in der gegenwärtigen Versuchung, mehr zu konsumieren oder mehr zu Energie verbrauchen, als zur Verfügung steht. Die Bibel spricht von Garten Eden, der alles zur Verfügung stellt, die PhilS spricht vom System Erde (zu dem die Sonne gerechnet wird, also genauer von System Erde-Sonne), dessen Kapazitäten begrenzt sind. Und diese Begrenzung ist eine natürliche Begrenzung des Verbrauchs an Nahrungsmitteln (und Sauerstoff), die ja letztlich von dem System Pflanzenreich produziert werden. Auch hier muss ein Gleichgewicht zwischen Zuckerproduktion der Pflanzen und Zuckerverbrauch der Tiere usw. vorhanden sein. Ähnlich ist es mit der Energie. Die zivilisatorische Entwicklung hat zwar dazu geführt, dass die Erde mehr Menschen ernähren kann als im Ursprung. Für eine enthemmte Menschheit, die wieder Sofortbefriedigung betreibt, wird die Erde jedoch sehr schnell zu klein.

Die Klimadiskussion und Nachhaltigkeitsdiskussion geht am wesentlichen Punkt vorbei, wenn sie nicht eine Begrenzung des Menschheitswachstums und die Begrenzung ihrer Bedürfnisse einbezieht, sich also Gedanken darüber macht, wie viele Menschen die Erde in Zukunft wo bewohnen sollen, wo das Menschheitswachstum eine Größe hat, die konstant gehalten werden muss. Genau dieser Punkt wird jedoch bereits in der Bibel angesprochen, wenn man der offiziellen kirchlichen Interpretation der „Scham" als Sinnbild für das Genitale folgt. Dieses wird verdeckt, was so interpretiert werden könnte, dass dadurch eine Begrenzung der Vermehrung versinnbildlicht werden soll. Diese ist jedenfalls erforderlich, wenn der Stand der Zivilisation erhalten werden soll. Die Philosophie lebender Systeme meint hingegen, dass Schamgefühl dann angebracht wäre, wenn allgemein ungehemmt und mehr konsumiert wird, als vom System Erde nachproduziert werden kann. Das Schamgefühl, das dadurch entsteht, dass etwas Verbotenes getan worden ist, vom verbotenen Baum gegessen worden ist, wird ins Unbewusste verdrängt. Dies gilt hier nicht nur psychodynamisch, sondern auch tatsächlich. Mit der Produktion von erwünschten Waren werden auch unerwünschte Abfallprodukte hergestellt, die der Mensch und die Natur nicht verwerten kann. Es wird nicht nur etwas unnatürliches künstliches Nützliches durch die wissenschaftliche Forschung (das Erkennen des Guten und Bösen) hergestellt und als Erweiterung des lebenden Körpers benutzt, sondern es wird gleichzeitig Unbrauchbares hergestellt und dieses wird übersehen, es wird, psychoanalytisch gesprochen, verleugnet. Schamgefühl wäre für dieses Vorgehen vielleicht angebracht. Auch dieses wird verdrängt.

Es geht im gegenwärtigen Stand der Zivilisation jedoch nicht nur um diese Verdrängung und deren Aufhebung, nämlich die Beschäftigung mit der Frage, wie so produziert wird, dass keine unbrauchbaren Abfallprodukte dabei entstehen, sondern auch um die Versuchung durch die Schlange. Und diese besteht darin, dass die Menschen durch Werbung animiert werden, mehr zu verbrauchen als erforderlich ist. Das Ziel der Werbung ist nicht mehr der Mensch mit seinen Bedürfnissen, die befriedigt werden sollen, sondern der Gewinn der Firmen, der gesteigert werden soll. Zu diesem Zweck werden künstliche Bedürfnisse geschaffen, deren Befriedigung die Umwelt zusätzlich belasten.

Die biblische Schlange ist also noch lange nicht gestorben, sondern arbeitet weiter an der Verführung der Menschen und an deren Vertreibung aus dem Paradies. Zur Sicherung der Zukunft gehört auch eine Begrenzung der materiellen Wünsche und eine Umlenkung des Wachstumswunsches der Menschen auf das geistige Wachstum.

Der Rückfall des Menschen in Sofortbefriedigung auf Kreditbasis, der gerade eine weltweite Bankenkrise nach sich zieht, sollte ihnen jedoch die Augen öffnen für die Erkenntnis des Guten und des Bösen: das „Gute“ besteht in dem Verzicht auf Sofortbefriedigung, in der Steuerung der Bedürfnisse dadurch, dass das Ich als geistige Zentrale des Menschen die Steuerung übernimmt. Es besteht in der Evolution des Geistes. Das Böse ist der Rückfall in Sofortbefriedigung, die den Menschen zum Sklaven seiner biologischen Triebe, seines „Es“, wie Groddeck sich ausdrückt, macht und ihn zum Sklaven seiner Banken degradiert, zu deren „Effektor“, wie es die PhilS ausdrückt.

Zum Schluss dieser Bibelbetrachtung noch die Interpretation der PhilS zur Frage, was eigentlich das Gute und Böse ist, das der Mensch nun erkennen kann. Seine Evolution des Geistes hat zur Entwicklung körperexterner Organe geführt, die auf einem neuen Weg extrazellulär vererbt werden. Das erste diese Organe ist in der Bibel symbolisch das Blatt, das Adam zur Verdeckung seiner Scham verwendet. Diese neuen körperexternen Organe können zum Wohl des Menschen verwendet werden, zur Erleichterung seines Lebens. Sie können aber auch zur Vernichtung von Mitmenschen verwendet werden. Das Messer kann zur Erleichterung der Beutetötung und –vereinnahmung verwendet werden, aber auch zur Tötung des Bruders, die Atomkraft kann friedlich genutzt werden, aber auch zur Massenvernichtung von Menschen, wie bereits praktiziert.

Der Mensch weiß auch genau, welche Nutzung Gut und welche Nutzung seiner körperexternen Organe Böse ist. Die Erkenntnis ist ihm gegeben. Religion wird nun in der bisherigen Tradition dazu genutzt, die böse Nutzung zu rechtfertigen. Jegliche Verdrehung, Uminterpretation und sonstige Abwehr der Erkenntnis des Guten und Bösen ist jedoch zwecklos. Jedes menschliche Individuum weiß genau, was Gut und Böse ist. Keine noch so geschickten psychische Abwehr- oder Verdrängungsversuche können dieses Wissen rückgängig oder ungeschehen machen. Die einzige Lösung besteht darin, die Nutzung unserer körperexternen Organe zum Bösen zu unterlassen. Nur die Unterlassung des Bösen kann den Menschen von schlechten Gewissen befreien. Keine Rituale und keine Religion, kein Beten oder Fasten können den Menschen vom schlechten Gewissen, von seinem Wissen darum, was das Böse ist, befreien. Der einzige Weg ist die Umkehr zur Unterlassung des Bösen. Der erste Schritt dazu könnte das Aufgeben der persönlichen Identifizierung mit einem Staat, in dem wir zufällig leben, mit einer Nation, der wir zufällig angehören oder mit einer Religion, die uns aufgezwungen wurde, sein, der Abbruch einer Identifizierung mit einem lebenden System höherer Ordnung, das in unserem Namen das Böse tut. Wir können nicht ändern, dass das System Staat oder das System Religionsgemeinschaft mit unseren Steuern, Abgaben oder Spenden nicht nur Gutes, sondern auch Böses tut. Aber unsere Identifizierung mit derartigen übergeordneten lebenden Systemen, die Böses tun, sollten wir zugunsten einer Identifikation mit einem System Menschheit aufgeben, in dem alle Menschen Brüder und Schwestern sind.

3.5. Die Zukunft des Systems Menschheit

Ich möchte nun das Thema behandeln, nach welchen Prinzipien das System Menschheit, also die Summe der Systeme Mensch auf dem System Erde, derzeit organisiert ist und wie eine vernünftige Organisierung des Zusammenlebens der Systeme Mensch auf dem System Erde in der Zukunft aussehen muss, falls die Menschheit diese erlebt. Denn es liegt durchaus im Bereich des Möglichen, dass sich die Menschheit auslöscht.

Der derzeitige Staat als außenpolitisch handelndes System, das Waffen produziert und mit anderen Staaten Kriege führt, ist zur

Evolution von genetisch gespeicherten Handlungsprogrammen in Zukunft und auch jetzt schon nicht mehr erforderlich. Staaten als außenpolitisch handelnde Entitäten werden sich also auflösen.

Zur Auflösung von Staaten werden zwei Wege beschritten:
Einerseits schließen sich Staaten zu größeren Einheiten zusammen. Dies sehen wir beispielsweise im Zusammenschluss der verschiedenen Staaten auf mitteleuropäischem Boden im 19. Jahrhundert bei der Gründung des Deutschen Reiches, und derzeit beim Zusammenschluss europäischer Staaten zur Europäischen Union (EU), die weiter voranschreiten wird und Nachahmer finden wird. Es gibt derzeit bereits schon internationale Friedenstruppen, die bei regionalen Konflikten eingreifen. Dadurch wird die Macht dieser Staaten eingeschränkt.

Andererseits zerteilen sich Staaten in kleinere regional begrenzte Verwaltungseinheiten. Dies ist lediglich die andere Seite des gleichen Prozesses. Wir haben es in Jugoslawien beobachtet. Leider ging dieser Prozess dort nicht ohne blutige Kämpfe alten überholten Stils ab. Das Zusammenleben der Individuen muss selbstverständlich auch in Zukunft durch eine übergeordnete Gewalt geregelt werden, die nach dem Prinzip der Gewaltenteilung auf der einen Seite Gesetze schafft, die Regeln für das Zusammenleben festlegt und auf der anderen Seite die Einhaltung dieser Regeln, die für alle Menschen gleich gelten, überwacht und Sanktionen vollstreckt, also abweichendes Verhalten nach bestimmten Regeln negativ rückkoppelt.

Wir sehen diesen Prozess des Zusammenwachsens der Menschheit auch in der sogenannten „Globalisierung". Hier haben große Betriebe, Wirtschaftsunternehmen oder Konzerne, also lebende Systeme höherer Ordnung, die sich durch die Produktion bestimmter Waren definieren, eine besondere Funktion. Diese Konzerne verfügen in der Regel nicht über militärische Waffen oder eine bewaffnete Armee, sie führen keine militärischen Auseinandersetzungen, die mit der Ermordung von Menschenmassen verbunden sind, dennoch schwächen sie die Macht der Staaten. Sie haben die Möglichkeit, ihre Produkte in diesem oder in jenem Staat zu produzieren und können dadurch die Handlungen der Systeme Staat manipulieren, deren Handlungsfreiheit einschränken.

Die hoch aufgerüsteten Staaten werden mehr und mehr zu Marionetten der unbewaffneten Konzerne. Das wird zwar von den Vertretern der Staaten bedauert, ist jedoch ein Zeichen dafür, dass die militärische Macht der Staaten sinkt und sich Staaten als außenpolitisch handelnde Systeme immer weiter auflösen werden.

Der Prozess der Zivilisation wird also in Zukunft mit einer Auflösung der Staaten als außenpolitisch handelnde Entitäten verbunden sein. An Stelle der Staaten werden kleinere übersichtliche regional begrenzte Verwaltungseinheiten entstehen, deren Aufgabe darin besteht, das friedliche Zusammenleben der Menschen zu organisieren.

Daneben werden sich Wirtschaftsorganisationen bilden, die die Versorgung der Menschen mit allen benötigten Gütern garantieren. Unterschiedlichkeiten der Besteuerungsmodalitäten werden sich angleichen, auch unterschiedliche Entlohnungen für gleiche Tätigkeiten werden sich erübrigen.

Zwei Faktoren werden aber neu geregelt werden müssen:

Einerseits die Ansammlung von Reichtum ohne zu arbeiten ohne Zeit zu investieren, der Grund für den immer weiter auseinanderklaffenden Reichtum. Die Kapitalansammlung ohne Zeitinvestition stellt die Bedeutung des Geldes als Speicher von Zeit und Fähigkeiten in Frage. Hier muss eine Lösung gefunden werden.

Andererseits das Bevölkerungswachstum. Eine Voraussetzung für das Überleben der Menschheit ist die Steuerung der Bevölkerungsgröße. Ein ständig steigende Menschenzahl auf dem Planeten Erde darf es ebenfalls nicht geben, wenn die Menschheit weiterhin existieren soll. Erforderlich ist also eine globale Steuerung der Bevölkerungsgröße und auch des Energieverbrauchs, sowie der mit der Produktion verbundenen Veränderung der Umwelt durch Abfallprodukte („Nachhaltigkeit"). Es gibt also auch Probleme, für die die Philosophie lebender Systeme keine Lösung anbieten kann.

Sicher ist nur eins: Lösungen gibt es nur global.

Deshalb gibt die Entwicklung der Informationstechnik Hoffnung. Eine internationale globale Vernetzung der Menschen, die nicht von Staatsmächten oder anderen Mächten kontrolliert werden kann und darf, ist ein wichtiges Mittel des Zusammenschlusses der Menschen auf der Erde und ihrer Einigung auf international anerkannte Regeln.

Die neuen überschaubaren, regional begrenzteren lebenden Systeme höherer Ordnung, die die bisherigen Staaten ersetzen, haben selbstverständlich weiterhin die Funktion, das friedliche Zusammenleben der Individuen zu garantieren. Dazu benötigen sie Gesetzgebungskompetenz und die Mittel, die Einhaltung der Gesetze durch gegenregulatorische Maßnahmen im Falle der Übertretung durchzusetzen. Das Rechtssystem mit seinen Maßnahmen der negativen Rückkopplung habe ich bereits an anderer Stelle beschrieben. Ein derartiges Rechtssystem muss auch nach Auflösung der außenpolitischen Funktion der Staaten regional bestehen bleiben.

Erforderlich ist jedoch zusätzlich ein internationales Recht, dessen Einhaltung ebenfalls durch Sanktionsmaßnahmen im Falle der Nichteinhaltung durchgesetzt werden kann. Dieses internationale Recht wäre die notwendige Ergänzung zum globalen Operieren der international tätigen Konzerne. Das Handeln international tätiger Systeme kann nicht national oder auf noch kleinerer Ebene gesteuert werden, es bedarf einer internationalen Steuerung. Die Steuergesetze der derzeitigen einzelnen Staaten hat die Konkurrenz der Staaten um die Niederlassungen der Firmen zur Folge und macht die Staaten zu Marionetten der global tätigen Firmen. Würden kleinere regional tätige Gemeinschaften ohne Gewalt über Waffen an ihre Stelle treten, müsste eine globale Gesetzgebung das Verhalten von international tätigen Konzernen regeln. Diese würden sich dadurch in der Nähe der Rohstoffe ansiedeln, die sie zur Produktion benötigen und nicht dort, wo ihre Abgaben an den Staat am niedrigsten sind und Arbeitskräfte billiger sind. Dies würde eine Verkürzung der Wege nach sich ziehen und bereits damit zu einer Entlastung der Umwelt führen.

Im Rahmen einer derartigen Einführung neuen internationalen Rechts wäre eine weltweit einheitliche Besteuerung der Abfallproduktion eine sinnvolle Maßnahme zur Reduzierung dieser unerwünschten Abfälle über eine globale Verteuerung der Produkte, die zwar in den Produktionskosten preiswert sind, jedoch mit einer hohen Umweltbelastung verbunden sind.

Mit anderen Worten: die derzeit sichtbaren Tendenzen zur Vergrößerung staatlicher Einheiten sollte zu einer globalen Einheit des Systems Menschheit mit einer Gesetzgebung führen, die sich mit der Steuerung von Waffeneinsätzen, der Vernichtung von Massenvernichtungswaffen, der Festlegung von Sollwerten für die globale Menschenzahl und der Reduktion von umweltbelastendem Abfall beschäftigt. Die beobachtbare Tendenz zur Verselbstständigung kleinerer kultureller Einheiten sollte zur Gründung regionaler Einheiten führen, deren Kompetenzen in der Regelung des friedlichen Zusammenlebens der Individuen liegen (Einsatz von Polizei, Gerichtsbarkeit und strafvollstreckenden Einrichtungen).

Ausgangpunkt für die Trennung der Menschheit in die Systeme Staat, die Waffen produzieren und Massentötungen vornehmen, die die Individuen als eine zu steuernde Masse betrachten, die ihrer Selbsterhaltung und Selbstentfaltung nutzt, war die regional begrenzte Bildung von Begriffen und Sprache. Die Sprache zementierte das Individuum als Gemeinschaftswesen und der regional begrenzte religiöse Glaube machte es zu einem Roboter zur Vernichtung Andersdenkender. Deshalb könnte die Einführung der bereits bestehen Weltsprache (Esperanto) als erste Fremdsprache oder einer anderen gemeinsamen Sprache global in allen Schulen ein Beitrag zur Förderung einer friedlichen Zukunft der Menschheit sein, in der die Forderung Schillers „alle Menschen werden Brüder“ (und Schwestern) Realität wird.

Schon oft sind Staaten als Organismen betrachtet worden, die wie das Individuum organisiert sind. Die Philosophie lebender Systeme vergleicht jedoch die Struktur des Systems Menschheit mit der Struktur des Systems Mensch. Der lebende Teil des Systems Mensch besteht aus Zellen (Individuen), die sich zu Organen organisieren, die insgesamt das Individuum als Entität bilden. Die Gesamtheit der Menschen (das System Menschheit) entspräche einer Entität (einem Individuum), die aus Organen (den Staaten) und diese aus Zellen (Individuen) zusammengesetzt ist. Die Staaten der Gegenwart sollten sich demnach als Organe des Systems Menschheit begreifen und Funktionen für die Menschheit übernehmen, anstatt sich gegenseitig zu bekriegen. Das System Mensch wäre zum Tode verurteilt, wenn sich seine Organe bekämpfen würden. Voraussetzung für das Leben des Individuums Mensch ist ein Zusammenwirken seiner Organe. Und so wie die Organe des Menschen zusammenwirken, sollten im System Menschheit die untergeordneten Einheiten (derzeit Staaten) zusammenwirken. Jeder Staat sollte eine Aufgabe für das System Menschheit und das Überleben der Menschheit übernehmen.

Das körperliche Größenwachstum des lebenden Teils des Menschen hört irgendwann auf, dann ist er erwachsen. Die Menschheit ist offensichtlich noch nicht erwachsen, da ihre „Organe“, die Staaten, weiterwachsen und sich gegenseitig bekämpfen, anstatt zu kooperieren. Im Menschen gibt es Steuerungsmechanismen, die das körperliche Wachstum stoppen und die Zusammenarbeit der Organe organisieren. Im System Menschheit muss sich erst noch ein steuerndes Zentralorgan bilden, das das Größenwachstum der Staaten einschränkt und ihre Zusammenarbeit regelt.

Wachstum wird in der Natur durch positive Rückkopplung gesteuert und durch Wachstum konkurrierender Systeme sowie negative Rückkopplung übergeordneter Systeme begrenzt. Vergrößerung wird mit der Ausschüttung von Glückshormonen belohnt. Das führt zur Potenzierung von Wachstum. Ein System mit positiver Rückkopplung ist explosiv (Frederic Fester). So entwickelt sich die Menschheit immer noch, sie explodiert. Grund dafür ist die positive Rückkopplung des Sexualverhaltens. Sexualbetätigung macht Spaß, wird am Ende mit einem Orgasmus belohnt. Dieses Belohnungssystem verlangt nach mehr. Daraus resultiert das Größenwachstum der Staaten und der Menschheit. Und daraus resultieren natürlich auch Konflikte. Nahrung und Energie wird knapp, es folgt Krieg mit einer Reduzierung der Individuenzahl. Das wäre die negative Rückkopplung, die vom übergeordneten System Erde (der Umwelt), also der Begrenztheit der zur Verfügung stehenden Energie oder Nahrung ausgelöst wird. Krieg ist gegenwärtig Selektionsmittel des Systems Menschheit im Rahmen ihres genetisch determinierten Verhaltens. Die Begrenztheit der Energie und Nahrung führt durch das ungebremste Wachstum der Menschheit zur Verknappung, zur negativen Rückkopplung. Das kann Hungersnot mit Massensterben oder Krieg sein. Das Ziel dieser negativen Rückkopplung der „Natur“ (des Systems Erde) ist die Begrenzung der Individuenzahl im System Menschheit.

Die Selbstregulation innerhalb des Systems Menschheit funktioniert nicht, weil sie biologisch nicht vorgesehen ist. Die Menschheit wächst weiter. In Zukunft muss das System Menschheit entweder eine Selbststeuerung installieren oder sie geht unter. Es kann nicht darauf warten, dass übergeordnete Regelkreise mit negativer

Rückkopplung ausgelöst werden.

Die Menschheit könnte das ändern, indem die Individuen sich das Vergnügen, die Lust und die sexuellen Orgasmen ohne Vermehrung nehmen. Die "Antibabypille" u.a. Methoden der Empfängnisverhütung ermöglichen dies. Das realisieren jedoch nur die Individuen in den modernen entwickelten Staaten. Die Individuen in den armen Ländern vermehren die Menschheit jedoch weiter, so dass Krieg weiterhin erforderlich bleibt. Auch die Bekämpfung der Hungersnöte durch besonders „human“ denkende Individuen sorgt weiterhin die Notwendigkeit von Kriegen.

Das System Mensch (das Individuum) stellt zwar sein Größenwachstum irgendwann ein, wächst jedoch durch Zunahme seines materiellen Eigentums weiter. Dementsprechend wachsen auch ihre Staaten, wenn sie „erwachsen“ sind, ohne Mengenzunahme an Individuen weiter. Dies sind die entwickelten westlichen Staaten. Der Energieverbrauch der entwickelten Staaten wächst durch die Zunahme des Energieverbrauchs ihrer Individuen bei gleichbleibender Individuenzahl. Diese Staaten sind also "erwachsen". Andere Staaten wachsen noch durch Bevölkerungszunahme, wie das Individuum durch Zellvermehrung wächst. Durch dieses Mengenwachstum verbrauchen auch sie viel Energie. Sie sind noch nicht "erwachsen".

Das System Menschheit besteht also aus Erwachsenenstaaten und aus Kinderstaaten.

Zwischen den Generationen gibt es die bekannten Konflikte. Am Ende muss die Erwachsenengeneration ihren Platz auf natürliche Weise räumen.

Auf diese Weise würde die Menschheit jedoch nie zur Ruhe kommen.

Wäre deshalb nicht eine Umstrukturierung vonnöten?

Zum Beispiel: jeweils ein armer und ein reicher Staat bilden eine Gemeinschaft, eine "Ehe". Oder ein reicher geht mit mehreren armen Staaten eine "Ehe" ein. Je nach Reichtum des reichen und Armut der armen Staaten.

Deutschland hat das vorgemacht. Die Bundesrepublik Deutschland ist mit der Deutschen Demokratischen Republik im Jahr 1990 eine

Verbindung eingegangen.

Ziel einer Umstrukturierung muss sein, den Energieverbrauch der Individuen anzupassen und die Zahl der Individuen auf einem Niveau zu halten. Es sollte ein Zustand von Homöostase erreicht werden, wie das Individuum ihn hinsichtlich seines körperlichen Wachstums erreicht hat.

Die Organe des „erwachsenen“ menschlichen Körpers wachsen nicht mehr. Die Staaten des Systems Menschheit und die Menschheit als Ganzes (System Menschheit) sollten ebenfalls nicht mehr wachsen.

Die Organe des Menschen haben Funktionen für den menschlichen Körper. Jedes Organ hat seine Aufgabe, erledigt diese und erhält die zur Erfüllung dieser Aufgabe notwendige Energie. Dieser Regelkreis reguliert die Organgröße.

Die Menschheit hingegen ist in Einheiten (Staaten) aufgeteilt, die keine Funktion für die Menschheit übernehmen. Grund dafür ist die Begriffsbildung, die Sprachentwicklung mit der Aufteilung der Menschheit in Sprachgemeinschaften.

Jedes System Staat verbraucht Energie für sich, liefert jedoch dem System Menschheit zunächst keine. Seine einzige Funktion besteht im Energieverbrauch. In Kriegszeiten zerstört es auch noch das, was von anderen „Organen“ geschaffen wurde.

Die Staaten verhalten sich als Parasiten der Menschheit. Sie sollten sich in Zukunft nicht gegenseitig bekämpfen, sondern zusammenarbeiten, wie die Organe im einzelnen Menschen.

Was würde das bedeuten?

Es scheinen „Arbeiter“ in der Menschheit zu fehlen, also Systeme höherer Ordnung, die eine Aufgabe für die Menschheit erfüllen.

Derartige lebende Systeme höherer Ordnung sind bereits entstanden und entwickeln sich kräftig. Es sind die Firmen, die Konzerne, die inzwischen global tätig sind.

Diese erfüllen Aufgaben für die Menschen, sie produzieren Waren, die die Menschen global benötigen, in armen und in reichen Ländern – allerdings produzieren sie auch überflüssige Waren.

Die Staaten produzieren zwar nichts, aber sie sind nicht untätig.

Sie bilden ihre Individuen aus, haben Schulen und Universitäten usw..

Auch die Firmen bilden die Individuen, wenn sie erwachsen sind, aus, bieten Berufsausbildungen an.

Die Staaten sorgen für die Infrastruktur, sie organisieren Gemeinschaftsbauten, sie investieren die Steuern u.a. in den Straßenbau, in öffentliche Anlagen usw.. Sie organisieren die gemeinsame Schaffung von Organe der Gesellschaft, die von allen Individuen genutzt werden. Sie organisieren „Hyperzeller“ (Hans Hass).

Die Staaten sorgen für ein gewaltfreies, nach Regeln ablaufendes Zusammenleben der Individuen. Sie haben dafür ein Rechtssystem, eine Polizei, Gerichte und Gefängnisse – und das entsprechende Personal.

Sie haben ein mehr oder weniger gutes Gesundheitssystem. Derzeit existieren in vielen Staaten allerdings ein Krankheitsverwaltungssystem, dessen Ärzte an der Aufrechterhaltung von Krankheiten verdienen anstatt an der Gesundung der Individuen.

Die Staaten organisieren das regionale Zusammenleben der Menschen, und sollten dies auch in Zukunft tun. Sie verbrauchen Geld für diese Dienstleistungen an den Menschen. Wie das Hirn im System Mensch Energie verbraucht, so verbrauchen auch die Organe des Systems Menschheit, nämlich die Staaten, Energie. Derartige Dienstleistungen für die zusammenlebenden Menschen, die auch in Zukunft erbracht und finanziert werden müssen, müssen jedoch nicht zwangsläufig an die Entscheidungsbefugnis über Waffenproduktion und Kriegserklärungen geknüpft sein. Diese Verknüpfung im gegenwärtigen Stadium der Menschheitsentwicklung ist irrational und sollte geändert werden. Es fragt sich, warum derjenige, der diese Dienstleistungen erbringt, über Krieg und Frieden entscheiden soll? Man sollte den Staaten vielmehr die Aufgabe übertragen, die Anzahl der in ihnen lebenden Menschen konstant zu halten, um dadurch Kriege überflüssig zu machen. Wenn jeder Staat diese Aufgabe erfüllen würde, wäre Krieg nicht mehr notwendig.

Die Staaten müssten dafür natürlich belohnt werden. Und umgekehrt müssten sie Strafe zahlen, wenn die Einwohnerzahl den Sollbereich überschreitet.

Eine globale Festlegung des Sollwerts für die Einwohnerzahl und den Energieverbrauch jedes Staats und die Installierung eines Regelkreises mit negativer Rückkopplung bedeutet, ein Unterschreiten des Sollbereichs zu belohnen und ein Überschreiten zu bestrafen. Wenn mehr Geld in den Staat fließt, kann die Infrastruktur verbessert werden und die Einwohnerzahl steigen. Übersteigt die Einwohnerzahl den Sollbereich, werden Gegenmaßnahmen ergriffen.

Die Gegenwart ist durch eine spontane Regulation gekennzeichnet: die Einwohnerzahl in den armen Ländern reduziert sich durch die Auswanderung der Individuen in die reichen Länder.

Dies ist auch ein Regulationsmechanismus. Er führt in den armen Ländern zu weniger Bevölkerung und verbessert damit den Wohlstand dort. Außerdem wird ja Geld in die Heimat geschickt, so dass sich der Wohlstand dort weiter vergrößert. Es ist ein spontaner Mechanismus, der zur Angleichung des Wohlstandsgefälles führt. Die Menschen verteilen sich spontan um, indem sie dahin ziehen, wo Wohlstand ist. Auch dieser Mechanismus wirkt dem Krieg entgegen. Er führt dafür allerdings zu Konflikten in den wohlhabenden Ländern. Diese Konflikte erzeugen jedoch weniger Tote als die bisherigen Kriege. Die wohlhabenden Länder benötigen natürlich mehr Geld, um diese Zuwanderer am Leben zu erhalten und ihre Gesundheit zu sichern. Sie müssen also mehr Steuern erheben, die die Bürger und die Firmen zahlen müssen. Dies ist auch eine Möglichkeit der Umverteilung des Wohlstands. Leider wächst die Menschheit insgesamt aber dennoch weiter, so dass das zu lösende Grundproblem weiterhin besteht.

Eine Voraussetzung für das Überleben der Menschheit wäre also die globale Sollwertfestlegung für die Einwohnerzahl der Staaten und für deren Energieverbrauch.

Der Energieverbrauch setzt sich zusammen aus dem der Individuen und dem der warenproduzierenden Konzerne. Die zurückliegende Menschheitsentwicklung war gekennzeichnet durch Aufteilung der Menschen in Staaten mit außenpolitischer Entscheidungsbefugnis. Staaten waren Entitäten, die wuchsen und Kriege führten. In den letzten beiden Jahrhunderten entwickelte sich eine Industrie mit Entitäten anderer Art. Die neuen Entitäten haben keine räumliche Begrenzung. Sie produzieren Waren, die von den Menschen benötigt werden. Ihr Wachstum wird von den Kaufentscheidungen der

Menschen gesteuert. Diese Entitäten agieren global, haben über den Erdball verstreut Niederlassungen und entziehen sich dadurch der nationalen Steuerung. Diese Entitäten sind zwar innerhalb von Staaten oder Nationen entstanden und waren der Bevölkerung dieser Staaten verpflichtet, inzwischen sind sie jedoch der Menschheit als Ganzes verpflichtet und entziehen sich der staatlichen Einflussnahme. Die Geldverhältnisse haben sich gewandelt. Die Steuern und Abgaben dieser international tätigen Konzerne werden quasi von ihnen selbst festgelegt, indem sie ihren Firmensitz danach wählen, wo sie billiger produzieren können. Den nationalen Regierungen ist darüber hinaus die Kontrolle über die Geldströme entglitten. Die Großbanken, Zentralbanken und Finanzzentren bis zur Höhe des Weltwirtschaftsforums kontrollieren die Finanzströme, die Systeme Staat sind bei den Geldgebern verschuldet und befinden sich Abhängigkeit der Banken. Diese spontane Entwicklung geht ebenfalls in die richtige Richtung, und diesem sollte in Zukunft bewusst Rechnung getragen werden. An die Stelle der außenpolitischen Befugnis der Staaten, Kriege erklären und führen zu können, sollte ein internationales Friedensgremium die Konflikte zwischen den Staaten friedlich lösen. Auch dieses Gremium existiert bereits in Ansätzen und muss gestärkt werden.

Grundsätzlich sind es auch nicht die derzeitigen Nationalstaaten, die als Organe der Menschheit Funktionen übernehmen sollten, sondern die Regionen. Die verschiedenen Regionen mit ihren regional vorhandenen Bodenschätzen und ihren industriellen Möglichkeiten sollten sich als Organe der Menschheit verstehen und für alle Menschen tätig werden, anstatt einen Staat zu stützen, in dem sie sich befinden.

Ein weiteres Problem neben der Aufteilung in Sprachgemeinschaften ist die Teilung der Menschheit in Glaubensgemeinschaften. Die Aufteilung der Menschheit in jeweils Gläubige und Ungläubige dient der Kriegsvorbereitung, indem sie das natürliche schlechte Gewissen der Individuen beruhigen, das sie bei der Ermordung ihres Mitmenschen haben. Besonders die monotheistischen Religionsgemeinschaften fördern die Überbevölkerung der Erde mit Menschen und treffen damit Kriegsvorbereitungen.

In Europa schien die Macht der Religionsgemeinschaften durch die Aufklärung und einige sehr verlustreiche Kriege gebrochen zu sein.

In Zukunft muss die Macht der Vernunft weiter gestärkt werden. Die Verbreitung unbegründbarer völlig willkürlicher Glaubensvorstellungen sollte nicht durch finanzielle Unterstützung unbelehrbarer und uneinsichtiger Religionsvertreter unterstützt werden, die Glauben statt Vernunft und Wissen verbreiten. Diesbezüglich ist ein eklatanter Rückschritt der Entwicklung vom Glauben zur Vernunft zu verzeichnen.

Grundsätzlich muss das System Menschheit aufhören, dem System Erde seine eigenen Sollwerte aufzuzwingen. Die Menschheit muss die Sollwerte des System Erde als übergeordnete Fakten akzeptieren und sich diesen unterordnen, sonst kann sie nicht überleben. Die auf der Erde lebenden Menschen sollten sich als Brüder und Schwestern verstehen und nicht als Feinde, Ungläubige oder sich mit sonstigen trennenden Begriffsinhalten auseinanderdividieren. Die regionalen Gemeinschaften der Menschen sollten sich als Organe der Menschheit verstehen, die eine Funktion für alle Menschen erfüllen.

Ein derartiges Umdenken der Menschen wäre wünschenswert. Diese Idee ist nicht neu. Vertreter dieser Idee, werden jedoch auch heute noch ermordet, weil Fanatiker sich weiterhin der alten noch existierenden irrationalen Menschheitsordnung unterwerfen und meinen, die Wahrheit mit Morden ausrotten zu können. Dieses Mordmotiv wird jedoch öffentlich verschwiegen und vermutlich individuell ins Unbewusste verdrängt, es wird verleugnet, der Täter wird als Individuum präsentiert. Selbstverständlich werden Taten immer von Individuen ausgeführt. Diese sind jedoch lediglich Effektoren. Die geistigen Täter, die die Interessen der menschheitsteilenden Staaten und Religionsgemeinschaften vertreten, sind noch nie offiziell bestraft worden. Aber auch hier bahnt sich bereits eine Änderung internationalen Rechts an, die weiter vorangetrieben werden sollte.

Er ergeben sich also einige Bedingungen, die erfüllt werden müssten, wenn ein Überleben der Menschheit gewollt wird.

Mit einer Steuerung der Produktion von menschlichen Individuen (Geburtenrate) würde die Menschheit einen notwendigen Schritt tun, der die Fortsetzung der Zivilisation ergänzen würde. Der erste Schritt in Richtung Zivilisation bestand darin, die Sollwerte für die zur Befriedigung erforderlichen Waren selbst festzulegen. Ich habe bereits darauf hingewiesen, dass damit eine Entscheidung zu ständig steigendem Bedarf an fleischlicher und pflanzlicher Nahrung getroffen wurde. Ergänzend kann ich nun sagen, dass auch der ständig steigende Bedarf an Fremdenergie Folge dieses Entschlusses ist. Dieser steigende Bedarf an Fremdenergie und die mit der Produktion von Waren (körperexternen Effektoren) ständig steigende Umweltverschmutzung sind weitere Faktoren, die das Überleben der Menschheit zeitlich stark begrenzen. Auch hier würde eine gesteuerte Abschaffung der Überproduktion von Menschen eine Verlängerung der Überlebenszeit bewirken. Kybernetisch ausgedrückt: die am Beginn des Zivilisationsprozesses stehende Sollwertsetzung bezüglich des Bedarfs an Nahrung, Energie und körperexternen Effektoren muss ergänzt werden um die Sollwertfestsetzung bezüglich der Menschenzahl. Die biologisch intrazellulär vorhandene genetische Verhaltenssteuerung konnte sozusagen nicht damit rechnen, dass eine Überproduktion von Nachkommen zu einer Vernichtung des Lebens auf dem System Erde führt. Dieser Mangel an genetisch vorhandener Steuerung – man könnte auch sagen: der Wegfall von Fressfeinden – muss kompensiert werden durch eine Sollwertfestsetzung hinsichtlich der Menschenzahl auf dem Planeten Erde. Der Prozess der Zivilisation kann nur voranschreiten, wenn die Menschheit einen Sollwert für die Erdbevölkerung festlegt und seine Einhaltung kontrolliert.

Die Staaten sollten in Zukunft in ihrer Kompetenz beschnitten werden. Sie sollten sich damit begnügen, das friedliche Zusammenleben ihrer Bürger zu organisieren. Tatsächlich handelt es sich um eine Auflösung von Staaten, die bereits begonnen hat. Auf die Schaffung größerer Einheiten (Europäische Union) habe ich bereits hingewiesen, auch auf die Schaffung kleinerer Einheiten (zuletzt in Yugoslawien, ähnliche Tendenzen bestehen jedoch auch im Baskenland oder in Nordirland). Zwei weitere Gesichtspunkte sind die Verschuldung von Staaten und das internationale Agieren global tätiger Firmen. Gerade die westlichen industrialisierten Staaten sind Schuldner von Banken und abhängig von immer weiteren Bankkrediten. Würden ihnen keine weiteren Kredite gewährt werden, gingen sie in Konkurs. Die Banken würden so zu Insolvenzverwaltern der Staaten werden, ohne dass es irgendwelcher gewaltsamer Aktionen bedürfte. Die global tätigen Konzerne sind bereits derzeit die übergeordneten Systeme, die das finanzielle innenpolitische Verhalten (z.B. deren Steuergesetze) der Staaten steuern. Steigen bestimmte Steuern in einem Staat oder sind die Löhne zu hoch, so dass die Waren nicht mehr rentabel verkauft werden können, werden die Produktionsstätten in andere Staaten verlegt. Die Systeme Staat sind also bereits jetzt nicht mehr die Instanzen, die Sollwerte (ihren Bedarf und die Abgaben der Bürger) festlegen, bzw. sind ihre Sollwertfestlegungen Reaktionen auf Aktionen der international tätigen Konzerne. Auch dies sind Indizien dafür, dass die Staaten sich bereits in einem Auflösungsprozess befinden und es keiner Gewaltaktionen bedarf, um Staaten als außenpolitisch handelnde Einheiten abzuschaffen. Die Verfügungsgewalt über Waffensysteme, die die Existenz des Lebens bedrohen, darf – und das ist der entscheidende Punkt - jedoch nicht in die Hand von verantwortungslosen Gläubigen geraten, denen ein Platz im Jenseits an der Seite „Gottes“ wichtiger ist als die Existenz der Menschheit.

Die Wirtschaft war bisher darauf bedacht, die Produktionsraten zu steigern. Aber auch hier hat bereits ein Umdenken begonnen. Dies ist der letzte Punkt, den ich ansprechen möchte. Dieser Wachstumswahn würde natürlich entschärft werden, wenn ein Sollwert für die Menschenzahl und den Energieverbrauch auf dem System Erde global festgelegt und eingehalten wird. Nötig ist jedoch zusätzlich eine Fortsetzung des Umdenkens in Richtung „Nachhaltigkeit“. Ich möchte es medizinisch ausdrücken: der Arzt verabreicht dem Patienten ein Medikament nicht nur unter Beachtung der erwünschten Heilwirkung, sondern auch der unerwünschten „Nebenwirkungen“, die minimiert werden sollten. Dieses Denkens sollte sich auch die Industrie zu eigen machen. Verbesserung der Produktion heißt nicht nur, die erwünschten Wirkungen für die Optimierung der effektorischen Funktionen ihrer Produkte für den Menschen zu beachten, sondern auch, den Energieaufwand für diese Funktionen zu reduzieren und die Produktion von nicht erwünschten Abfallstoffen zu reduzieren.

Gefordert ist ein Umdenken der Systeme Mensch, die mit ihren Kaufentscheidungen die Industrieproduktion steuern, sowie eine globale Steuerung des Energieverbrauchs und des Bevölkerungswachstums.

4.
Rede an die Menschen

4.1. Das Thema

Die Philosophie lebender Systeme wendet sich an das Individuum, das ich als System Mensch bezeichne. In ihrer Summe sind die Menschen auf der Erde eine Einheit und bilden das System Menschheit.

Die makroskopischen Systeme, also die für das menschliche Auge sichtbaren Objekte, können in nichtlebende und lebende Systeme unterteilt werden, die lebenden Systeme ihrerseits in Pflanzen, Tiere und Menschen. Nichtlebende makroskopische Systeme, also materielle Objekte, verhalten sich entsprechend den von Newton gefundenen Gesetzen. Sie setzen ihre Bewegung, in der sie sich befinden, unverändert fort (Trägheit) und ändern diese Bewegung nur dann, wenn äußere Kräfte auf sie einwirken (z.B. die Gravitation). Mit diesem Thema befasst sich die Physik.

Die Philosophie lebender Systeme befasst sich mit den Bewegungen der lebenden Systeme auf dem Planeten Erde, und hier vor allem mit den Bewegungen und ihren Gesetzen, die von den Menschen ausgeführt werden.

Lebende Systeme scheinen sich spontan zu bewegen, was auch das Handeln oder das Verhalten genannt wird. Diese Bewegungen erscheinen nicht berechenbar, weil sie nicht nur von äußeren Kräften bewirkt werden. Dennoch könnte es Vorteile haben zu wissen, wie diese Bewegungen von innen gesteuert werden.

Dieses Wissen über die Steuerung des Verhaltens lebender Systeme vermittelt die Philosophie lebender Systeme.

4.2. Die Aufgaben des tierischen Verhaltens

Auch Wachstum ist Bewegung. Pflanzen führen nur Wachstumsbewegungen aus und überlassen ihre Verbreitung äußeren Kräften (dem Wind und dem Wasser). Sie müssen keine Nahrungsquellen aufsuchen und bleiben daher an dem Platz auf dem System Erde, auf dem ihr Wachstum beginnt.

Tiere fressen und werden gefressen. Tiere, aus denen sich der Mensch entwickelt hat, müssen Nahrung suchen und vor Fressfeinden fliehen. Dies ist die Folge einer systemimmanenten Kraft, die darauf gerichtet ist, das Leben zu erhalten, also vorübergehend einen Zustand von Homöostase aufrechtzuerhalten.

Um diesen Vorgang, der sich auch im Menschen abspielt, zu verstehen, müssen wir zunächst das Innen und das Außen eines derartigen lebenden Systems unterscheiden.

Das Innen eines Tieres besteht aus Zellen, die zu Organen mit jeweils spezifischen Aufgaben organisiert sind. Zwischen diesen Zellen befindet sich eine Flüssigkeit, die teilweise in elastischen Röhren (= Blutgefäßen) durch den Körper fließt. Für die Funktion der Zellen ist die Zusammensetzung dieser Flüssigkeit lebenswichtig und die Aktionen des Systems Tier dienen einerseits der Aufrechterhaltung dieses inneren chemischen Milieus der Körperflüssigkeit außerhalb der Zellen. Die chemische Zusammensetzung dieser Flüssigkeit, bei den meisten Tieren im wesentlichen „Blut“ genannt, wird ständig durch geeignete Rezeptoren gemessen, wobei die einzelnen Parameter (z.B. Sauerstoffkonzentration oder Glucosekonzentration, um nur 2 zu nennen) einen Sollwertbereich haben. Diese Sollwertbereiche, die „Überlebensparameter“, werden genetisch vererbt und sind damit in jeder Körperzelle auf den Chromosomen im Zellkern in Form von „Genen“ gespeichert, die alle erforderlichen Informationen über den Bau, die Zusammensetzung und die Verhaltensmöglichkeiten des Individuums enthalten und die die zeitbefristete Lebensdauer des Individuums überdauern. Näheres dazu später.

Der Mensch hat, wie viele andere Tiere, ein Hirn, dem die Daten der von den inneren Rezeptoren ermittelten Istwerte der Überlebensparameter übermittelt werden. Für diese Datenübermittlung hat das Tier rezeptorische (sensible) Nerven. Da das Tier in jedem Moment nur eine Handlung ausführen kann, muss in jedem Moment eine Entscheidung darüber getroffen werden, wie dringend die Einhaltung der verschiedenen Sollwertbereiche ist, welche Handlung ausgeführt werden muss und welche Handlung aufgeschoben werden kann. Die Entscheidungsfunktion übernimmt das Ich.

Hierbei muss auch über weitere Aufgabenerledigungen entschieden werden, da das Überleben, also das Fressen und die Vermeidung des Gefressenwerdens, nicht der einzige Aufgabenbereich ist, über den entschieden werden muss.

Der zweite wichtige Aufgabenbereich besteht bei zweigeschlechtlich lebenden Tieren in der Partnersuche zum Zweck der Erhaltung der genetisch gespeicherten Daten durch Herstellung einer Kontaktmöglichkeit zwischen Spermien und Eizellen (sogenannter Geschlechtsverkehr).

Hierin besteht die Lebensaufgabe der lebenden Systeme der Größenordnung Individuum.

Die tägliche Aufgabe besteht in der Aufrechterhaltung des chemischen inneren Milieus, die die Lebensfunktionen garantieren, die Lebensaufgabe besteht in der „Fortpflanzung".

Diese beiden Aufgabenbereiche dienen einem Ziel, nämlich dem Weitertransport der genetisch gespeicherten Daten in die Zukunft. Hat das Individuum diese Aufgaben erfüllt, ist sein Leben überflüssig geworden. Das Individuum kann also als ein Träger genetisch gespeicherter Daten betrachtet werden, der die Funktion erfüllt, diese Daten in die Zukunft zu transportieren (zu vererben).

Es sei an dieser Stelle gleich bemerkt, dass zur Erledigung der letzteren Aufgabe, die man auch als Aufrechterhaltung des lebenden Systems höherer Ordnung (bei Tieren der Art) nennen könnte, die Produktion und Aufzucht einer Nachfolgegeneration mit Sohn und Tochter ausreichen würde. Die Produktion weiterer Lebewesen darüber hinaus dient der Ernährung anderer Tierarten, für die die hilfloseren Tiere Futter darstellen. Der Tod von Individuen dient also der Evolution genetisch gespeicherter Daten. Da die Individuen der Folgegeneration und deren Eigenschaften insbesondere bei der zweigeschlechtlichen Vermehrung alle etwas unterschiedlich sind, und es jedem Individuum obliegt, sein persönliches Überleben zu sichern, überleben stets die angepassteren („fitteren") Individuen, so dass die der Nachfolgegeneration weitergegebenen genetisch gespeicherten Daten immer die Strategien enthalten, die zur Aufzucht von besser gerüsteten Individuen führt. Diesen Auswahlvorgang nennt die Biologie „Selektion". Diese Methode der Überproduktion von Nachkommen und Selektion hat dazu geführt, dass sich die genetisch gespeicherten Überlebensstrategien immer weiter vervollkommnet haben und sich schließlich u.a. der Mensch mit seinem Organ zur Datenspeicherung und –verarbeitung, dem Rechenorgan Hirn, und dem peripheren Nervensystem zur Registrierung von Innen- und Außendaten, entwickelt hat.

4.3. Die Steuerung des tierischen Verhaltens durch Regelkreise

Messen und melden die inneren Rezeptoren dem Individuum ein Abweichen der Istwerte von den überlebensnotwendigen Sollwerten, so wandelt das menschliche Hirn diese Abweichungen in Gefühle um. Beim Tier wird dies ebenso sein, was allerdings mangels Kommunikationsmöglichkeit nicht nachgewiesen werden kann. Der Mensch (und das Tier) empfinden Durst, Hunger und andere Gefühle. Bestimmte Aufgaben, wie beispielsweise die Aufnahme von Sauerstoff und die Herztätigkeit, werden ohne Beteiligung des Bewusstseins erledigt. Die Notwendigkeit einer Sauerstoffaufnahme wird lediglich in Notfällen dem Individuum bewusst durch bestimmte Gefühle (Atemnot, Angst) übermittelt. Die Notwendigkeit der Lebensaufgabe (Weitergabe der genetisch gespeicherten Daten) wird durch Ausschüttung bestimmter Hormone gesteuert, die Partnersuchverhalten (bei Tieren Balzverhalten genannt), Geschlechtsverkehr und Brutpflegeverhalten (für das es beim Menschen keinen spezifischen Namen gibt) anregen. Auch das Sozialverhalten von Tieren, die in Gruppen zusammenleben (wie der Mensch) wird hormonell durch Glückshormone gesteuert, die bei Lob und Anerkennung der Mitmenschen für angepasstes und sozial nützliches Verhalten ausgeschüttet werden und zu narzisstischer Befriedigung führen.

Diese Verhaltenssteuerungen finden mittels Regelkreisen statt, die in Regelkreise mit negativer Rückkopplung und solche mit positiver Verstärkung (= Feedback oder Rückkopplung) sowie negative „Verstärkung“ (eigentlich Abschwächung, daher besser negatives Feedback oder negative Rückkopplung) unterteilt werden können.

Das tägliche Überleben, die Aufrechterhaltung der Homöostase) wird durch Regelkreise mit negativer Rückkopplung gesteuert, die Lebensaufgaben durch einfache positive oder negative Rückkopplung.

Registriert das Individuum Durst oder Hunger, werden Aktionen in Gang gesetzt, die das Ziel der Aufnahme von Flüssigkeit oder Nahrung haben. Ist das Ziel erreicht, sind die Istwerte wieder im Sollwertbereich und die negativen Gefühle (hier Hunger und Durst) verschwinden. Der Körper erzeugt Unlustgefühle, die durch geeignete Aktionen beseitigt werden. So ist es auch bei der Steuerung der Produktion von Nachkommen und des Sozialverhaltens. Hier führen bestimmte Hormone zu Unlustzuständen und die Ausschüttung anderer Hormone zu Glückszuständen. Auf diese Weise wird das Verhalten des Individuums durch die Vermeidung von Unlust und Angst und die Suche nach Glück durch körperinterne chemische Mechanismen gesteuert.

Dies ist die Innenseite dieser Steuerung. Nun zur Außenseite.

Über Vorgänge in der Außenwelt erhält der lebende Körper des Individuums ebenfalls durch geeignete Rezeptoren und sensible Nerven Daten, die von Tieren mit Hirn im Zentralnervensystem verarbeitet werden und beim Menschen vom Hirn in Wahrnehmungen umgewandelt werden. Elektromagnetische Wellen, die an sich keine Farbe haben, werden von den Rezeptoren in elektrische Reize umgewandelt und im Hirn in Farben verwandelt, chemische Veränderungen der Außenwelt in Gerüche usw..

Das Hirn ist ein Organ, dass die Daten der verschiedenen Sinnesorgane in unterschiedlich bewusste Wahrnehmungen umwandelt (diese sozusagen generiert), also eine empirische Realität, wie Kant es nennt, herstellt, erzeugt oder erschafft. Dieser Schöpfungsakt ist offensichtlich wissenschaftlich nicht erforschbar.

Das Hirn erzeugt also aus körperinneren Daten Gefühle und aus körperexternen Organen Wahrnehmungen.

Anschließend muss eine Abwägung und eine Entscheidung erfolgen, dann erfolgt eine Aktion des Individuums.

Bei dieser Abwägung muss insbesondere entschieden werden, ob sich der Energieaufwand für eine Aktion lohnt oder nicht.

Ist das Überleben bedroht, lohnt natürlich jeder Energieaufwand, auch wenn diesem keine aktuelle Energiezufuhr gegenüber steht, aber auch hier kann Energieaufwand gespart werden, wenn statt Flucht eine Tarnung, ein Verstecken oder eine andere Gegenmaßnahme gewählt wird. Eine besondere Aufgabe stellen die Jahreszeiten dar, die eine Vorsorge erforderlich machen. Jede Tierart, die länger als 1 Jahr leben muss, um Nachkommen zu produzieren, muss über eine Technik der Energiespeicherung verfügen.

Zur täglichen Nahrungszufuhr muss das tierische Individuum also innere und äußere Reize registrieren können und besonders dann, wenn es von der Zufuhr fleischlicher Nahrung lebt, Objekte erkennen können und wissen, über welche Bewegungsmöglichkeiten diese verfügen. Ein Löwe, der eine Gazelle fressen möchte, also ein bewegliche fleischliche Nahrung, muss entscheiden, welche Gazelle aus einer Herde er auswählt und ob der Energieaufwand zum erreichen und fressen der Nahrung geringer ist als die zu wartende Energieaufnahme.

Er muss also über eine Fähigkeit verfügen, die wir Menschen „rechnen" nennen.

Eine derartige Rechenfähigkeit besitzt primär auch der Mensch, da er sich aus anderen Tieren mit einem derartigen Hirn entwickelt hat.

Zu Entscheidungen dieser Art kommt hinzu, dass das Individuum auch Überlebensaufgaben für die Art zu erledigen hat, es muss sich nämlich fortpflanzen und Kinder gegebenenfalls aufziehen. Das Entscheidungsvermögen muss also auch derartige Aufgaben berücksichtigen und eine Entscheidung über die Wichtigkeit der Erledigung treffen. Es muss also eine übergeordnete Instanz vorhanden sein, die eine Reihenfolge der Aktionen festlegt. Diese Instanz nennt die Psychoanalyse das „Ich" und die Philosophie lebender Systeme übernimmt diesen Terminus.

Im Anschluss an die Rezeption von Vorgängen der Außenwelt und Innenwelt und im Anschluss an das Treffen einer Entscheidung durch das ICH, die in den meisten Fällen unbewusst erfolgt, wird eine Aktion durchgeführt. Alle Aktionen des Individuums benötigen einen Effektor, also ein Organ, dass eine Bewegung ausführt, und die Ausführung einer Bewegung verbraucht Energie, so dass sich die Frage ergibt, wo diese Energie herkommt.

Die inneren und äußeren Rezeptoren vermelden Daten, was ebenfalls Energie verbraucht, das Hirn verarbeitet Daten, was auch ein energieverbrauchender Prozess ist und die Effektoren führen Handlungen aus, was ebenfalls Energie benötigt. Einzig die Entscheidung selbst verbraucht keine Energie.

Wir finden also innerhalb des lebenden Körpers Vorgänge, die über

Sollwertfestsetzungen Spannungen erzeugen, die sich durch Unlustgefühle und Angst bemerkbar machen, außerhalb des Körpers Vorgänge, die registriert werden (vom Rezeptor des Regelkreises) und verschiedene Möglichkeiten der Spannungsabfuhr, Befriedigung und der Nahrungsaufnahme bieten, ein Organ, das Daten speichert und Berechnungen anstellen kann (= Hirn), eine Entscheidungsinstanz (das Ich) und handlungsausführende Organe (Effektor des Regelkreises). Der lebende Körper verbraucht auch ohne die Durchführung von äußeren Handlungen Energie zur Aufrechterhaltung seiner Homöostase, was Grundumsatz genannt wird. Äußere Handlungen verbrauchen sehr viel Energie. Diese Energie muss dem Körper wieder zugeführt werden, wozu die inneren Organe dienen, und sie muss gespeichert werden, was einerseits in den einzelnen Körperzellen erfolgt, andererseits in einem dafür vorgesehenen Körperorgan, dem Unterhautfettgewebe. Die zur Kraftentfaltung bei Bewegungen erforderliche Energie wird im Effektor, in der Muskulatur gespeichert und in Bewegung umgesetzt. Die befehlsgebende Instanz, das Ich, benötigt keine Energie und speichert auch keine Energie. Sie ist geistig.

Dieser Körperaufbau und diese Steuerung des Verhaltens von Individuen finden sich nicht erst beim Menschen, sondern bereits bei seinen Vorgängern, den sonstigen „Primaten“, sowie auch bei anderen zweigeschlechtlichen Tieren mit Hirn.

4.4. Die Besonderheit der menschlichen Sprache

Die bisher beschriebenen Fähigkeiten lebender Systeme betreffen die Größenordnung Individuum.

Tiere finden sich jedoch bereits vor der Entwicklung des Menschen in Gruppen zusammen, und in derartigen Sozialverbänden, die ich „lebende Systeme höherer Ordnung“ nenne, müssen sich die Individuen miteinander verständigen. Dies ist bereits bei bestimmten Insekten der Fall, z.B. bei Bienen.

Andere Tierarten benutzen für die Verständigung nicht Tänze, sondern akustische Signale, wie die Vögel und der Mensch.

Die menschlichen Sprachen sind also keine Eigenschaft des Individuums, sondern eine Eigenschaft des Systems höherer Ordnung. Wie bei materiellen Objekten die Trägheit und die Gravitation nicht Eigenschaften ihrer kleinsten Bestandteile, der Atome oder

Moleküle, sind, sondern sich erst durch den Zusammenschluss vieler gleichartiger Bestandteile zu sichtbaren Objekten zeigen und wirken, so ist die Sprache nicht eine Eigenschaft des Individuums, sondern der Sprachgemeinschaft, also der Gruppe, der Horde, des Clans oder des Staats, der Gemeinschaft, die sich durch eine Sprache verständigt. Wenn das menschliche Individuum Sprache verwendet, benutzt es Begriffe, die innerhalb einer Gemeinschaft geschaffen worden sind und gelten. Über die Rechenfähigkeit, also die Fähigkeit, Objekte zu identifizieren, zu vergleichen und zu verrechnen, verfügt bereits das Individuum, und dies bereits in niedrigen Entwicklungsstufen, weil diese notwendigen Fähigkeiten zur Aufrechterhaltung des individuellen Lebens erforderlich sind. Hierzu gehört auch die Fähigkeit, Mimik und Gestik zu erkennen und richtig zu interpretieren, also die non-verbale (Watzlawick) Kommunikationsfähigkeit. Die Koordination des Verhaltens vieler Individuen in einer Gemeinschaft erfordert jedoch eine zusätzliche Gemeinschaftsfähigkeit. Die genetisch ererbte Wahrnehmungs- und Rechenfähigkeit wird also in sozial lebenden Systemen höherer Ordnung des Menschen durch die Kommunikation in akustisch übertragenen Begriffen ergänzt, die durch Übereinkunft geschaffen werden.

Der Wahrheitscharakter dieser neuen Errungenschaft ist grundsätzlich verschieden von dem Wahrheitscharakter der Wahrnehmung der Außenwelt und Innenwelt des Individuums.

Letzteres ist die sogenannte empirische Realität, die jedes Individuum für sich mit Hilfe seiner Wahrnehmungsorgane mittels seiner a priori (Kant) vorhandenen Fähigkeiten erzeugt. Sprachliche Verständigung mittels akustisch übertragener Begriffe ist hingegen eine reine Übereinkunft innerhalb der jeweiligen Gemeinschaft. Da die jeweiligen Übereinkünfte in verschiedenen menschlichen Sprachgemeinschaften unterschiedlich sein können, ergibt sich aus der Sprachbildung eine Trennung der Menschen in unterschiedliche Gemeinschaften, Kulturen, Völker, Länder, Staaten usw..

Die Sprache vereint die Mitglieder einer Gemeinschaft gleicher Sprache, trennt die menschliche Gemeinschaft, die einer Tierart entspricht, jedoch nunmehr in unterschiedliche lebende Systeme höherer Ordnung, die nun mit den gleichen Methoden konkurrieren, mit denen verschiedene Tierarten um das Überleben konkurrieren.

Dieses Konkurrieren ist biologisch vorgegeben als das Mittel der Evolution, das die Funktion der Selektion hat.

4.5. Evolution und Zivilisation

Die Evolution erfolgt dadurch, dass jede Art einerseits mehr Nachkommen erzeugt, als zur Aufrechterhaltung der Individuenzahl erforderlich ist und andererseits mit anderen Arten um Nahrung konkurriert und sich gegen Fressfeinde und Naturkatastrophen durchsetzen muss, also einer Selektion unterworfen ist. Die effektivsten genetisch gespeicherten Daten werden weitergegeben, die anderen werden eliminiert. Dieser Vorgang der Evolution ist der eigentliche Sinn des Lebens an sich. Dieser Sinn besteht nicht in der Existenz von Individuen, die lediglich zeitbefristet leben, sondern in der Vervollkommnung ihrer genetisch gespeicherten Daten, die sie an die Nachfolgegeneration weitergeben.

Die Tierart „Mensch“ hat nun einerseits keine Fressfeinde mehr, andererseits teilt sie sich durch die Sprachbildung in unterschiedliche Einheiten, die nicht oder nicht wirklich miteinander kommunizieren.

Diese neu geschaffenen menschentypischen lebenden Systeme höherer Ordnung, genannt Staaten oder Nationen, handeln nun entsprechend ihrer genetischen Verhaltensprogrammierung wie die verschiedenen Tierarten, bilden einen Überschuss an Nachkommen und führen Kriege, die die menschenspezifische Methode der Selektion darstellen.

4.6. Die Schrift als extrazelluläre Datenspeicherung

Sprache als solche ist nicht menschenspezifisch. Spezifisch für den Menschen ist, dass er Sprache, also akustische Symbole, die so zunächst nicht konserviert werden können, in optische Zeichen, also in Schrift, übersetzt und diese optischen Zeichen auf körperexternen Materialien speichert. Dies zunächst auf Steinen, später auf Papier, inzwischen auch elektromagnetisch auf Disketten, Festplatten usw..

Bis dahin war „Schrift“ und Datenspeicherung nur als genetischer Code möglich, gespeichert in Form einer Nucleinsäuresequenz mittels 4 „Buchstaben“, der Mensch hat demgegenüber eine extrazelluläre Datenspeicherung geschaffen, die sein individuelles Leben ebenso überdauern kann wie sein genetischer Code.

Diese extrazelluläre Datenspeicherung macht der intrazellulären Datenspeicherung nicht nur Konkurrenz hinsichtlich des Datentransports in die Zukunft (also des zeitlichen Datentransports), sondern sie ist der intrazellulären Datenspeicherung hinsichtlich des Datentransports im Raum weit überlegen.

Während intrazellulär gespeicherte Daten Generationen benötigen, um sich über die Erde auszubreiten, benötigt die extrazelluläre Datenausbreitung über die Erde im Zeitalter des Internets lediglich Sekunden.

4.7. Die Vervollkommnung von Daten durch Wissenschaft

Ich habe bisher von Daten gesprochen und möchte nun zunächst darauf hinweisen, was diese Daten beim Menschen sind. Es handelt sich beim menschlichen Individuum um Ideen, die in seinem Geist auftauchen und sich aus der freien Kombination von erlerntem Wissen und dessen Negation ergeben. Zu jeder These kann eine Antithese gebildet werden, verschiedene Ideen aus unterschiedlichen Wissensgebieten können miteinander kombiniert werden. Daraus können Theorien und Hypothesen gebildet werden.

Diese Art der Neuschöpfung von Ideen ist der evolutionären Methode der Mutation und der Kombination väterlicher und mütterliche genetisch gespeicherter Ideen (= Gene) an Schnelligkeit weit überlegen und sie ist vor allem gewaltlos.

Die evolutionäre Methode der Datenvervollkommnung arbeitet mit den Mitteln Überproduktion von Individuen und Selektion, beim Menschen mit dem Mittel des Krieges, also des Massenmordes an menschlichen Individuen. Derartige Massenmorde an Menschen zum Zweck der Vervollkommnung genetisch gespeicherter Daten ist aus Sicht der Philosophie lebender Systeme inhuman und unethisch.

Der Mensch hat inzwischen eine gewaltfreie Methode der Datenvervollkommnung entwickelt, das ist die wissenschaftliche Methode der Verifikation/Falsifikation von Hypothesen im wissenschaftlichen Experiment. Diese wissenschaftliche Methode stellt die Fortsetzung der Evolution mit typisch menschlichen Mitteln dar, sie ersetzt die Überproduktion von Nachkommen durch Überproduktion von Hypothesen und Theorien und ersetzt Selektion mittels Massenmord an Individuum durch das wissenschaftliche Experiment.

Die Wissenschaften stellen somit die Fortsetzung der Evolution auf einer geistige Ebene dar.

Wissenschaftssprachen sind dementsprechend auch nicht an Ländergrenzen und Sprachbarrieren gebunden, sie sind international, global, und vereinen alle Wissenschaftler eines Gebiets. Allerdings hat jede Wissenschaft ihre eigene Sprache entwickelt, was den Gedankenaustausch zwischen den Wissenschaften erschwert.

Die aus dieser Entwicklung der Wissenschaften hervorgegangenen technischen Produkte sind Materialisierungen menschlicher Ideen und Theorien, sie stellen u.a. körperexterne Effektoren und andere austauschbare nichtlebende Teile des Menschen dar, die ihrerseits auch einer Selektion unterworfen sind. Diese Selektion wird von den Käufern der Waren ausgeübt.

4.8. Der Ursprung der Wissenschaften und der Religion

Lebende Systeme der Größenordnung Individuum, die eine Entscheidung zwischen verschiedenen Handlungsmöglichkeiten treffen müssen, hemmen mit der Entscheidung für eine Tat aus logischen Gründen damit gleichzeitig andere Handlungsimpulse. Diese Hemmungsfähigkeit hat der Mensch vervollkommnet. Anstatt ein erjagtes Tier zum Zwecke des Fressens zu töten, lässt er es am Leben, füttert es sogar noch und nimmt damit eventuell Hunger in Kauf. Er züchtet Tiere und sichert damit sein späteres Überleben. Der Mensch hemmt seine Ängste, flüchtet nicht vor dem Feuer, nähert sich ihm und macht sich das Feuer zu nutze, um sich zu wärmen, im Winter besser zu überleben und um seine fleischliche Nahrung besser zu verdauen, haltbarer und schmackhafter zu machen. Er mäßigt seinen Hunger, bewahrt sich Grassamen auf, züchtet diese und treibt schließlich Ackerbau. Ursprung der Kulturen und der Wissenschaften ist somit die Hemmung von Sofortbefriedigung zugunsten einer sichereren späteren Befriedigung. Das Hemmungsvermögen von Wünschen, Bedürfnissen und Furchtreaktionen, die sogenannte „Selbstbeherrschung“, ist der Ursprung der Wissenschaften.

Die Natur hat die Lebewesen einer Art auch mit einer Tötungshemmung ausgestattet. Ein Tier tötet in der Regel nicht das unterlegene Tier gleicher Art. Dafür sorgen bestimmte Reflexe. Auch der Mensch ist mit diesem Reflex ausgestattet, einen Mitmenschen nicht zu töten. Tut er es dennoch, handelt er einem angeborenen genetisch gespeicherten Handlungsablauf zuwider, und dies führt zu einem biologisch programmierten schlechten Gewissen. Möglicherweise aus äußerer Not heraus oder aber um sich mit etwas andersartigen anziehenderen Geschlechtspartnern zu vereinigen, hat der Urmensch wahrscheinlich gegen diese Tötungshemmung verstoßen und sogar einen Mitmenschen als Nahrung verwendet (Kannibalismus). Das anschließende schlechte Gewissen, eine biologische Schutzmaßnahme zur Schonung der eigenen Art, musste der Urmensch bekämpfen und tat dies mit Hilfe von Ritualen und letztlich der Entwicklung von Religionen. Die Überwindung der Tötungshemmung und den Kampf gegen das damit verbundenen schlechte Gewissen und Schuldgefühl betrachtet die Philosophie lebender Systeme als Ursprung der Religionen und der Erfindung eines personifizierten Schöpfergottes, der das Individuum von Schuld entlasten kann, das an diese Fiktion glaubt.

Auch hier findet sich wie bei den verschiedenen Sprachen eine Trennung der Menschheit in verschiedene Religionen, die sich nunmehr wie Tierarten verhalten. Geschont wird lediglich das Mitglied der eigenen Religion, während die Angehörigen anderer Religionen wie konkurrierende Lebewesen einer fremden Art behandelt werden. Unterwirft sich das Individuum der Religion der eigenen Nation, so dient ihm Religion bereits vor Beginn eines Krieges und der damit verbundenen Tötung von Mitmenschen zur Entlastung von Schuldgefühlen. Der Gläubige kann nun ohne schlechtes Gewissen den andersgläubigen Mitmenschen ermorden, was „seinem“ lebenden System höherer Ordnung einen Überlebensvorteil verschafft.

Die Trennung der Menschen in Zugehörige unterschiedlicher Religionsgemeinschaften verhindert auf diese Weise die Identifikation des Individuums mit der Menschheit. Es ist lediglich mit seinem Staat und mit seiner Religionsgemeinschaft identifiziert und bekämpft den Mitmenschen anderer Staatsangehörigkeit und Religionszugehörigkeit wie ein artfremdes Wesen.

4.9. Die Umsetzung menschlicher Ideen in Technik

Der Mensch, der seine Ideen, die aus der Hemmung spontaner angeborener Verhaltensbereitschaften entspringen, in die Tat umsetzt, sichert damit nicht nur sein Überleben und betreibt damit nicht nur Vorsorge für die Zukunft, sondern er macht sich sein Leben bequemer, angenehmer. Er muss sich nicht mehr anstrengen und einem Tier hinterher rennen, wenn er Hunger hat, sondern kann gemütlich sein Schwein schlachten oder sein Schnitzel im Supermarkt einkaufen und es schmackhaft auf dem Feuer bzw. dem Herd zubereiten.

Diese Annehmlichkeiten der Zivilisation erfahren von der Philosophie lebender Systeme eine besondere Würdigung.

Die vom Menschen entwickelten technischen Produkte stellen Organe des Individuums (und von Gemeinschaften) dar, die außerhalb seines lebenden Körpers liegen. Für die oben beschriebene verhaltenssteuernde Instanz des Ichs ist es ohne Bedeutung, ob ein körperinternes Organ, wie das Herz oder die Leber, Aufgaben unbewusst verrichtet, die ihm nützen, ob ein Organ seine bewussten Verhaltensbefehle ausführt, wie die Muskulatur, oder ob es körperexterne Organe sind, die seine Befehle, Bedürfnisse und Wünsche erfüllen. Dies hat bereits der Tiefseeforscher Hans Hass festgestellt und die Technikprodukte „zusätzliche Organe" genannt. Da sie dem Ich insbesondere als Effektoren dienen, hat die Philosophie lebender Systeme sie als körperexterne Effektoren bezeichnet. Diese körperexternen Effektoren haben auch einen energetischen Sinn: das Individuum muss die Energie, die diese Effektoren betreiben, nicht erst in seinen Körper aufnehmen (einatmen, trinken und essen) und er muss körperexterne Effektoren auch nicht ständig transportieren, wenn es sich bewegt. Will sich das Individuum schnell bewegen, nutzt es ein Auto, das seinen Energielieferanten, das Benzin, selbst in seinem Tank speichert und transportiert, will es sich noch schneller bewegen, kauft es sich Flügel in Form eines Flugzeugtickets. Auf diesen energetischen Gesichtpunkt der zivilisatorischen Entwicklung hat bereits der Erfinder der Biochemie Wilhelm Oswald hingewiesen. Jede technische Entwicklung dieser Art hat den Effekt der Energieersparnis. Eine andere Art von zivilisatorischer Entwicklung führt zu immer weiterer Steigerung der Genussmöglichkeiten.

Die Philosophie lebender Systeme hat auf zwei weitere Gesichtspunkte der Zivilisation hingewiesen:

Erstens müssen die Anweisungen zur Herstellung dieser körperexternen Organe nicht intrazellulär mittels eines genetischen Codes gespeichert werden, sondern können hirnextern (körperextern bzw. extrazellulär) in Sprachform auf Papier, Festplatten usw. gespeichert werden. Damit hat die Menschheit einen neuen Vererbungsweg erfunden, der sie aus dem Tierreich heraushebt. Daten müssen nicht mehr durch Geschlechtsverkehr in die Zukunft transportiert werden. Und diese extrazellulär gespeicherten Daten können sich heute mittels Internet in Sekundenschnelle über die Erde verbreiten.

Zweitens behandelt die Philosophie lebender Systeme körperexterne Bestandteile des Individuums nicht anders als körperinterne Organe und fasst dementsprechend das menschliche Individuum als ein lebendes System auf, dessen Wachstum sich auch nach Abschluss der körperlichen Reifung durch Aneignung körperexterner Organe und Effektoren – und von Geld – fortsetzt, und spricht daher von dem „System Mensch“. Diesen ständig im Menschen wirkenden Wachstumsantrieb nennt die Philosophie lebender Systeme die „Selbstentfaltung“.

Ein großes Problem ist allerdings die Okkupation der Ergebnisse wissenschaftlicher Forschung und technischer Produkte durch lebende Systeme höherer Ordnung, die entsprechend den genetisch programmierten Methoden der Datenvervollkommnung handeln, die also mittels Überproduktion von Nachkommen und Kriegen arbeiten. Diese Methode der Evolution, die sich der Herstellung einer Überbevölkerung und der Selektion bedient, ist mit der Entwicklung der Tiere zum Menschen nicht plötzlich verschwunden. Die handelnden Einheiten der Evolution sind insofern auch nicht die Individuen, sondern die lebenden Systeme höherer Ordnung, nämlich beim Menschen die Nationen (Staaten). Dies ist eine weitere Erkenntnis der Philosophie lebender Systeme. Die intrazelluläre Datenspeicherung generiert über den Überlebenstrieb (= Selbsterhaltung) und die Sexualfunktion der Individuen hinaus das Verhalten der lebenden Systeme höherer Ordnung, sie steuert somit das Verhalten der Staaten.

Diese lebenden Systeme höherer Ordnung sind die Staaten und Nationen oder Völker, die weiterhin einen Überschuss an Nachkommen produzieren und damit weiterhin Selektion in Form von Massenmorde an Menschen notwendig machen.

Mit einer Trennung in verschiedene Nationen, die jede ihr Eigeninteresse verfolgt und nicht das Gesamtinteresse der Menschheit, kann die Menschheit nicht überleben. Hierfür wäre ein Zusammenarbeiten der regionalen Organisationseinheiten der Menschen nötig, die wie die Organe eines Individuums jeweils eine Aufgabe zum Überleben des Gesamtsystems übernehmen.

4.10. Die Menschheit als lebendes System höherer Ordnung

Um die Organisierung einer überlebensfähigen Menschheit zu erläutern, bietet sich als Modell der Körper des menschlichen Individuums an. Der lebende Körper des Individuums symbolisiert hierbei die gesamte Menschheit, die einzelnen Zellen die einzelnen Menschen. Diese Zellen werden im lebenden Körper des Individuums zu verschiedenen Organen organisiert, die im Erwachsenenalter nicht mehr an Größe zunehmen. Außerdem gibt es Transportsysteme und Informationssysteme.

Die inneren Organe des Menschen könnte man mit den Staaten der derzeitigen Menschheit vergleichen. Während im Individuum die verschiedenen Organe koordiniert zusammenarbeiten, agieren die Staaten im System Menschheit derzeit gegeneinander. Sie konkurrieren und führen im Extremfall Kriege. Man stelle sich vor, die Organe des Menschen würden gegeneinander Krieg führen! Dass ein derartiges Organverhalten zum Tode des Organismus führen würde, bedarf wohl keiner Erläuterung.

Die erste Änderung beträfe also die Zusammenarbeit der Staaten. Sie dürften selbstverständlich nicht mehr wachsen und keine Kriege gegeneinander führen, wenn das System Menschheit überleben soll. Praktisch bedeutet das, dass die Einwohnerzahl und der Energieverbrauch konstant gehalten werden müsste und die Staaten (Nationen) ihre außenpolitische Handlungskompetenz abgeben müssten. Dadurch, dass sie keine Armeen mehr unterhalten müssten, würde Energie für andere Zwecke eingespart und überflüssige Vernichtungen in anderen Staaten (Organen) sowie Massentötungen von Menschen müssten nicht mehr kompensiert werden. Der Energieverbrauch der Menschheit würde also sinken. Die verschiedenen regional begrenzten Einheiten, die ehemaligen Staaten, müssten selbstverständlich über die Mittel verfügen, innerhalb ihrer Organgrenzen dafür zu sorgen, dass die Menschen (Zellen) friedlich zusammenleben, sie müssen also weiterhin über Rechtssysteme mit Rechtssprechung und Exekutive verfügen, für die Bildung, die Arbeit und die Finanzierung des Lebensabends der Individuen verantwortlich sein (Versicherungssysteme). Hinsichtlich ihrer Bedeutung für die Menschheit sollten die regionalen Einheiten so organisiert sein, dass jeder eine Aufgabe für die Menschheit übertragen wird. Die regionalen Einheiten müssten also auf eine Aufgabe, die Herstellung eines bestimmten Produktes, das die Menschen benötigen, spezialisiert sein. Das bedeutet, dass sie eng mit einem der derzeitigen Konzerne zusammenarbeiten, der über die Produktionsmittel verfügt. Die Leitung der neuen Selbstverwaltungsorgane und Produktionsorgane sollte von den Individuen demokratisch gewählt werden, die in ihnen leben und arbeiten. Die Leitung derartiger Organe ist eine Dienstleistung an der Allgemeinheit, wie andere Dienstleistung an Individuen, und sollte daher nach den gleichen Prinzipien bezahlt werden, nämlich nach Arbeitszeit und Erfordernissen an die Fähigkeiten, die durch eine mehr oder weniger lange Ausbildung erworben werden, deren Kosten von der Allgemeinheit getragen werden. Das Treffen von Entscheidung ist eine Aufgabe von Leitungspersonen, für die sie nicht zusätzlich bezahlt werden sollten, wie derzeit die Manager großer Konzerne oder von Staaten, die ein Entgelt erhalten, dass sich nach ihrer „Verantwortung“ oder nach anderen zeitunabhängigen Kriterien richtet. Ein System kooperierender regionaler Einheiten, die jeweils eine definierte Aufgabe für die Menschheit erfüllen, muss im übrigen weiter durchdacht werden, ich kann nur einige Grundzüge schildern. Vor allem muss es ein Gremium geben, das die Aufgaben innerhalb der Menschheit verteilt und steuernd eingreift, wenn Sollwerte nicht eingehalten werden. Grundsätzlich werden die Sollwerte über die Produkte, die die Individuen benötigen, auch derzeit bereits von diesen selbst festgelegt, indem sie Kaufentscheidungen treffen. Ein positiver Aspekt dieser Steuerung des

„Marktes“ durch die Kaufentscheidungen der Individuen besteht darin, dass die produzierenden Betriebe einen Anreiz haben, bekannte Produkte billiger herzustellen, also die Produktionsmethoden zu verbessern und zur Steigerung ihres „Gewinns“ neue Produkte entwickeln, ein negativer Gesichtspunkt ist der, dass billigere Produkte auch durch Senkung ihrer Qualität oder Vereinfachung der Herstellung unter Inkaufnahme einer größeren Umweltbelastung hergestellt und besser verkauft werden können, weil sie billiger sind. Ein übergeordnetes globales Gremium müsste also auch Qualitätsnormen und Normen für die begleitende Produktion unerwünschter und die Umwelt belastender Abfälle entwickeln und ihre Einhaltung überwachen.

Die Steigerung der Zivilisation durch die Entwicklung weiterer Werkzeuge und Maschinen, die den Individuen das Leben erleichtern und zur Optimierung ihrer Genüsse beitragen, könnte unter diesen Umständen friedlich erfolgen, das Verhalten der Menschen könnte humaner werden, insbesondere dann, wenn unter Genussoptimierung nicht nur die Vermehrung von Zeiten passiver Befriedigung verstanden wird, sondern auch die Erzielung aktiver Genüsse durch Produktion von Kunst und Betätigung in Spielen aller Art.

Grundsätzlich hätten die Menschen durch den vermehrten Einsatz von Maschinen mehr Zeit für Kommunikation, Kunst, Spiel, für geistige Betätigung. Die Selbstentfaltung der Individuen sollte grundsätzlich vom materiellen Bereich auf den geistigen Bereich verlagert werden.

Diese Anregungen zur Neuorganisation der Menschheit basiert auf der grundsätzlichen Einsicht, dass die Evolution genetisch gespeicherter Daten durch Überproduktion von Nachkommen und Selektion, bezüglich des Systems Menschheit also durch Kriege und andere Massenmorde, nicht mehr erforderlich ist, weil die Menschen eine andere Art der Datenweitergabe in die Zukunft entwickelt haben. Die Trennung der Menschen in verschiedene Sprachgemeinschaften, Staaten und Religionsgemeinschaften zum Zwecke der Produktion von Menschenüberschuss und selektorischen Massenmorden ist nicht mehr erforderlich. Sie sind überflüssig. Staaten, Religionsgemeinschaften und Kriege haben in einer menschlichen Zivilisation keine Existenzberechtigung.

Ich fordere daher die Menschen auf, sich nicht mehr mit Fiktionen zu identifizieren, die die Menschheit spalten, wie „Nation“, „Staat“ oder „Religion“, sondern mit dem System Menschheit. In diesem System Menschheit sind alle Individuen Brüder und Schwestern und haben alle Menschen gleiche Rechte, das gleiche Recht auf ein menschenwürdiges Dasein und auf ihre regionale Selbstverwaltung.

4.11. Die Menschart als Entwicklungsziel

Der geläufige Begriff der Menschheit bezeichnet die Summe aller auf der Erde lebenden menschlichen Individuen. Diese verhalten sich jedoch nicht wie eine Tierart. Sie haben sich in größere Gruppen zerteilt, die verschiedenen Sprachgemeinschaften und Glaubensgemeinschaften angehören und die sich in sogenannten Staaten und Nationen organisiert haben, die sich gegenseitig bekämpfen. Im ersten und zweiten Jahrtausend nach der Geburt Jesu Christi, aber auch schon davor, wurden schreckliche Kriege geführt, die im Einsatz der Atombombe gipfelten. Seitdem fordern die Kriege weniger Todesopfer unter den Menschen, die Tötungen von Menschen durch Menschen setzen sich jedoch weiter fort. Sie entsprechen der Selektion, deren andere Seite die Überproduktion von Nachkommen ist. Übervermehrung und Selektion sind die beiden Mittel der Evolution, die sich beim Menschen fortsetzen. Nicht die Menschheit als Ganzes, sondern die Staaten verhalten sich wie Tierarten, die gegeneinander konkurrieren. Deshalb ist der Begriff „Mensch-heit“ unangebracht, der die falsche Assoziation einer Einheit oder Ganz-heit weckt. Die Menschheit der Gegenwart ist tatsächlich eine Ansammlung affenartiger Tierhorden, die sich entsprechend ihrer genetisch gespeicherten Verhaltensprogrammierung übervermehren und bekriegen. Daher ist der Begriff „Menschheit“ ein Verdrängungsbegriff, ein Begriff, der die tatsächlichen Verhältnisse abzuwehren hilft, ins Unbewusste seiner Verwender verdrängt und sie hindert, die Realität wahrzunehmen.

Daher schlage ich für die Summe der Menschen auf der Erde einen neuer Begriff vor, beispielweise den Begriff der „Menschart“ (englisch: humanart).

Hierbei hat die Endung –Art einen doppelten Sinn:

Erstens entsprechen die Menschen biologisch einer Tier-Art, weil sie alle miteinander sexuell verkehren und sich vermehren können. Sie sollten sich allerdings auch so verhalten und sich nicht mehr töten. Die angeborene Tötungshemmung des Artgenossen, deren Überwindung den Ursprung des kollektiven schlechten Gewissens und der Religionen darstellt, sollte in Zukunft konsequent verwirklicht werden. Dadurch wären Religionen überflüssig. Wer nichts Böses tut, muss auch keinen Gott erfinden, der ihm in seiner Not hilft und ihn, wenn er bereut, in einen phantasierten Himmel aufnimmt. Derartiger irrationaler Glaube muss dadurch überflüssig werden, dass sich die Menschen nicht mehr in konkurrierende Einheiten spalten und sich gegenseitig ermorden.

Zweitens sind die Menschen die Schöpfer ihrer eigenen realen Welt. Infolge der Sclbststeuerung ihrer Antriebe, also der Hemmung angeborener Bedürfnisbefriedigungshandlungen, hat sich eine Zivilisation gebildet. Der Mensch hat seinen materiellen lebenden Körper um körperexterne Teile erweitert, die „zusätzlichen Organe“ (Hass) oder auch „körperexternen Effektoren“ (Zimmerman), deren Bauanleitungen nicht mehr intrazellulär als genetischer Code geschrieben werden, sondern zellextern, ja sogar körperextern, auf verschiedenen Datenträgern (Papier, Disketten, Festplatten usw.) gespeichert an die Nachmenschen und sogar an die Mitmenschen weitergegeben werden können. Diese körperexternen Teile des Menschen, die Produkte der Wissenschaften und der Technik, können somit von allen Menschen hergestellt und genutzt werden und vereinen die Menschen tatsächlich zu einer Einheit. Diese technischen Produkte sind jedoch nur eine Seite der vielseitigen Fähigkeiten der Menschen, ihre Ideen, ihre geistigen Schöpfungen, in Realität umzusetzen, also in materieller Form zu realisieren. Andere Möglichkeiten sind die Herstellung von Schmuck und Kunst in ihren verschiedenen Erscheinungsformen als Malerei, Musik usw..

Besonders aus diesem Grund und um daran zu erinnern, schlägt die PhilS den Begriff der MenschArt anstelle des Begriffs Menschheit vor.

Ein moderner Philosoph, der die MenschHeit in zwei Klassen mit antagonistischem Widerspruch unterteilte, forderte einmal die Proletarier aller Länder (also die Mitglieder der einen Klasse) auf, sich zu vereinigen.

Die PhilS fordert alle Menschen auf, sich zu einer MenschArt zu vereinigen. Konkurrenz sollte nicht zwischen Sprachgemeinschaften herrschen, sondern lediglich zwischen den global tätigen Warenproduzenten um das überlebensfähigere Produkt.

4.12. Menschliches Sein und Tun

Ein derartige Forderung ist selbstverständlich rein rhetorisch und kann keinerlei praktische Konsequenzen erwarten.

Ich möchte zurückkommen auf das erste Kapitel. Was allgemein als Sein und Tun bezeichnet wird, kann in Bezug auf den Menschen auch als Denken und Handeln beschrieben werden. Das Denken ist eine Funktion des Hirns, wie es die Funktion der Nieren ist, Giftstoffen aus dem Körper auszuscheiden. Zum Glück sind die Gedanken frei und für den Betrachter unsichtbar. Äußert der Mensch seine Gedanken schriftlich und speichert sie irgendwo in seinem Computer, sind sie bereits öffentlich, da sich der Staat das Recht nehmen kann und von Fall zu Fall auch nimmt, über das Internet nach Bedarf in die im Computer gespeicherten Gedanken des Individuums hineinzublicken. So gesehen sind die Gedanken seit Erfindung des Computers und des Internets nicht mehr so frei, wie sie es einmal waren.

Das Denken ist jedoch völlig bedeutungslos, wenn es sich nicht im Handeln ausdrückt. So lange es im Kopf oder im Computer bleibt, ist es real in der Welt, der Umwelt, nicht vorhanden. Es realisiert sich erst durch die Tat, beispielsweise materialisiert es sich durch die Herstellung körperexterner Organe. Wie ich bereits sagte, sollte sich das Individuum bei jeder Handlung klar sein, ob es sich um eine Handlung im Eigeninteresse oder im Interesse eines Systems höherer Ordnung (dem Staat, einer Religionsgemeinschaft) handelt. Denn das Individuum denkt als Mensch nicht nur als Gemeinschaftswesen, sondern es handelt auch als Element eines lebenden Systems höherer Ordnung. Wie man an der Ameise sieht, ist für diese Handlungen allerdings nicht ein derart großes und komplexes Hirn wie das des Menschen erforderlich. Aber auch bei ihm hat die genetisch gespeicherte Handlungsprogrammierung in seiner Psyche einen Platz für die Identifizierung mit diesem übergeordneten System vorgesehen. Das Handeln für das übergeordnete lebende System ist nämlich mit dieser Identifizierung verknüpft. Der Prototyp derartigen Massenhandelns ist der Krieg, der Massenmord an Mitmenschen. In der Gegenwart finden wir jedoch vermehrt derartige

Handlungen als Attentate infolge der Identifizierung mit einer Religion. Deshalb meine Forderung an den Menschen, sich nicht mit dem Staat, in dem er lebt, oder der Religionsgemeinschaft, der er angehört, zu identifizieren, sondern mit der Menschheit, bzw. Menschart, die ich in diesem Zusammenhang definiert habe.

Meine Philosophie teilt die Menschheit nicht in Staaten, Religionsgemeinschaften oder Klassen, sondern sie unterscheidet zwei Handlungsarten, zwei Funktionsteile des Individuums, nämlich Effektor- und Dominatorhandlungen.

Der einzelne Mensch, das System Mensch, handelt nicht nur als Vertreter von Eigeninteressen oder Interessen eines lebenden Systems höherer Ordnung, sondern jede Handlung kann man auch danach bewerten, ob das Individuum als Effektor oder als Dominator handelt. Die meiste Zeit des Tages handelt er als Effektor, indem er Dienstleistungen im Auftrag eines oder vieler Mitmenschen vollzieht, als Arbeiter für einen Betrieb (eine Firma usw.) tätig ist oder irgendwie für einen Dominator arbeitet. Für diese Tätigkeit wird er bezahlt. Wenn er in der anderen Zeit des Tages Geld ausgibt, etwas kauft, handelt er selbst als Dominator. Mit seiner Kaufentscheidung trifft er Entscheidungen darüber, was seine Mitmenschen für ihn tun sollen.

Diese beiden Handlungsarten und auch andere Handlungen kann man daraufhin betrachten, ob und wie sich in der jeweiligen Tat (im konkreten Verhalten) welche Identifikationen zeigen.

Ich nehme als Beispiel für das, was ich meine, eine Handlung, bei der kein Geld fließt: eine Gruppe von jungen Männern schlägt auf der Straße einen Fremden tot (derzeit kommt dies in Südafrika täglich vor). Die jungen Männer identifizieren sich bei dieser Handlung mit einer bestimmten Nation und schlagen das Opfer tot, weil es einer anderen Nation angehört. Oder: ein Mensch schnallt sich einen Sprengstoffgürtel um und ermordet Mitmenschen, die möglichst einer anderen Religionsgemeinschaft angehören. Auch bei dieser Tat ist eine Identifikation mit einem System höherer Ordnung erfolgt, die handlungsbestimmend ist. Das Individuum handelt freiwillig (ohne Bezahlung in Geldform) als Effektor und subjektiv als Vollstrecker des Willens eines höheren anderen.

Wie ist es nun beim Geldverdienen und Geldausgeben, bei der Effektortätigkeit und der Dominatortätigkeit?

Findet die Effektortätigkeit in einer Firma statt, erfolgt eine Identifizierung mit dieser Firma und natürlich mit dem Produkt, an dessen Herstellung er beteiligt ist. Sind viele bekannte Mitbürger aus seiner Region dort tätig, kann sich der Mensch durch die Tätigkeit auch mit seiner Region identifizieren. (Da ich keine Werbung mache, nenne ich keine Namen, aber jedem Leser wird eventuell eine derartige Firma einfallen.) Identifizierung folgt immer dem narzisstischen Gewinn (dem Befriedigungsgefühl, das mit der Identifizierung verbunden ist). Je höher der narzisstische Gewinn, desto stärker die Identifizierung. Verkauft „seine" Firma ihre („seine") Produkte sogar überregional oder ins Ausland, hebt das sein Selbstwertgefühl und stärkt seine Identifizierung. Dies äußert sich in der Sprache. Die Firma wird nicht mehr mit Namen genannt, sondern es ist „seine" Firma, „sein" Betrieb. Heutzutage können jedoch nur sehr wenige Firmen überleben, die nur regional tätig sind. Auch derartige Firmen haben inzwischen in der Regel Tochterfirmen im Ausland. Nach meinem Eindruck wird dies von den Mitarbeitern jedoch in der Regel verleugnet. Gefühlsmäßig bleibt die Firma „seine", auch wenn die Gewinne gar nicht mehr in seiner Region erwirtschaftet werden. Würde das Individuum sich klar machen, dass es selbst an dem Erfolg seiner Firma gar nicht mehr beteiligt ist, wäre dies eine narzisstische Kränkung, die jedoch durch Verleugnung der Realität vermieden wird. Ähnlich ist es mit Firmen, deren Region mit dem Land (dem Staat) identisch ist. Arbeitet ein Mensch in einem derartigen Betrieb, der der einzige in seinem Staat ist, der dieses Produkt herstellt, stärkt dies natürlich sein Selbstwertgefühl. „Er" beliefert das ganze Land mit „seinen" Produkten. Seine Effektortätigkeit führt also zu einer Stärkung des nationalen Identitätsgefühls. Einem depressiven Menschen mit geringem Selbstwertgefühl könnte man raten, sich einen Arbeitsplatz in einer derartigen Firma zu suchen. Diese Firma repräsentiert sozusagen „sein" Land in der Welt. Nun ist es jedoch bei derartigen Firmen so, dass sie ebenfalls im Ausland produzieren, dort eventuell sogar billiger, so dass inländische Betriebsteile geschlossen werden. Die Tränen, die in derartigen Fällen von den Entlassenen vergossen werden, sind dann zum Teil Folge der narzisstischen Kränkung und nicht nur Ergebnis eines Einnahmeverlustes. Sicherer scheint in dieser Hinsicht eine Tätigkeit im Staatsdienst zu sein. Hier scheint die Sache klar. Man arbeitet als Effektor des Staats (des Gemeinwohls) und kann sich problemlos mit ihm identifizieren. Der Staat kann auch nicht verkauft werden. Allerdings verkauft der Staat bestimmte Teile seiner Dienstleistungen an Privatanbieter. Wird eine Teil seiner Dienstleistung finanziell attraktiv, wird unverzüglich an eine Privatisierung gedacht. So wird die Gärtnerei des Öffentlichen Krankenhauses verkauft oder die krankenhauseigene Wäscherei oder Küche, oder das ganze Krankenhaus. Profitable Dienstleistungen werden ausgelagert und an Privatfirmen verkauft. Der Mitarbeiter, der über seine Tätigkeit im Öffentlichen Dienst eine Identifizierung mit dem Staat vollziehen konnte, wird dabei ebenfalls enttäuscht, er verliert seine Tätigkeit.

Um eventuelle narzisstische Kränkungen zu vermeiden, kann die Identifizierung mit dem Betrieb und daraus folgend mit der Region oder dem Staat auch prophylaktisch (vorbeugend) vermieden werden, indem sich das Individuum mit dem Produkt seiner Tätigkeit identifiziert. Ich habe das bereits angesprochen. Es ist „sein" Auto, an dessen Herstellung er in beteiligt ist, oder „sein" Handy, das im Betrieb seines Arbeitgebers produziert wird. Bei genauerer Betrachtung ist es jedoch oft so, dass in „seinem" Betrieb lediglich etwas zusammengebastelt wird, was irgendwo anders in der Welt hergestellt wurde. Zur Aufrechterhaltung einer Identifizierung mit dem Produkt muss also wiederum die Realität verleugnet werden.

Ich komme zum Menschen als Käufer, als Dominator. Als Käufer entscheidet das Individuum darüber, welches Produkt Zukunft hat. Was er nicht kauft, verschwindet wieder vom „Markt". Hier stoßen wir wieder auf die Prinzipien der Darwinschen Evolution. Es erfolgt eine Überproduktion von Waren und eine Selektion. Den Käufer bezeichne ich daher auch gern als den „Selektor". Der Käufer entscheidet über den „Fortpflanzungserfolg" der Waren. Der Käufer setzt als Dominator in seiner Summenentscheidung den Sollwert darüber fest, was produziert werden soll. Der Erfinder, der eine neue Idee hat, und der Betrieb, der diese in ein Produkt umsetzt, macht sozusagen einen Vorschlag, ein Experiment. Er bietet dem Käufer ein Produkt an. Dieser selektiert, er verifiziert oder falsifiziert. Das Produkt verschwindet vom Markt oder es breitet sich aus, ja es entwickelt sich in der Folgezeit weiter, wie sich ein Produkt der Gene, ein Lebewesen, fortpflanzt und weiterentwickelt. Dies ist das einheitliche Entwicklungsgesetz, das in der Biologie Evolution genannt wird. Evolution findet sich jedoch auch in der Wissenschaft und natürlich auch in der Warenproduktion, der Herstellung körperexterner materieller Teile des Systems Mensch. Hier ist es das, was die Zivilisation ausmacht.

Der Käufer entscheidet als Dominator, welche Produkte, welche körperexternen Effektoren oder Organe, sich weiterentwickeln. Auch bei diesen Entscheidungen können nun Identifikationen eine wesentliche Rolle spielen.

Ist der Käufer mit dem lebenden System höherer Ordnung „Deutschland“ identifiziert, kann er diese Identifizierung mit dem Kauf eines deutschen Produkts stärken. Ebenso ist es bei jedem anderen Staat. Dies ist gegenwärtig noch die höchste Identifizierungsmöglichkeit, die also mit dem größten narzisstischen Gewinn verbunden ist. Kauft der Frankfurter eine Eintrittskarte für das Spiel eines Frankfurter Fußballvereins, identifiziert er sich damit mit seiner Stadt und kämpft als Zuschauer mit für den Erfolg „seiner“ Mannschaft. Verliert sie, ist das eine narzisstische Kränkung, im Siegesfall ein narzisstischer Gewinn. Gewinnt die Landesauswahl in einem internationalen Wettbewerb, ist das ein noch größerer narzisstischer Gewinn für den mit seinem Staat identifizierten Menschen. Kauft der Mensch ein Auto eines großen Autokonzerns, der einen sehr guten Ruf hat und vielleicht auch internationale Autorennen gewinnt, erwirbt er nicht nur ein Fortbewegungsmittel, sondern hat auch einen narzisstischen Gewinn, kann repräsentieren, gewinnt Prestige. Die zusätzlichen Organe, die sich der Mensch anschafft, verbessern nicht nur seine Funktionen, ohne dass er die Energie, die zum Betreiben der zusätzlichen Effektoren erforderlich sind, zu sich nehmen muss, er gewinnt auch Anerkennung, hat narzisstischen Gewinn, und er steigert seinen Lustgewinn. Um beim Beispiel Auto zu bleiben: der Lustgewinn beim Fahren eines bequemen und kräftigen Autos ist selbstverständlich bedeutend höher als bei einer lahmen „Klapperkiste“.

Auch in dieser Dominatortätigkeit des Kaufens wird jedoch die Identifizierung mit einem Staat oder einer Religion immer schwieriger. Das fängt beim Lebensmittelkauf an. Der Käufer wird in seinem Supermarkt wenig Produkte finden, die aus seiner Region oder seinem Land stammen. Selbst wenn sie innerhalb seiner Staatsgrenzen hergestellt sind, kommen die Ausgangsprodukte aus anderen Ländern, oder spätestens die Konservierungsstoffe oder die Insektenvertilgungsmittel, die bei ihrer Herstellung Verwendung fanden.

Auch hier muss man sehr genau hinsehen oder ganz gezielt wegschauen (verleugnen), wenn man seine nationale Identifizierung beim Ausüben dieser Dominatortätigkeit stärken wollte.

Deshalb – und weil die Identifizierung mit einem Höheren zur genetisch programmierten Grundausstattung der menschlichen Psyche gehört - scheinen mir die Aussichten gar nicht so schlecht, dass sich nationale Identifizierungen im Lauf der Entwicklung immer weiter abschwächen und eine Identifizierung mit der Menschart immer mehr zunehmen könnte.

Im konkreten Tun als Effektor und Dominator kann schon derzeit kein System Mensch eine nationale Identifizierung verwirklichen. Diese wird mehr und mehr zu einer irrealen Fiktion, während das System Mensch als kleinste Funktionseinheit des Systems Menschheit bereits in der Gegenwart Realität ist. Die **politische Macht** geht in demokratisch regierten Staaten vom Volke, vom Wähler, aus. Manchmal scheinen die Gewählten dies allerdings bis zur nächsten Wahl zu vergessen und verhalten sich bis dahin nicht als Effektoren der Wähler, sondern scheinen sich eher als deren Dominatoren zu fühlen. Tatsächlich ist es jedoch der Wähler, der bestimmt, und die Regierenden sind seine Diener, seine Effektoren. Die **wirtschaftliche Macht** geht vom Käufer aus - und das ist der entscheidende Punkt für die Zukunft. Aufgrund seiner Herkunft als Teil einer Sprachgemeinschaft, als Glied einer Gemeinschaft, hat das Individuum die Neigung, sich in eine Hierarchie einzuordnen und missversteht dies als Unterordnung. Tatsächlich übt es jedoch in der modernen Geldgesellschaft als Käufer von Waren und Dienstleistungen die Dominatortätigkeit aus. Das System Mensch bestimmt als Käufer, welche körperexternen Effektoren es sich anschafft und welche Waren produziert werden müssen. Das Individuum entscheidet über die Evolution der Waren, das Individuum als Käufer ist der Selektor und legt die Sollwerte für die Produktion fest, entscheidet, welche Produkte überleben und welche nicht. Die Wirtschaft ist der Diener der Systeme Mensch, deren Effektor. Dieses Bewusstsein wird sich im Lauf der Zeit verbreiten, weil dies die Widerspiegelung der realen Verhältnisse wäre. Eine derartige Entwicklung des allgemeinen Denkens, des „gesellschaftlichen

Bewusstseins“, als Reaktion auf eine reale Veränderung des Seins, kann selbstverständlich den geschilderten zivilisatorischen Veränderungen nicht vorausgehen, sondern wird ihnen folgen. Zunächst müssen diese allerdings adäquat dargestellt und gesehen werden. Dies kann keine Effektorenphilosophie leisten, die Philosophie im Auftrag eines Dominators betreibt. Denn der Dominator, der Geldgeber, legt den Sollwert, das Ergebnis, fest. Nur eine nicht profitorientierte Philosophie ist objektiv genug, dies vollbringen zu können. Vielleicht ist es der Philosophie lebender Systeme geglückt, dazu einen Grundstein zu legen.

Rudi Zimmerman im Mai 2008

Epilog

Die Gefängnisse des Menschen

Das äußerlich sichtbare Gefängnis des Menschen ist das Handlungsgefängnis.

Die Menschheit handelt wie alle Tierarten, produziert Überschuss und vernichtet anschließend Überschuss. Das ist das biologische Naturgesetz der Evolution mittels Übervermehrung und Selektion, dessen Kenntnis wir Darwin verdanken.

Die Menschheit hat die Mauern dieses Gefängnisses längst überwunden, könnte Empfängnisverhütung betreiben und die Bevölkerungszahl steuern. Sie tut es aber nicht. Die Mauer ist weg, aber befreit hat sich die Menschheit dennoch nicht, sie handelt weiterhin so, als wären weiterhin Mauern vorhanden. Sie handelt entsprechend ihrer genetisch gespeicherten Handlungsprogrammierung, die sich einerseits als Imponiergehabe, Sexualtrieb und Brutpflegeverhalten manifestiert - was zu Menschüberschuss führt -, und andererseits in der Herstellung von Vernichtungswaffen, die die naturgesetzlich nachfolgenden Massenmorde mit geringem persönlichem Aufwand gestatten.

Das innere Gefängnis der Menschheit ist das Denkgefängnis. Es beruht auf der angeborenen Suche nach Glückssteigerung durch Identifikation mit dem lebenden System höherer Ordnung. Das Individuum ist Gefangener seiner Begriffs-, Sprach-, Denk- und Glaubensgemeinschaft. Jede Denkgemeinschaft und religiöse Glaubensgemeinschaft hat sich ihr eigenes Gefängnis gebaut, das sie vom Rest der Menschheit ausschließt. Diese von menschlichen Gemeinschaften selbst errichteten Gefängnismauern engen das Denken und den Glauben auf die Mitglieder der jeweiligen Gemeinschaft ein, blenden die Sicht auf das Ganze aus. Sie spalten die Menschheit in kriegsführende Blöcke, die das Vernichtungswerk der genetisch gesteuerten selektiven Handlungspraxis vollstrecken.

Das Individuum wird geboren in einem Gefängnis aus Materie. Dieses Gefängnis wird von seiner Haut begrenzt, die es von seiner materiellen Umwelt abgrenzt. Auch diese Gefängnismauer haben die Individuen längst überwunden. Sie haben sich Organe geschaffen, die sich außerhalb dieser Mauer befinden. Sie haben sich auch gemeinsame derartige Organe geschaffen. Die Individuen haben sich aus ihrem materiellen Gefängnis befreit. Die Baupläne ihrer inneren Organe befinden sich in den Körperzellen. Auch die neuen Baupläne für ihre körperexternen Organe haben die Menschen aus diesem Gefängnis befreit und speichern sie auf Datenträgern, die ihr kurzes Leben überdauern. Dieser Befreiungsakt der Ideen, die nicht mehr im körperlichen Materiegefängnis verbleiben müssen und zur Konstruktion körperexterner Organe führen, kennzeichnet den Prozess der Zivilisation. Das Geld als Speichermedium für menschliche Energie, Fähigkeit und Zeitaufwand hat diesen Prozess individueller und kollektiver Bildung körperexterner Organe ermöglicht.

Das schlimmste und bisher nicht überwundene Gefängnis des Menschen ist jedoch seine Blindheit.

Der Mensch hat Augen und benutzt sie nicht zum Sehen. Er benutzt sie zum Wegsehen statt zum Hinsehen.

Er sieht nicht, dass er die Grenzen seines Körpers längst überwunden hat. Er sieht nicht, dass sich die Sprach- und Glaubensgemeinschaften in Grenzen eingekerkert haben, die gesetzmäßig zu Massenvernichtung führen. Das Individuum identifiziert sich in seiner Blindheit weiterhin mit seinem begrenzten lebenden Körper, mit seinem Staat und seiner Religion anstatt sich mit seinem Gesamtkörper bestehend auch aus seinen körperexterner Organen, seinem Geld und seinem Geist und mit der Menschheit zu identifizieren.

Vor 2000 Jahren soll ein Blinder laut christlicher Bibel durch ein Wunder sehend geworden sein. Die Heilung eines Blinden ist zwar Beweis einen starken Glauben, aber sonst nichts. Die Philosophie lebender Systeme interpretiert dies als Metapher für den Zustand der Menschheit. Die Menschen sind grundsätzlich blind und erkennen nicht, dass sie Teil eines
Systems Menschheit
sind.
Alle blinden Menschen sollten sehend werden. Aber dazu müssten sie dies wollen.

Der Maulwurf (Ausschnitt)

Der Maulwurf, das weiß jedes Kind,
lebt in der Erde und ist blind.
Dort gräbt er nun, tagein – tagaus.

Der Mensch nun – oberhalb der Erde,
er meint mit zorniger Gebärde,
was ich geharkt hab` und geputzt,
hat mir nun dieser Kerl verschmutzt.
...
Es sei gestattet, dass ich lache
über diese „Maulwurfssache“,
denn – die Menschen, wie sie sind,
bau`n Schlimm`res – und sind nicht blind!

Gedichte aus der Klinik, ca. 1985

Literatur

Darwin, Charles (1963): Die Entstehung der Arten durch natürliche Zuchtwahl. Reclam. Stuttgart. ISNB 3-15-003071-4. Original 1859. Übersetzung von Carl Neumann.

Dawkins, Richard: Das egoistische Gen. rororo science. 1996. ISBN 3-499-19609 3

Dewey, John (1928): Philosophien der Freiheit. in: Philosophie und Zivilisation. suhrkamp taschenbuch wissenschaft 1674. Frankfurt am Main 2003. ISBN 3-518-29274-9

Elias, Norbert (1976): Über den Prozess der Zivilisation. 2 Bände. Suhrkamp. Frankfurt am Main. ISBN 3-518-27758-8

Freud, Sigmund (1912-1913): Totem und Tabu. In: Studienausgabe Band IX, Seite 288 bis 444, Fischer, ISBN 3-10-822709-2

Fromm, Erich (1970): Die psychologischen und geistigen Probleme des Überflusses. In: Gesamtausgabe, Band 5, dtv, München, April 1989, ISBN 3-423-59003-3, Seite 317ff

Groddeck, Georg (1923): Das Buch vom Es. Psychoanalytische Briefe an eine Freundin. Internationaler psychoanalytischer Verlag. Leipzig/Wien/Zürich.

Hass, Hans (1970): Energon. Das verborgene Gemeinsame. Molden. ASIN B0000BRHR5

Hass, Hans (1994): Die Hyperzeller. Das neue Menschenbild der Evolution. Carlsen. Hamburg. ISBN 3-551-85017-8

Haeckel, Ernst (1891): Anthropogenie. 2 Teile (Keimes- und Stammesgeschichte). Verlag von Wilhelm Engelmann. Leipzig.

Hertwig, Oscar (1922): Der Staat als Organismus. Gedanken zur Entwicklung der Menschheit. Verlag von Gustav Fischer. Jena.

Holst, Erich von (1969): Zur Verhaltensphysiologie bei Tieren und Menschen, Band I und II, piper, München.

Koestler, Arthur (1989): Der Mensch Irrläufer der Evolution. Die Kluft zwischen Denken und Handeln. Eine Anatomie menschlicher Vernunft und Unvernunft. Fischer Taschenbuch Verlag. Frankfurt am Main. ISBN 3-596-24282-7

Junker, Thomas (2006): Die Evolution des Menschen. C.H.Beck Wissen, München. ISBN 3-406-53609-3

Kant, Immanuel (1781): Kritik der reinen Vernunft. Verleger Johann F. Hartknoch. Riga.

La Mettrie (1988): Der Mensch als Maschine. LSR-Verlag Nürnberg. ISBN 3-922058-28-0. Original 1748

Lorenz, Konrad (1974): Das sogenannte Böse. Zur Naturgeschichte der Aggression. dtv. München. ISBN 3-423-01000-2. Original 1963.

Lorenz, Konrad (1973): Die acht Todsünden der zivilisierten Menschheit. Piper. München. Buch-Nr. 01729 3

Lorenz, K. (1992): Denkwege. Piper. München. ISBN 3-492-11660-4

Marcuse, Ludwig (1970): Triebstruktur und Gesellschaft. Suhrkamp, Frankfurt am Main. Original: Eros and Civilisation. 1955.

Ostwald, Wilhelm (1909): Energetische Grundlagen der Kulturwissenschaften (Philosophisch-soziologische Bücherei, Band XVI), Leipzig. Verlag von Dr. Werner Klinkhardt.

Popper, Karl, R. (1994): Alles Leben ist Problemlösen. Piper. München Zürich. ISBN 3-492-03726-7

Riedl, Rupert, Parey, Paul: Biologie der Erkenntnis. Die stammesgeschichtlichen Grundlage der Vernunft. Verlag Paul Parey. Berlin und Hamburg. 1979. ISBN 3-489-61034-2.

Vester, Frederic (1983): Unsere Welt – ein vernetztes System. dtv Sachbuch. München. ISBN 3-423-30078-7.

Vollmer, Gerhard: Mesokosmos und objektive Erkenntnis – Über Probleme, die von der evolutionären Erkenntnistheorie gelöst werden. In: Die Evolution des Denkens. Piper. München Zürich. 1983.
ISBN 3-492-02793-8. S. 31ff

Watzlawick, Paul, et al (1969): Menschliche Kommunikation. Verlag Hans Huber Bern Stuttgart Wien. ISBN 3-456-30610-5

Wiener, Norbert (1992): Kybernetik. Regelung und Nachrichtenübertragung im Lebewesen und in der Maschine. Econ Verlag. Düsseldorf. Wien. New York. Moskau. ISBN 3-430-19652-3

Wuketits, Franz M.: Epilog: Eine neue >>realistische Philosophie<<? In: Die Evolution des Denkens. Piper. München Zürich. 1983.
ISBN 3-492-02793-8. S. 361-366

Zimmerman, Rudi (2000): Philosophie lebender Systeme. Verlag Philosophie des dritten Jahrtausends. Berlin. ISBN 3-00-004282-2

Zimmerman, R. (2004): Das System Mensch. Verlag Philosophie des dritten Jahrtausends. Berlin. ISBN 3-00-012784-4